国家社科基金
GUOJIA SHEKE JIJIN HOUQI ZIZHU XIANGMU
后期资助项目

我国地方政府债务问题研究：发展逻辑及风险分析

Research on Local Government Debt in China: Development Logic and Risk Analysis

刘　昊　著

中国财经出版传媒集团

经济科学出版社
Economic Science Press

图书在版编目（CIP）数据

我国地方政府债务问题研究：发展逻辑及风险分析/
刘昊著 . －－北京：经济科学出版社，2022.9
国家社科基金后期资助项目
ISBN 978 － 7 － 5218 － 3247 － 1

Ⅰ . ①我… Ⅱ . ①刘… Ⅲ . ①地方政府 － 债务管理 －
研究 － 中国 Ⅳ . ①F812.7

中国版本图书馆 CIP 数据核字（2021）第 248297 号

责任编辑：孙怡虹 刘 博
责任校对：王肖楠
责任印制：王世伟

我国地方政府债务问题研究：发展逻辑及风险分析
刘 昊 著
经济科学出版社出版、发行 新华书店经销
社址：北京市海淀区阜成路甲 28 号 邮编：100142
总编部电话：010 － 88191217 发行部电话：010 － 88191522
网址：www. esp. com. cn
电子邮箱：esp@ esp. com. cn
天猫网店：经济科学出版社旗舰店
网址：http：//jjkxcbs. tmall. com
北京季蜂印刷有限公司印装
710 × 1000 16 开 14.75 印张 279000 字
2022 年 9 月第 1 版 2022 年 9 月第 1 次印刷
ISBN 978 － 7 － 5218 － 3247 － 1 定价：68.00 元

国家社科基金后期资助项目
出版说明

　　后期资助项目是国家社科基金设立的一类重要项目，旨在鼓励广大社科研究者潜心治学，支持基础研究多出优秀成果。它是经过严格评审，从接近完成的科研成果中遴选立项的。为扩大后期资助项目的影响，更好地推动学术发展，促进成果转化，全国哲学社会科学工作办公室按照"统一设计、统一标识、统一版式、形成系列"的总体要求，组织出版国家社科基金后期资助项目成果。

全国哲学社会科学工作办公室

序

为应对美国次贷危机对我国宏观经济稳定运行的冲击，自 2008 年四季度开始，我国开始推行积极的财政刺激政策，政府债务规模不断扩大。由于我国在经济转轨中将经济的稳定职能较多地赋予了地方政府，地方政府可以通过各类公开或隐蔽方式举借债务，由此导致我国地方政府债务迅速增加。地方政府债务问题成为近十年我国转轨经济研究中政府治理方面的重要议题。

在现代市场经济中，债务本身是中性的。大到国家、小至企业，适度的债务融资是帮助实体经济获取资金，维持经济活动正常循环运行的重要工具。政府债务融资可以用来平滑经济波动、弥补财政赤字和实现代际公平。若配备完善的政府债务管理制度，在有效的约束机制下，通过债务为赤字融资还能强化政府的预算责任。但过高的政府债务会成为威胁财政可持续运行和金融稳定的破坏力，并成为经济紧缩的力量来源。根据本书作者估计，包括隐性债务在内的我国地方政府负债率和债务率，已经在接近或超过国际警戒线。在现实中，有效化解地方政府债务风险、降低"土地财政"依赖与维持房地产价格稳定，已成为地方治理选择中的"不可能三角"。

地方政府债务这只"灰犀牛"，既可以通过政府间纵向传导演化为中央财政风险，也可以通过各类型债务融资衍生为金融风险。在后疫情时代，加强地方债务风险治理，已构成提升我国财政治理能力、防范化解经济领域重大风险的重要命题。而提升地方政府债务的治理能力，必须要对地方政府债务的形成与发展，以及债务风险的宏观与微观状况进行探析。通过对债务发展逻辑和债务风险的探析，可以发现地方政府债务的形成与发展规律，科学评价地方政府债务风险，从而制定出针对有效的地方政府债务融资约束机制。

刘昊博士是我指导的 2010 级博士研究生。他当时就非常敏锐地发现了日益严重的地方政府债务问题，其博士论文题目就选择了《地方政府债务形成、发展与风险的经济学分析》。可以说，刘昊博士是2011年审计署公布债务审计结果后，国内最早深入研究地方政府债务问题的学者之一。其2013年发表于《财经研究》《经济理论与经济管理》《上海财经大学学报》的3篇地方政府债务论文，获得了国内学者的高频引用，为研究我国地方债务问题提供了重要参考，为地方政府债务研究贡献了智慧。

我非常欣喜地看到，刘昊博士在2018年从金融机构回高校从事研究工作后，以博士论文为基础，继续丰富他对地方政府债务的研究，并于2019年获得了国家社科基金后期项目资助。本书现在成稿，作为其导师，倍感欣慰，为其高兴。

本书以债务史考、风险评估与债务管理等理论和方法为依托，研究了我国地方政府债务的发展逻辑、风险状况及治理机制。全书共有十章的内容，首先，在回顾国内外地方政府债务研究理论基础上，对我国地方政府债务的发展历程、形成机制、决定因素与风险状况进行了系统论述；其次，对地方政府债务的重要负债主体地方融资平台的风险状况及市场化转型进行了讨论；最后，提出了我国地方政府债务风险治理的双重约束机制。这些研究丰富了地方政府债务发展史、融资平台风险评价以及债务风险治理等理论，对提升我国地方政府债务治理能力具有较强的历史借鉴和现实指导意义。本书的研究特色主要有以下三点。

第一，本书翔实地考察了新中国70年地方政府债务发展历史，这是我国地方政府债务研究重要的历史资料总结与学术研究参考。对于经济学者而言，2009年后不断积累和增加的地方政府债务是直观和熟悉的。本书难能可贵的是，作者澄心涤虑、抽丝剥茧，通过回顾改革开放以来的经济发展历程，包括财政体制改革、国有企业改革、投融资体制改革、粮棉流通体制改革、地方金融发展、县乡财政解困、养老体制改革等，全面梳理和呈现了我国地方政府债务的历史发展脉络和演化逻辑。

第二，对融资平台债务的微观特征、风险状况及其转型发展，通过大量实地调研获取了可靠数据和案例，研究结论为洞察我国融资平台运行体制和投融资活动提供了全面画像。具体而言，本书对融资平台的债务特点与风险状况进行了细致全面考察，清晰地展示了政府融资平台的投融资运作机理与规律，为债务风险宏观分析提供了重要微观基础。在融资平台市场化转型政策要求的背景下，调研了融资平台的市场化转型所面临的问题和制约因素，深入讨论了融资平台系统性法律安排与现实债务化解策略。

第三，本书开创性地探讨了地方政府债务融资的"财政纪律与市场约束"双重约束机制，为地方政府债务风险治理能力的提升提供了新的研究视角和现实方案选择。作者指出，财政纪律是市场约束机制发挥作用的重要制度保障，市场约束机制是财政纪律有效执行的市场动力，两者结合能够有效控制地方政府债务融资。一方面，财政纪律界定了地方政府债务融资应遵循的基本法律框架，参与地方政府债务融资的市场主体有了行动的准则；另一方面，在完善的市场约束机制下，只要金融机构等债权人严格遵循法律法规与市场规则，以此识别和评估地方政府的债务风险，那么地方政府突破财政纪律的空间就非常有限。

学术研究贵在长期坚持、日积月累、孜孜不倦。希望刘昊博士以此书出版为契机，不断自我鞭策，进一步跟踪研究、加强调查、开拓研究视野，继续深化对我国地方政府债务风险治理问题的研究，并取得更多丰硕成果。

刘志彪

2022 年新年于南京大学丙丁楼

目　　录

第一章　导　论

第一节　问题的提出

一、研究问题

自 1980 年中央政府与地方政府"分灶吃饭"后，地方政府开始成为独立的预算主体，地方政府债务从概念走向现实。从我国地方政府债务的发展历程来看，其成因比较复杂，一方面，财政分权、国有企业改革、地方金融机构清理、粮食与棉花流通体制改革使得地方政府"被动"地承担了许多债务；另一方面，地方政府间竞争、软预算约束、积极财政政策的实施使得地方政府"主动"地举借了大量债务。根据 2011 年中华人民共和国审计署（以下简称"审计署"）审计结果公告《全国地方政府性债务审计结果》，我国地方政府负债已是普遍存在的事实。[①]

尽管地方政府债务的成因已经较为明晰，但是在审计署对地方政府债务进行全面审计之前，地方政府债务如同一个"黑匣子"，外界无法知其规模与组成，主要原因是地方政府负债原因错综复杂，以及债务统计制度与管理制度缺失，使得地方政府负债具有极大的隐蔽性。因而在债务规模公开之前，学者们的研究犹似"盲人摸象"一般，关于地方政府债务的规模与风险分析多采取估算或是案例研究的方法，而且基本都是定性分析。

2008 年金融危机后，我国开始实行积极财政政策，出台了两年 4 万亿

---

① 根据中华人民共和国审计署审计结果公告《全国地方政府性债务审计结果》，我国地方政府负有偿还责任的债务最早发生在 1979 年；至 1996 年底，全国所有省级政府、392 个市级政府中的 353 个（占 90.05%）和 2779 个县级政府中的 2405 个（占 86.54%）都举借了债务；至 2010 年底，全国只有 54 个县级政府没有举借债务。

元投资计划以扩大内需，维持宏观经济稳定。地方政府在中央政府政策激励下提出了各自的投资计划，累计达 20 万亿元之巨。① 积极财政政策的实施有效缓和了金融危机带来的产出波动，但同时也引起了地方政府债务规模的迅速扩大。2009 年末希腊债务危机凸显，在 2010 年进一步发酵，债务危机阴云笼罩欧洲，并带来了严重的经济与社会问题。我国地方政府债务也开始受到中央政府的高度重视。2010 年 6 月 10 日，国务院发布《国务院关于加强地方政府融资平台公司管理有关问题的通知》，自此开始清理和规范地方政府债务。2011 年 3~5 月，审计署对 31 个省（自治区、直辖市）和 5 个计划单列市本级及所属市（地、州、盟、区）、县（市、区、旗）三级地方政府的债务情况进行了全面审计，并在 2011 年 6 月公布了地方政府债务审计结果。在审计署公开总体债务数据之后，共有 19 个省（自治区、直辖市）、1 个计划单列市陆续在 2010 年度预算执行审计工作报告中公布了地方政府债务规模总体数据。② 2013 年 8~9 月，审计署再次对政府性债务情况进行了全面审计，并于 2013 年 12 月 30 日公开了全国政府性债务审计结果。《中华人民共和国预算法》（2014 年修正）（以下简称《预算法》）明确规定，地方政府需依照国务院下达的限额举借债务。2015 年全国人民代表大会批准的全国地方政府债务限额为 16 万亿元，2016~2020 年批准的债务限额分别为 17.19 万亿元、18.82 万亿元、21.00 万亿元、24.08 万亿元、28.81 万亿元。地方政府和债务管理部门已开始主动披露债务余额数据，财政部披露的 2016~2020 年地方政府债务余额分别为 15.32 万亿元、16.47 万亿元、18.39 万亿元、21.31 万亿元、25.66 万亿元。

地方政府债务数据的公开，为全面把握地方政府债务规模，防范和化解地方政府债务风险提供了重要依据。从公布的债务数据可以发现以下三个看似彼此独立实质却相互联系的重要事实。

第一，从时间维度来看（见图 1-1），地方政府债务自 20 世纪 90 年代末快速增长，2002 年已经达到 14022 亿元。2008 年金融危机后，地方政府债务规模急剧膨胀，2009 年债务余额净增 34482 亿元。2010 年债务规模增速得到一定程度的控制，债务余额增加 17006 亿元。2013 年 6 月，地方政府债务余额高达 178908 亿元。

---

① 张继：《扩大内需地方欲投 20 万亿》，载于《每日经济新闻》2008 年 12 月 16 日。

② 19 个省（自治区、直辖市）分别是北京、浙江（含宁波）、山东（不含青岛）、广东（含深圳）、福建（不含厦门）、海南、辽宁（不含大连）、山西、内蒙古、吉林、河南、湖北、湖南、广西、重庆、甘肃、宁夏、新疆、安徽；1 个计划单列市是青岛市。

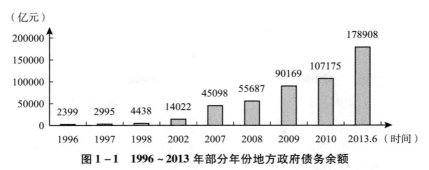

图 1 - 1　1996～2013 年部分年份地方政府债务余额

资料来源：各年地方政府债务余额根据审计署《全国地方政府性债务审计结果》公布的 2010 年底债务余额及历年增长速度计算得出，2013 年债务余额为 2013 年 6 月数据。

第二，从地区差异来看（见图 1 - 2），2010 年底 17 个省（自治区、直辖市）的人均债务余额与负债率（债务余额与 GDP 之比）均存在较大差异。① 人均债务余额最高的地区是北京市，达到 1.91 万元，最低为河南省，人均债务余额为 0.31 万元，二者相差 6 倍之多。负债率最高的地区是海南省，为 46.16%，最低为山东省，仅有 13.33%。

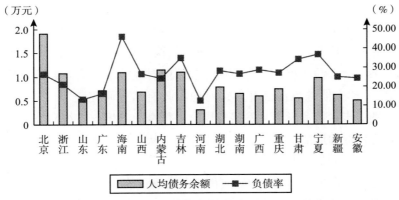

图 1 - 2　2010 年底 17 个省（自治区、直辖市）人均债务余额与负债率

资料来源：2011 年审计署公布的《全国地方政府性债务审计结果》。

第三，从国际比较来看（见图 1 - 3），2010 年中国地方政府负债率已达 27%（由《全国地方政府性债务审计结果》数据计算），高于美国的

---

①　辽宁省和福建省公布的数据由于不含计划单列市大连市与厦门市，故没有分析。青岛市因公布了债务数据，故可以合并计算出山东省的总体政府债务。因而，共有 17 个省（自治区、直辖市）完整的总体债务数据。

19%、巴西的 12%，与印度的 28% 大致相当。从国际经验看，一般负债率警戒线在 20% ~25%。如美国规定州负债率（州政府债务余额/州内生产总值）警戒线在 13% ~16%，加拿大规定地方政府负债率不得超过 25%。而 2010 ~2020 年，我国地方政府债务规模更是快速膨胀。学者估计 2017 年我国融资平台隐性债务规模高达 30 万亿 ~50 万亿元（姜超等，2018；郑祖昀和黄瑞玲，2019）。保守按照 30 万亿 ~50 万亿元隐性债务规模计算，汇总财政部公布的地方债务余额，2017 ~2020 年我国地方政府负债率处于 50% ~70%。

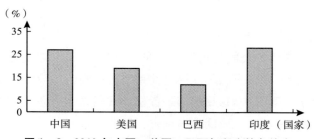

图 1 - 3 2010 年中国、美国、巴西与印度的负债率

以上三个事实（现象）代表了地方政府债务研究的三个重要问题，分别是债务的形成与发展历史、债务规模的决定因素及债务规模的风险状况。如果说学者们在审计署公布债务数据前对地方政府债务的研究是"盲人摸象"，那么债务数据公开后，对地方政府债务研究应像"外科手术"一样，进一步对债务形成、发展与风险进行全面剖析与系统研究。本书以地方政府债务的形成、发展及风险为主线，从上述三个事实入手，主要解决以下四个方面的问题。

问题 1：地方政府债务的形成机理与发展逻辑。

我国地方政府最早自 1979 年开始举债，从图 1 - 1 可以看出，1998 年前我国地方政府债务规模并不算高，2002 年以后地方政府债务快速增长。我们不禁要问：中华人民共和国成立 70 多年以来，尤其是改革开放 40 多年以来，地方政府债务经历了怎样的发展历程，具有什么样的形成机制和发展逻辑？本书从历史的、逻辑的视角对地方政府债务形成与发展进行探究，可以发现地方政府债务形成与发展的规律特征，总结地方政府债务管理的经验与教训，从而以史为鉴，为当下更好地管理和控制地方政府债务提供历史依据与实践参考。

问题 2：地方政府债务规模的决定因素。

从图 1-2 中可以发现，我国不同地区的债务规模存在较大差异。何种因素引起了地方政府债务负担的差异？既有国内学者的研究多集中于债务成因的定性分析，对地方政府债务规模决定因素的定量研究还较为匮乏。本书将在既有研究的基础上，从人口、经济、政治与制度四个层面对债务规模的决定因素展开定量分析。对债务决定因素进行分析的直接目的是解析地方政府债务负担存在地区差异的原因，更重要的目的是发现在何种条件或环境下地方政府更倾向于进行债务融资，从而为制定地方政府债务融资管理制度、构建地方政府债务风险治理体系提供理论依据与经验支持。

问题 3：地方政府债务的风险状况。

从图 1-3 可以看出，与债务控制较好的国家相比，我国地方政府债务规模较大。我国地方政府债务风险是否严重？这是理论和实践工作者共同关注的问题。不同的学者基于不同的立场和视角具有不同的观点。本书将对我国地方政府债务风险进行全面客观分析。在分析过程中，既关注债务的现实偿债风险，也对影响债务偿还的潜在因素及债务的引致风险进行讨论，以全面评估我国地方政府债务的风险状况。

本书在分析地方政府债务风险时，也基于融资平台银行贷款对地方政府融资平台的债务特点与风险状况进行研究。地方政府融资平台是地方政府债务的重要负债主体，地方政府通过成立、创造大量的预算外实体——融资平台，进行债务融资。从本质上讲，融资平台是地方政府公共部门的延伸，承担了政府提供地方公共品的较多职能，同时又是金融市场重要的参与者。对融资平台的债务特点及其风险进行分析，是识别和评估地方政府债务风险的重要内容，也是防范和化解地方政府债务风险，尤其是地方政府隐性债务风险的重要依据和前提。通过融资平台债务特点与风险状况的研究，可以从微观视角对地方政府债务运用情况及风险状况形成直观具体的认识，与宏观层面的研究相互补充。

问题 4：地方政府债务的风险治理。

现有对地方政府债务风险管理的对策建议已非常丰富，包括统一地方债务管理体系，规范政府行为、约束其过度举债，建立债务风险防范机制，有效化解当前债务，推进体制改革、转变政府职能、改革地方官员考核机制，完善财政分权、消除软预算约束、建立地方公债市场等。但既有研究主要集中于对财政管理体制与地方政府行为管理的建议，而对债务融资的市场约束机制研究相对不足。国际比较经验证实，与财政纪律的债务融资约束功能一致，健全的市场约束机制也是治理地方政府债务融资的有效制度安排。本书将做出开拓性努力，探讨构建我国地方政府债务融资的"财政纪律与市场约束"双重约束机制。

二、研究意义

从实践的角度来看，现阶段地方政府债务问题已经成为我国经济社会发展研究的重要议题，集中体现在债务风险评价与债务风险控制两个方面。在债务风险评价方面存在两种观点，一种观点认为虽然我国地方政府债务规模较大，但我国政府的总体债务相对于 GDP 比重依旧低于国际水平，债务风险总体可控；另一种观点认为，地方政府债务规模已经超出地方政府的财力承受范围，且衍生出一系列严重的经济与社会问题，债务风险成为经济稳定发展的不稳定因素。在债务风险控制方面，中央政府正在逐步规范地方政府的负债行为，完善地方政府债务管理体系，以控制和防范地方政府债务风险。在此背景下，深化地方政府债务研究，揭示地方政府债务的形成原因、发展规律与风险状况，既有助于公众对地方政府债务形成科学、客观的理解与认识，消除"谈债色变"与"不足为惧"的偏颇情绪，又可以为推动我国财政体制改革、构建适合中国国情的地方政府债务的有效治理体系、化解地方政府债务风险，提供可靠、富有针对性的政策建议。

从理论的角度来看，既有关于地方政府债务的研究涵盖了地方政府债务的现状、成因、风险与管理的各个方面与环节，但囿于数据的敏感性与保密性，对债务的形成与发展、债务规模的决定因素、债务风险评价以及债务风险治理还存在以下四点不足：一是对地方政府债务形成与发展历史的认识依旧处于模糊状态，迄今为止，还没有学者对中华人民共和国成立 70 多年后，尤其是改革开放 40 多年后地方政府债务的形成与发展过程进行清晰阐述；二是人口、经济、政治与制度等因素与债务规模的定量相关研究尚无代表性成果出现；三是地方政府债务风险的全面分析、地方政府负债主体的债务特点与风险状况实证研究（如融资平台的债务特点与风险分析）等研究深度还待进一步提升；四是在地方政府债务风险治理方面，既有研究主要集中于对财政管理体制与地方政府行为管理的建议，而对债务融资的市场约束机制研究相对不足。市场约束机制更多是从治理而非管理的概念强调金融机构等债权人对债务风险控制的角色和作用。本书将以地方政府债务的形成、发展与风险为主线，对上述四个问题展开研究，以丰富当前我国地方政府债务研究，为学术界和政策制定者分析我国地方政府债务问题提供全面系统的索引和参考。

因此，无论从实践层面，还是从理论层面，对地方政府债务的发展逻辑与风险状况进行细致考察与研究，以揭示我国地方政府债务存在与发展的客观规律，并科学评价地方政府债务的风险程度，构建有效的地方政府债务风险治理体系，都有重要意义。

第二节　相关概念的界定

一、地方政府债务

对政府债务进行研究的起点是科学界定政府债务的范畴。政府作为公共主体，不同于一般企业主体，其所承担的债务范围因此扩大。罗森（Rosen，1992）提出了"隐性债务"的概念，将债务范围扩展为政府在道义上被社会公众推定应当承担的债务。波兰克瓦（Polackova，1998）提出了财政风险矩阵，将债务分为直接显性债务、直接隐性债务、或有显性债务和或有隐性债务四个类别，成为当前各国普遍采用的政府债务分类方式。直接债务与或有债务是按债务确定性进行区分，直接债务是在任何情况下都存在的债务，不依赖于任何特定事件（如政府部门直接举借的债务），或有债务是在特定事件发生时才存在的债务（如政府对公共部门或私营投资的担保）。显性债务与隐性债务是按法律约束性而言的，显性债务是国家法律或者合同明确规定的必须由政府偿还的债务，隐性债务是不受法律或合同的约束，但政府出于公共期望或政治压力在道义上承担的债务。

我国官方机构（如财政部、审计署）将地方政府债务称为地方政府性债务，其主要含义也是对地方政府债务范围进行延伸，将债务范围不仅局限于政府作为直接负债主体所承担的债务。财政部将地方政府债务定义为："地方政府性债务是指地方政府（含政府部门和机构）、经费补助事业单位、融资平台公司等直接借入、拖欠或因提供担保、回购等信用支持，因公益性项目（含公益性基础设施项目，下同）建设形成的债务。其中，因直接借入、拖欠形成的债务为直接债务；因提供担保形成的债务为担保债务（不含政府虽然通过回购等信用支持担保，但已计入融资平台公司等债务人直接债务的部分）"①。2009 年底，财政部、中国人民银行、原中国银行业监督管理委员会三部委共同设计制作《2009 年地方政府性债务来源表》，将地方政府性债务分为各部门下属机关、事业单位与融资平台公司三个负债主体举借的直接债务与提供的担保债务，并对地方性债务的来源与支出做了较为具体的分类。2011 年，审计署对全国地方政府债务进行审计时将地方政府债务按照法律责任主体划分为三类：第一类是政府负有偿还责任的债务，即由政府或政府部门等单位举借，以财政资金偿还的债务；第二类是政府负有担保责任的或有债务，即由非财政资金偿还，地方政府提供直接或间接担保形成的或有债务，债务人出现偿债困难时，地方政府要承担连带责任；第三类是其他相关债务，即由相关企业单位及事业单位等自行举借用于公益性项目，以单位或项目自身收入偿还的债务，地方政府既未提供担保，也不负有任何法律偿还责任，但当债务人出现偿债困难时，政府可能需给予一定救助。②

可以看出，财政部关于我国地方政府债务的定义将事业单位与融资平台公司视同政府的一部分，凡是由于公益性项目举借的债务都归为直接债务，而审计署统计地方政府债务时，则规定明确由财政资金偿还的债务为直接债务。无论哪种分类方式，都未考虑难以度量的与非政府承诺相关的因素（赵云旗，2011），如社会保障基金缺口、地方国有企业亏损等隐性债务，这可能是基于债务数据统计与度量的考虑。因此，与波兰克瓦（Polackova）分类法相比，我国政府部门对债务范畴的定义与波兰克瓦财政风险矩阵的定义略有差异，如在融资平台经政府担保的举借用于公益性项目的债务在波兰克瓦财政风险矩阵中为或有显性债务，在财政部债务分类中不论是否经政府担保，都归为直接债务；在审计署的统计分类中，若是融资平台举借的债务明确由财政资金偿还，都构成政府的直接债务。2018 年，财政部设立地方全口径债务监测平台，全面统计认定地方政府隐性债务，包括政府承诺偿还的债务、政府提供担保的债务以及非担保偿还债务。

总体来看，我国政府对地方债务的统计分类已基本全面，涵盖了当前可以定量测算的直接债务、政府承担偿还责任的或有债务和隐性债务、特殊隐性债务。社会保障基金缺口、地方国有企业亏损及潜在债务，由于度

---

① 见财政部 2008 年、2009 年《地方政府性债务报表填报说明》对地方政府性债务的概念界定。

② 2011 年审计署公布的《全国地方政府性债务审计结果》。

量的复杂性及不确定性，尚不在统计规模之列。

本书研究我国地方政府债务，不再区分"地方政府性债务"与"地方政府债务"概念的差异，一致使用"地方政府债务"这个名词研究我国地方政府的负债。研究我国地方政府债务时，在债务类型上采取波兰克瓦财政风险矩阵分类法，将地方政府债务分为直接显性债务、直接隐性债务、或有显性债务和或有隐性债务；在债务内容上遵循审计署对债务类型的定义，内容涵盖我国政府确认的各类直接债务、担保债务和政策性挂账（包括粮食企业和供销企业），并包含当前可以预见的其他隐性债务。

我国地方政府债务内容分类（包括曾经出现但当前已经化解的地方政府债务）如表 1 – 1 所示。

表 1 – 1　　　　　　　　　我国地方政府债务内容分类

分类	直接债务	或有债务
显性债务	1. 地方政府转贷及专项借款。（1）外债转贷；（2）国债转贷；（3）解决地方金融风险专项借款，包括清理农村合作基金会借款，清理供销合作社股金借款，清理城市商业银行借款，清理城市信用合作社借款，清理信托投资公司借款等；（4）农业综合开发借款；（5）粮食风险基金借款；（6）其他。 2. 地方政府债券。（1）中央代理发行地方政府债券；（2）地方政府自行发行地方政府债券。 3. 地方政府机关国内金融组织一般借款。 4. 地方政府融资平台、事业单位举借的明确由财政资金偿还的债务。 5. 地方政府拖欠其他单位及个人款项。（1）拖欠工程款；（2）历史集资款。 6. 政策性挂账。（1）粮食企业亏损挂账；（2）供销企业亏损挂账	1. 地方政府担保的事业单位和融资平台的外国政府或国际金融组织借款，若借款没有明确由财政资金偿还。 2. 地方政府担保的事业单位和融资平台的国内金融组织借款，若借款没有明确由财政资金偿还。 3. 地方政府担保的政府融资平台公司发行的企业债券、证券、信托产品等，若债券、证券、信托产品没有明确由财政资金偿还
隐性债务	1. 社会保障基金缺口。（1）当前养老金个人账户空账余额；（2）未来社会保障基金缺口现值。 2. 拖欠机关事业单位职工工资（不含自收自支单位）。（1）拖欠国家规定的工资及津（补）贴；（2）拖欠地方出台工资及津（补）贴	1. 地方金融机构的不良资产。 2. 地方国有企业的亏损与债务的最后清偿。 3. 事业单位、政府融资平台举借的用于公益性项目的借款，借款没有得到政府担保，也没有明确由财政资金偿还

二、地方政府债务风险

地方政府债务风险的定义可大可小，为使本书研究问题更加明确，在此有必要对本书所研究的地方债务风险做出明确界定。

刘尚希（2003）将财政风险定义为"政府拥有的公共资源不足以履行其应承担的支出责任和义务，以至于经济、社会的稳定与发展受到损害的一种可能性"。而债务是政府财政支出责任与义务的最终反映，其他学者（刘星和刘谊，2006）对债务风险的定义基本跟随了刘尚希的说法。马海涛和吕强（2004）将地方债务风险定义为地方政府无法清偿到期债务的偿债风险以及由偿债风险引发的其他风险，是存在于地方财政正常运行和地方政府债务危机之间的一个中间环节，并把债务风险的表现形式分为规模风险、结构风险、效率风险与外在风险。[①] 时红秀（2010）将地方债务的风险分为微观层面的风险和宏观层面的风险，微观层面的风险指地方政府无法清偿债务带来的风险，宏观层面的风险指地方政府债务对宏观经济和政策的影响。

为使讨论的主题明确、内容不失全面，本书将研究两个层面的债务风险：一是地方政府的偿债风险，即地方政府资不抵债或者财政收支发生困难而引起政府债务逾期或违约的可能性；二是地方政府债务引致风险，即地方政府债务对宏观经济和政策的影响。其中偿债风险又从两个方面进行研究：一是现实风险；二是潜在风险。前者是基于现有债务规模存量对地方政府债务作出风险评估，后者进一步考虑影响地方政府偿债能力的现有或未来的潜在因素。

第三节　研究设计

一、研究思路

本书立足地方政府债务发展逻辑及风险分析，以债务史考、风险评估与债务管理等理论和方法为依托，研究我国地方政府债务的发展逻辑、风险状况与风险治理机制，研究遵循"背景分析—历史研究—现实评估—治理建议"的思路展开，具体内容如图1－4所示。

---

① 对风险表现形式分类的最早讨论见郭琳和樊丽明（2001），马海涛和吕强（2004）的分析基本借鉴了郭琳和樊丽明的研究。

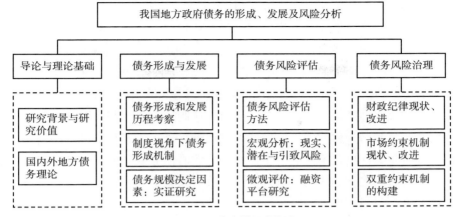

图 1-4　本书的逻辑框架

首先，阐明本书的研究主题及其重要性，比较国内外关于地方政府债务形成发展与风险分析的相关理论，奠定本书的研究基础；其次，对中华人民共和国成立70多年来地方政府债务的形成和发展历程翔实考察，并在历史考察基础上以制度视角深度剖析当前地方政府债务的形成机制，以及以计量回归方式实证研究地方政府债务规模的决定因素；然后，对地方政府债务风险展开评价。此部分分别就宏观层面的债务风险以及微观层面的融资平台债务风险进行研究。最后，提出地方政府债务风险治理的"财政纪律与市场约束"的双重机制及其实现路径。本书的研究丰富了地方政府债务发展史、融资平台风险评价以及债务风险治理等理论，对提升中国地方政府债务治理能力具有较强的历史借鉴和现实指导意义。

第一部分：导论与理论基础。

第一章导论部分引入问题，第二章对国内外地方政府债务研究进行系统总结与评价，为本书研究提供理论基础。通过回顾国内外文献发现，对地方政府债务发展历史及债务规模决定因素的研究还较为匮乏，从"财政纪律与市场约束"双重视角探讨债务风险治理体系尚无代表性成果。本书以历史的、逻辑的视角对我国地方政府债务的形成、发展及风险状况进行研究，弥补现有研究的相对不足。

第二部分：债务形成与发展。

本部分对中华人民共和国成立70多年来地方政府债务的发展历程进行细致考察，并以制度经济学的博弈分析方法对当前地方政府债务的形成机制展开深层次研究。在发展历程考察和形成机制分析基础上，实证分析地方政府债务规模的决定因素。

第三章对中华人民共和国成立 70 多年来，尤其是改革开放 40 多年来我国地方政府债务形成与发展过程进行细致考察，从形成逻辑、规模演化逻辑以及风险治理逻辑出发，对不同阶段我国地方政府债务的发展逻辑进行了比较分析。通过地方政府债务发展历程的研究，提炼我国地方政府债务治理的历史经验，从而为当前我国地方政府债务风险治理提供启示与借鉴。

第四章以博弈论为分析工具，从财政体制、政治体制及财政政策三个方面对当前我国积累的地方政府债务成因进行分析，着重研究了制度作为内生变量是如何决定不同经济主体对地方政府债务融资的态度和行动。本章的主要目的在于确定财政分权、地方政府间竞争以及财政政策的经济稳定职能分配对当前地方债务规模的解释程度。

第五章对当前我国地方债务规模的影响因素（变量）进行识别和实证研究，包括人口、经济、政治与体制因素。通过实证研究，识别出地方债务规模的主要决定因素，为第四章理论分析提供实证支持，同时为债务治理方案制定提供现实依据。

第三部分：债务风险评估。

本部分首先建立一个地方政府债务风险识别和评估框架，然后运用该分析框架分别就宏观层面的债务综合风险与微观层面的融资平台债务风险展开研究。

第六章系统研究地方债务风险识别与评估方法，对地方政府债务面临的内在风险做全面识别，对地方政府债务风险评估方法做翔实地介绍、比较和分析，探讨各种方法之间的联系与区别、优势及应用限制，最后做出总结，阐明在实证评估我国地方政府债务风险时应该注意的问题，从而为我国地方债务风险评估提供方法论指导。

第七章从现实风险、潜在风险及引致风险三个层面对地方政府债务风险进行全面考察，以对地方政府债务风险状况做出客观评价。现实风险与潜在风险是就地方政府债务偿债风险而言的，前者是基于现有债务规模存量对地方政府债务做出风险评估，后者进一步考虑影响地方政府偿债能力的现有或未来潜在因素。引致风险指地方政府债务引起的其他风险，包括金融风险，对宏观经济运行及政府政策实施产生的负面效应。

第八章以某省 5 市 50 家融资平台为研究对象，通过对其银行贷款余额和财务指标的分析，揭示地方政府融资平台的债务特点与风险状况。通过微观样本分析，进一步明晰政府融资平台的投融资运作机理与规律。在本书完成之际，本章同时跟踪了 50 家融资平台的最新状况，包括组织变迁、财务状况及债务情况，并对其债务风险进行了综合评价。

第九章从债务风险较为严重的基层融资平台入手，调查研究了基层融资平台债务风险及市场化转型问题，进一步丰富了融资平台债务风险的内容层次和相关案例。本章以东部某沿海城市 W 市 H 区的 7 家融资平台为研究对象，具体分析基层融资平台的债务风险、市场化转型制约因素和转型目标方向，并延伸讨论融资平台隐性债务有效治理的基本制度框架。

第四部分：债务风险治理。

就地方政府债务风险治理而言，财政纪律与市场约束机制是债务管理部门最为重视的两种政策选择。制定债务融资规则或者实施债务规模控制，强调的是财政纪律；基于债权债务关系的市场交易本质，运用市场的力量对地方政府债务融资进行控制，强调的是市场约束机制。

第十章对我国地方债务融资的财政纪律与市场约束机制的现状与不足进行分析，并从构建可持续的地方政府债务融资模式、实施严格的地方政府债务融资财政纪律、健全市场约束机制的法律基础三个方面讨论构建我国地方政府债务风险治理的"财政纪律与市场约束"双重机制。

二、研究方法

对我国地方政府债务的发展逻辑与风险治理进行研究，需要采取抽象与具体、历史与逻辑、定性与定量相结合的方式，本书在转轨经济学、公共财政学、制度经济学、风险管理等基本理论指导下，重点采取以下研究方法：

一是文献研究法。对国内外地方政府债务研究成果进行系统整理，包括债务成因、影响因素、风险评估与债务治理，掌握国内外地方政府债务研究的前沿动态，为本书研究奠定理论基础，同时发现既有研究的相对不足之处，确立本书的创新与特色。

二是历史研究法。运用历史资料，对地方政府债务的发展历程进行纵向动态考察，洞悉地方政府债务发展的逻辑和规律，为实证研究地方政府债务规模的决定因素提供历史与现实基础。

三是实际调查法。实地调查某省 5 市 50 家融资平台、W 市 H 区 7 家融资平台，并收集财务数据，厘清地方政府融资平台的投融资运作机理，确立地方政府融资平台债务风险的分析维度和具体评价指标。对专家开展问卷调查，运用层次分析法，科学确立评价指标权重。

四是实证研究法。在研究地方政府债务规模的决定因素时，将人口、经济、政治与体制四个方面的因素纳入计量分析模型，通过规范的回归分析方法，识别主导影响因素。在对地方政府融资平台债务风险进行分析评价时，运用统计描述与系统评价方法对地方政府融资平台的债务风险进行实证分析。

第四节　创新与特色

一、创新与特色

在问题选择上，将我国地方政府债务研究重点设定为债务发展逻辑与风险评估及治理。改革开放以来，地方政府债务在不同的历史阶段具有不同的成因和发展特点，由于涉及时间轴较长，历史资料整理纷繁，学界对改革开放后地方政府债务发展历程的历史考察还较为薄弱，本书以历史的、逻辑的视角探讨了地方政府债务的形成机理与发展历程，为深层次探讨地方政府债务风险治理提供可靠的历史与现实依据。

在学术观点上，明确提出构建"财政纪律与市场约束"双机制，提升地方政府债务风险治理能力。本书研究认为有效控制地方政府债务风险需要实施"财政纪律与市场约束"的双重机制。严明的财政纪律是建立有效市场约束机制的制度保障；强有效的市场约束是提高地方政府债务透明度与债务资金使用效率的重要推动力，是增强地方政府财政纪律的市场动力。

在研究方法上，将宏观层面的风险评价与微观层面的融资平台风险分析相结合。本书通过调研东部某省 5 市 50 家融资平台，对融资平台的债务特点与风险状况进行了细致全面考察，清晰地展示了政府融资平台的投融资运作机理与规律，从而为债务风险宏观层面的分析提供了重要微观基础。此外，本书获得国家社科基金立项资助后，调研了 W 市 H 区全部 7家基层融资平台集团公司的债务风险及市场化转型问题，为深入了解地方政府隐性债务风险提供了重要现实参考。

二、学术贡献

首先，本书翔实考察了中华人民共和国成立 70 多年来地方政府债务发展历史，为学者们现有及后续研究提供了宝贵的历史资料总结与参考。尤其是年轻一代学者没有经历地方债务发展历程变迁或者缺乏切身感受，本书可以起到重要的工具与手册作用。

其次，本书丰富了地方政府债务研究相对薄弱的环节，一是地方债务规模区域差异决定因素的实证分析；二是政府融资平台债务的微观特征与风险状况的案例研究。前者研究的价值在于建立了一个债务规模决定因素的理论模型，后者研究的价值在于突破了债务数据的保密性与隐蔽性。

最后，本书尝试性地探讨了"财政纪律与市场约束"双重约束机制的构建路径，为我国地方政府债务风险治理能力的提升提供了新的研究视角和较为系统周全的现实方案选择，提升了学界地方债务风险治理研究深度。

第二章　国内外地方政府债务研究比较

第一节　引　　言

对我国地方政府债务的讨论早在 21 世纪初已经出现，只不过并没有如同现在这般备受关注。2008 年金融危机前，对地方政府债务的研究已经取得了较为丰硕的研究成果，国内学者从经济转轨、财政分权、投融资体制、行政体制、财政政策等不同角度分析地方政府债务形成的原因，提出地方政府债务管理的对策建议。金融危机后，我国地方政府债务规模在积极财政政策的刺激下急剧膨胀，地方政府债务受到政府、学者与社会公众的普遍关注，围绕债务风险与债务管理的研究大量出现。

加强地方政府债务研究，探索我国地方政府债务的形成与发展规律，构建符合我国实际的地方政府债务风险治理体系，逐步化解地方政府债务风险，已成为我国政策制定者与理论研究者的重要努力方向。在此背景下，对既有研究成果进行梳理、甄别、判断、分析与总结显得十分重要。在理论层面，通过对既有研究成果的甄别辨析，去伪存真，既可以发现重要的研究结论，为未来研究打下基础，又可以发现既有研究成果的不足，找出需要进一步努力的方向，从而完善我国地方政府债务研究。在实践层面，通过对既有研究成果的回顾，可以发现我国地方政府债务的形成与发展规律，为地方政府债务管理提供历史经验与现实依据，指导我国地方政府债务风险治理体系的构建。

他山之石，国外学者对地方政府债务的研究在 20 世纪 50 年代就已开始。尽管不同国家财政体制、经济发展路径与发展特征不同，但国外学者对地方政府债务研究采用的理论与方法、取得的一系列研究成果值得我们借鉴与学习，国外政府对地方债务风险治理的经验教训亦是建立我国地方政府债务风险治理体系的重要参考。鉴于此，本章也对西方学者对地方政府债务研究的成果进行回顾与总结，以揭示国外地方债务研究的理论思路与发展脉络，为加强我国地方政府债务研究提供可供借鉴的理论、思路与方法。

本章以地方政府债务的形成、发展、风险与控制为主线，对既有地方政府债务研究提供全面的考察，结构安排如下：首先对国内外地方政府债务研究做系统的梳理、甄别与总结；然后讨论我国地方政府债务研究的成果与不足；最后提出我国地方政府债务研究需要努力的方向。

第二节　国外关于地方政府债务的研究

地方政府债务研究可以分为两个视角，一个是财政视角，另一个是财务管理视角（Dafflon，2010）。国外学者主要从财政视角对地方债务进行研究，关注地方政府的负债规模及其控制，其中又可以分为两个层次：第一个层次是研究各种因素与地方政府债务规模的相关关系，该类研究以实证研究为主；第二个层次是在第一个层次基础上对政府债务规模控制提出规范性结论与建议。下面将从地方政府负债的依据、地方政府债务规模的决定因素、地方政府债务的风险评估、地方政府债务的管理与风险控制四个方面考察西方学者关于地方政府债务的研究成果。

一、地方政府负债的依据

在凯恩斯主义影响下，中央政府进行债务融资已被视为合理与必要。在经济衰退发生时，政府通过债务融资实施财政赤字政策可以提高有效需求，促进经济复苏和维持充分就业。然而，在财政联邦主义下，经济稳定职能不能构成地方政府债务融资的合理依据（Musgrave，1959）。国外学者支持地方政府债务融资的理由主要有以下三点：

（一）为资本项目融资以实现代际公平

在财政联邦主义下，地方政府应享有一定的税收收入，并承担地方公共品的供给职责，这是因为由地方政府提供地方公共品比中央政府统一提供更为有效（Tiebout，1956；Musgrave，1959；Oates，1972）。在此基础上，地方政府应该通过债务融资而非当期财政收入为资本项目筹措资金，以使投资成本在不同代人之间进行分摊，从而实现代际公平和资源的最优配置（Buchanan，1958；Daly，1969；Wagner，1970；Dafflon，1996）。

欧洲委员会 1985 年通过的《欧洲地方自治宪章》（European Charter of

Local Self-Government）第八部分第九条款明确提出，地方政府为资本投资进行借贷，应在遵循法律限制的条件下，通过资本市场获得资金（Council of Europe，1985）。2009 年，欧洲委员会的地方政府改革专家中心制定了《地方财政应用基准》（Benchmarking Local Finances）对地方债务融资明确提出了几点要求：地方债务应为资本项目融资，并鼓励用于服务领域；不赞成负债用于经常项目，除非是补足短期内现金流；国家应对地方债务进行控制，但是限制应该是公平的，并且与地方政府讨论达成一致（Council of Europe，2009）。

（二）地方政府可能存在收入与支出期限的不匹配，短期债务融资可以平衡财政赤字

在下列情况，地方政府可能进行短期债务融资，比如税收收入滞后于财政支出，来自上级政府转移不及时，或者仅仅为了利用有利的货币与资本市场（Clingermayer & Wood，1995）。利用债务融资而非增加税收来平衡财政收支，一个重要目的是保持税收的平滑性（Barro，1979）。

（三）通过债务为地方政府赤字融资能够加强地方政府的预算责任

在法律上认可地方政府通过债务为其赤字进行融资而不是寄希望于中央政府的财政援助时，会促使地方政府在做出财政支出决策时更加谨慎。借贷市场上的债权人会根据地方政府的财政表现来决定债务数量和利率。地方政府如果想要降低融资成本，必须注意保持财政收支平衡和良好的财政管理水准（World Bank，2004）。显然，这种情况符合资本市场发达和财政纪律严明国家的实际情况。

二、地方政府债务规模的决定因素

由于国外多元的政治、制度和文化，国外学者对地方政府债务规模决定因素的研究视角十分丰富，涉及人口、经济、政治（包括政治文化）与制度四个层面。

（一）人口因素

人口因素对地方政府债务的影响主要是从选民年龄结构和政府支出结构的关系展开讨论，即研究人口年龄分布对地方政府债务规模的决定作用（Ellis & Schansberg，1999；Wassmer & Fisher，2011；Fisher & Wassmer，2014）。对年轻的选民来说，债务融资意味着未来增加类似规模的税收，因此没有支持过度负债的倾向，年老的选民正好相反。若考虑政府支出结构，则结论又有所不同。若政府支出中大部分为资本性支出，年轻群体受益较多，年轻群体就会支持债务融资，年老群体则会反对。研究结果显示，美国的州政府债务与年轻人口占总人口比重正相关（Ellis & Schansberg，1999）。

（二）经济因素

影响地方政府债务规模的经济因素主要包括地方政府的财政实力、资金成本利率及税收政策。良好的财政实力表明地方政府具有良好的债务偿还能力，从而地方政府越容易取得债务借款（Bahl & Duncombe，1993）。美国等国家地方政府债务通常采取债券的形式，在发达的资本市场，债券的供求对利率十分敏感。当市场利率低时，政府会进行债务重组，用短期债券置换长期债券，并倾向于过高负债（Clingermayer & Wood，1995）。2008年美国次贷危机发生后，金融市场结构发生变动，投资者避险情绪增强时，地方政府债务融资变得困难（Luby & Moldogaziev，2014）。国外地方政府发行的市政债券一般为免税，这会增强市政债券对投资者的吸引力，从而有利于地方政府融资。部分学者关注中国地方政府债务，如安布罗斯等（Ambrose et al.，2016）研究了中国地方政府融资工具债务偿付能力与当地住房市场风险之间的联系，发现预期房价增长率较高的地区发行的债券风险溢价较低。

（三）政治因素

1. 政治竞争。诺德豪斯（Nordhaus，1975）以及其他学者讨论了政治商业周期对政府债务融资的影响（Mouriuen，1989；Berry & Berry，1992；Sáez，2015）。被选举出来的官员为了履行竞选承诺或赢得支持倾向于在任期结束前通过债务为资本项目进行融资，而将债务的偿还推迟于任期结束之后。当现任官员面临激烈政党竞争和严重政治威胁时，这种政治商业周期现象将更加突出（Lowery，1985；Baber & Sen，1986；Alesina & Tabellini，1990；Clingermayer，1991；Gersbach，2014）。马丁等（Martin et al.，2014）发现地方政府为了通过债务支出赢得税收优势，彼此间会存在债务竞争，相邻城市间这种债务互动关系是显著和稳健的，相邻的地方政府的人均市政债务规模每增加100欧元，本地区的人均市政债务规模则会增加16~33欧元。

2. 政府碎片化（弱势政府）。弱势政府假定认为，政府碎片化会导致更多的政府赤字和债务（Ashworth et al.，2005）。政府碎片化指政府权力在不同政党或政策制定者之间进行分配。政府碎片化会导致政府行动迟缓而难以就决策达成一致（Alesina & Drazen，1991），产生公共池问题而过度支出（Velasco，2000），产生策略使用债务问题而使当期政府限制未来政府的选择余地（Alesina & Tabellini，1990）。

激烈的党际竞争和分治的政府都是政府碎片化的表现形式。① 在西方国家，激烈的党际竞争往往会导致政府支出（尤其是再分配类型）的增加，因为官员候选人为赢得支持经常使用公共收益拉拢选民。当支出增加不能通过增税实现时，必然会导致政府债务的增加（Roubini & Sachs，1989；Eslava，2011）。当具有不同财政偏好的政党控制了不同的政府机构时，关于支出与税收的决议就很难达成一致，从而分治政府所引起的政治冲突会导致地方政府债务的增加（Alt & Lowry，1994；Poterba，1994）。有学者研究发现，赤字也可能发生于一致政府（即各政治机关被同一政党控制的政府），特别是一致政府更容易支持减税和增加支出（Fiorina，2002）。

3. 政治文化。不同的地区因其地域性与历史传统具有自身独特的政治文化特征。在美国，民主党与共和党代表了两种差别极大的政治哲学：民主党——自由主义；共和党——保守主义。尼斯（Nice，1991）讨论了美国州政府的意识形态对政府借贷决策的影响，发现思想上趋向自由主义的州政府倾向于发行更多的债务。克林格迈尔和伍德（Clingermayer & Wood，1995）借鉴赖特等（Wright et al.，1985）的研究成果，将美国州政府从保守到自由按 −1~1 进行排序，发现自由主义占主导的州政府其债务增长更快。

4. 政治清廉度。昂等（Ang et al.，2015）研究中国地方政府债务时发现，房地产发展状况影响地方融资平台债券的收益率，但作用方向视地方政府的政治清廉程度而定，政治清廉的地区发达的房地产能够帮助地方政府享受低成本融资。

（四）制度（体制）因素

1. 财政集权与分权程度。某个层级的地方政府承担的事权越大，财政支出越多，该层级政府就越容易积累债务。在研究财政集权程度对某个层级的政府债务规模影响时，可以用该层级政府收入与该层级及以下层级政府总收入的比率衡量财政集权程度（Clingermayer & Wood，1995）。帕克（Park，2013）以韩国合并与非合并地方政府为研究对象，采用固定效应回归检验证实了市县合并提升了地方债务负担。

2. 对税收、支出与债务的法律限制。由于政府债务意味着税收负担的提高，在民众反对声下为限制政府恣意提高税收，国外在法律上对税

---

① 分治政府一般指总统属于一个政党，而国会的参众两院至少有一院由反对党控制的政治局面。此种情况也可能发生在州一级，即州长属于一个党，而另一党控制州议会。

收、财政支出和债务做出了很多限制性要求和规定。法律限制对地方政府债务规模的约束作用，一度引起学者们的广泛研究。研究结果显示这些法律或制度约束对控制地方政府债务规模的作用不甚明显（Heins 1963；Mitchell，1967；Cox & Lowery 1990；King - Meadows & Lowery，1996；Kiewiet & Szakaty，1996）。可能的原因有：地方政府会通过成立新的政府层级、发展预算外机构与实体、创新融资工具（如采用租赁购买协议）对债务的法律限制进行规避（Wagner，1970；Clingermayer & Wood，1995）。也有研究结果支持债务法律限制能够有效控制地方债务（Alt & Lowery，1994；Trautman，1995；Bröthaler et al.，2015）。支持债务法律限制的学者认为，只要法律明确界定了政府债务的范围与衡量标准，法律制度等限制规则就可以对地方政府债务实施有效约束（Wagner，1970）。

3. 财政透明度与政府效率。全球金融危机和欧盟国家债务危机暴露出财政报告的严重缺陷。财政透明度的提高能够提升政府效能和政府支出效率。研究结果表明，财政透明度对于减少公共债务、提高政府效率和政府支出效率具有重要意义（Montes et al.，2019）。弗莱迪等（Freddy et al.，2013）通过检验 1981～2008 年经济合作与发展组织（OECD）21 个成员方、132 个财政事件期间公共债务与 GDP 比率的演变发现，当政府效率高时，财政整顿能够更有效降低政府性债务比重，当整顿政策被"左"翼政府采用时，政策更为成功。

三、地方政府债务的风险评估

（一）偿债风险

可持续性分析一直是政府财政政策和债务风险评估的常用基本工具，对财政政策可持续性的讨论可追溯至多马（Domar，1944）。可持续性分析探讨的是基于现有经济形势和政策，政府债务负担是否会不断加重。若债务 GDP 比率随着时间趋于下降或保持稳定，则债务是可持续的，否则是不可持续的。在跨时预算约束下，可持续性分析将政府债务与财政盈余（或税收）、利率、经济增长率、通货膨胀率等变量建立起了联系（Dietsch & Garnier，1989；Blanchard et al.，1991；Goldstein，2003）。可持续性分析一般建立指标基准，通过比较指标实际值和基准值的缺口来判断政府债务风险的大小（Blanchard et al.，1991）。

在实践中，国外政府通常做法是设立债务风险评价指标警戒线（控制线），通过对债务指标的监测，将监测值与警戒线进行比较来分析债务风险是否处于可控范围。在实践中经常用到的有：负债率、债务率、新增债务率、债务依存度、偿债率、利息支付率与担保债务率。从国际经验看，债务指标警戒线的设立没有绝对统一的标准。即使在国家层面，《马斯特里赫特条约》（Maastricht Treaty）得到广泛的引用，政府的赤字率与债务负担率（负债率）控制线分别为3%和60%，但是大多数学者认为《马斯特里赫特条约》更多是基于欧洲现实制定的经验性指标，自身并没有多大经济依据。在地方政府层面，各个国家或地区经济发展情况、财政收入情况、政府层级设置和统计口径存在差异，债务风险警戒线的设置更是有很大差异。从历史的经验看，这些风险评价指标警戒线多是在应对债务危机过程中逐步发展和建立起来的，并成为地方政府债务风险预警系统的重要组成部分。

罗西和达夫隆（Rossi & Dafflon，2002）指出，在应用可持续概念或风险评价指标对地方政府债务风险进行评估时至少需要注意两方面的问题：一是经济周期的存在使地方政府未来的收入与支出预测十分困难，而且地方政府的收入包括中央政府的转移支付，这部分的估计也是不确定的；二是 GDP 是一个地区经济活动产生的价值，政府的财政收入才是债务偿还的直接保证。同一国家内部的不同地区经济发展情况、产业结构特征可能会有较大差异，从而财政收入占 GDP 比率会有较大不同。在国家层面，政府可以通过调整税收政策来增加财政收入，而地方政府调整税法或税率的权利一般较少，因此债务与 GDP 比率并不太适合地方政府层面债务风险的分析。如同国际货币基金组织（IMF）建议的那样，应该建立债务财政比率指标对地方政府债务风险进行评估。希尔德雷思和米勒（Hildreth & Miller，2002）认为地区经济集中度和跨区域协调结合起来，是评估地方政府债务的可支付能力的更好更广泛方法，即评估地方政府债务偿付能力时，不仅要注重本地区经济实力，也要注意跨区域协调。德埃拉斯莫等（D'Erasmo et al.，2015）识别了传统债务可持续性分析的缺陷，并提出了三种评估债务可持续性的方法：第一种方法是基于财政反应函数的 Bohn 非结构经验框架，该函数描述了可持续债务和初级余额的动态；第二种方法是经过校准的动态随机一般均衡框架，来量化旨在恢复财政偿付能力以应对债务变化的财政政策的积极和规范性影响；第三种方法假设政府在债务可清偿时可以最佳地决定违约。

（二）衍生金融风险或经济效应

地方政府通过发行债券或者银行借款进行融资，债务风险与金融市场风险相互关联，并对私人债务产生挤出效应。博尼斯和斯塔基尼（Bonis & Stacchini，2013）研究发现政府负债率与随后的银行信贷增长呈负相关关系。阿姆斯特朗—泰勒（Armstrong – Taylor，2016）专门就中国地方政府债务与房地产、金融系统、地方经济增长的关联进行了较为系统地分析，讨论了债务可能引致的系统性金融风险和经济后果。代米尔吉等（Demirci et al.，2017）实证研究证实了政府债务对企业债务的挤出效应，且挤出效应对大公司以及股票市场发达的国家更为突出。泰利斯和墨索里尼（Teles & Mussolini，2014）证明公共债务与 GDP 比率的水平会对财政政策实施宏观调控产生负面影响。

四、地方政府债务的管理与风险控制

当前，欧美等发达国家在政治与法律上都对地方政府债务施加比较严格的管理和规模控制。这些机制是发达国家在应对债务危机时逐步建立起来的。美国在 19 世纪中期发生了严重的政府债务违约风波，州政府开始对其自身债务及地方政府层级债务实施越来越多的限制（Wagner，1970）。自 20 世纪 80 年代起，大部分欧洲国家的地方政府建立起法律约束下的债务融资制度（Dafflon，2010）。国外学者围绕着是否应该及如何对地方政府债务规模实施严格控制展开了广泛讨论。

（一）地方政府债务管理与控制的必要性

是否对地方政府债务实施必要的管理与控制措施，取决于地方政府是否具有过度负债的倾向。若地方政府有过度举债的倾向，则会引起公平与效率问题，从而实施严格的地方政府债务管理与控制措施显得理所当然。与之紧密相关并随之而产生的是关于地方政府"债务中性理论"或者"李嘉图等价定理"的讨论。若地方政府债务满足李嘉图等价定理，即地区间居民的流动不会引起债务负担的再分配，也不存在代际分配，则地方政府就不会有过度举债倾向。研究发现，只要可以对土地、房产等固定要素征税，地方政府债务融资产生的负担会体现在这些固定资产价格上，选民在决定债务融资规模时会达到帕累托最优（Daly，1969；Akai，1994；Ogawa & Yano，2007）。然而大部分学者并不赞同地方政府债务中性的主张，支持对地方政府债务实施严格控制（Wagner，1970；Rossi & Dafflon，2002；Dafflon，2010）。部分学者研究结果也表明，由于地方税收随着时间的变化会有所调整，由此产生税收扭曲，对土地、房产等资产进行征税同样会引起地方政府债务的非效率（Wellisch & Richter，1995；Bruce，1995；Schultz & Sjostrom，2001）。

（二）地方政府债务管理与控制的制度安排

从更广泛上的意义讲，可以把地方政府债务管理的一系列制度安排称为财政纪律（fiscal discipline）。达夫隆（Dafflon，1996，2010）就地方政府债务控制在执行层面的制度安排做了重要阐述和评价。达夫隆（Dafflon，2010）认为财政纪律是被动的债务管理方法，而地方政府的预算责任能够促使地方政府积极主动谨慎地管理其债务。财政纪律的建立是因为地方政府存在对预算责任的偏离。财政纪律应该包括两个方面：一是规则，对借贷行为的制度限制；二是制裁，对违背财政规则的惩罚。财政纪律可能是软预算约束，也可能是硬预算约束。达夫隆（Dafflon，1996）提出评价预算约束严厉程度的八条标准，在此不再展开论述。对财政规则的具体讨论见泰尔—米纳西安（Ter – Minassian，2007）相关研究。

作为平衡预算与地方政府债务控制的坚定支持者，达夫隆（Dafflon，2010）认为修订后的平衡预算的黄金法则结合债务比率指标是控制地方政府债务规模的良好财政制度安排。修订后的平衡预算的黄金法则包括以下三层内容：（1）经常账户的支出必须来自经常账户的收入，严禁通过债务为经常账户赤字进行融资；（2）资本账户的支出基于代际公平的原则可以通过债务进行融资；（3）经常账户的支出应该包括债务融资产生的利率与摊销（分期偿还的本金），因为利率与摊销是资本项目提供的当期服务价值。债务比率指标是黄金法则的重要补充。黄金法则指出了地方政府为资本项目进行债务融资的合理性，但没有对债务规模做出规定。若是不对债务规模做出要求，地方政府可能会基于政治利益的需要对资本项目大量投资导致过度负债，因此应该通过设置债务比率指标对债务规模进行限制。这里有两个问题显得十分重要，一是债务比率指标应该能够有效衡量和指示债务规模的控制程度，二是合理确定债务比率指标的基准（控制线）。

（三）地方政府债务管理的经验研究

大西洋的两岸，无论是欧洲还是美国，都形成了较为完善的地方政府债务管理体系，对地方政府债务管理的国际经验研究成果也十分丰富（如Ter – Minassian & Craig，1997；Dafflon，2002；Rattsø，2002；Swianiewicz，2004；Plekhanov & Singh，2006；Hallerberg et al.，2007；Gregori，2014；André & García，2014；Mitze & Matz，2015）。

泰尔—米纳西安等（Ter – Minassian et al.，1997）对世界上53个国家和地区的地方政府债务管理与控制情况进行了考察，他们将地方政府债务管理模式分为四种类型：市场约束型、合作协调型、规则基准型、直接管控型。

（1）市场约束型。市场约束型是指资本市场会对地方政府借贷能力做出反应，地方政府若要取得借款并维持较低的借款利率，必须向债权人展示良好的财政状况与信誉。资本市场自动约束地方政府借贷行为的情况发生于资本市场较为发达的国家。

（2）合作协调型。合作协调型是指在每个财政年度地方政府与中央政府就债务发行进行协商讨论，此种模式能够将地方政府的经济发展纳入国家整体经济发展计划中，避免地方政府经济政策与中央政府产生不一致。协调管理可能会产生搭便车及道德风险问题。

（3）规则基准型。规则基准型是指通过法律制定财政规则来对地方政府债务融资实施控制和管理。这些规则可能包括平衡预算要求、赤字与债务上限及黄金规则等。

（4）直接管控型。直接管控型是指由中央政府直接对地方政府债务实施行政控制，地方政府借款与中央政府借款一样是一种主权行为。

普列汉诺夫和辛格（Plekhanov & Singh，2006）基于 44 个国家和地区 1982～2000 年间的面板数据对不同类型的地方政府债务融资控制模式进行研究，研究结果发现，没有任何一种地方政府借款管理模式在任何情况下都优于其他模式；最优政府债务管理模式的选择依赖于其他体制变量，如纵向财政失衡、财政援助先例的存在及财政报告的质量。

（四）地方政府债务危机的处置与教训

无论是发生中央政府债务危机还是地方政府债务危机，首当其冲受到影响的是债权人的资产发生损失，从而引发金融市场的不安与金融系统的混乱。历史经验表明，金融危机与债务危机相伴而生，过高的公共债务严重危害经济与社会稳定。债务危机发生前的一个重要现象是政府债务融资规模急剧增长（Reinhart & Rogoff，2010）。作为公共债务的重要组成部分，地方政府过度举债同样会引发债务危机，并进而引起金融危机与经济衰退。20 世纪 90 年代巴西地方政府债务危机便是明证。1993 年，巴西地方政府由于无法偿还联邦政府债务，引发巴西债务危机，地方政府对联邦政府、私人投资者及国际金融组织出现债务违约（Dillinger，1998）。

地方政府一旦发生债务危机，中央政府必然被置于担保责任人的位置，无论中央政府是否对地方债务提供了明确担保，也不论债务是内债还是外债。从化解措施上看，地方政府债务危机主要通过中央政府的财政援助与债权人对债务人的债务重组或免除来进行化解。此外，地方政府削减人员支出与资本投资，提高税率以及出售其国有资产也是地方政府发生债务危机后所依赖的各种手段。迪林格（Dillinger，1998）指出，要想改变私人借贷者将中央政府置于隐性担保人位置而为地方政府提供过多债务融资的状况，中央政府要对地方政府和私人借贷者同时施加硬预算约束，包括中央政府既不直接给地方政府提供贷款，也要拒绝对地方政府借贷产生的违约行为进行救援。

传统观点认为发达国家可以通过紧缩、宽容和增长相结合，实现债务可持续性，发展中国家则需要债务重组和转换、高通货膨胀、资本管制和其他形式的金融抑制。但通过对发达经济体债务化解历史的考察发现，发达国家债务重组或转换、金融抑制和对更高通货膨胀的容忍，或以上观点两者的结合是解决过去大量债务过剩的一个组成部分（Reinhart & Rogoff，2015）。欧洲主权债务危机爆发后，国际货币基金组织预测，欧洲高负债国家解决债务危机需要在 10 年时间里保持基本预算盈余占到 GDP 的 5%，但研究发现这些高负债国家将很难维持庞大的基本预算盈余（Eichengreen et al.，2016）。特纳和阿代尔（Turner & Adair，2018）认为，超宽松货币政策解决债务问题是危险的事情，必须控制信贷周期，否则政府和市场都会失效。

第三节　国内关于地方政府债务的研究

20 世纪 90 年代前，我国经济体制改革处于不断探索过程中，经济学者们更多关注的是宏观的体制方面的问题（至少财政领域是这样），同时地方政府债务规模还不是严重的问题，因此地方政府债务研究基本处于空白。20 世纪 90 年代后期，由于多方面原因，我国地方政府债务规模急剧增长，地方政府财政出现较为严重的困难，地方政府债务研究自此开始展开。下面将从地方政府债务的形成原因、地方政府债务的发展历史、地方政府债务的风险评估、地方政府债务的管理与风险控制四个方面回顾国内学者对我国地方政府债务的研究成果。

一、地方政府债务的形成原因

不同学者在不同历史时期对地方政府债务的成因进行了研究，回顾现有的研究成果，关于地方政府债务的成因可以归纳为以下五点：

（一）经济体制转轨所带来的改革成本或历史欠账

经济体制转轨所带来的改革成本或历史欠账包括：（1）国有企业改革造成的下岗职工生活费和再就业支出，地方政府对国有企业破产兜底，分离国有企业办社会职能机构及企业养老金等方面的支出（呼延刚，2004）；（2）粮食与棉花流通体制价格倒挂形成的亏损挂账；（3）1996年后，中央对城市信用社、农村基金会、信托投资公司等地方金融机构清理整顿，地方金融机构的不良资产与负债转化为地方政府债务（陶雄华，2002）；（4）乡村企业的泛滥以致破产，对农村教育投入的匮乏是造成20世纪90年代以来农村债务不断增长的原因（贺雪峰和王习明，2002）。

（二）财政分权体制下"事权与财权的不对称"

财政分权体制下"事权与财权不对称"包括：（1）政府间事权与支出责任划分的不明晰和事权错位普遍存在，导致地方政府承担大量债务，如中央项目要求地方资金配套，本应由中央承担的事业经费由地方承担；（2）地方政府财政收入的主要来源不足，难以满足履行支出职责的需要，主要指分税制改革后造成地方财政收入大幅度减少；（3）均等化转移支付制度的实施规模偏小，造成欠发达地区财政债务严重（郭琳，2001a）。

（三）政治集权下的地方政府间竞争

在以 GDP 为核心的政绩考核指标体系下，各地方政府展开激烈的GDP 竞赛。通过政府投资拉动 GDP 增长，成为地方政府间博弈的首要选择。马骏和刘亚平（2005）构建了一个"逆向软预算约束"理论框架，认为在行政集权下的财政分权、官员晋升激励和缺乏有效约束机制下，经济增长和地方政绩是以财政风险的不断增加为代价的。

（四）政府投融资制度缺失，面临软预算约束

我国政府投融资体制改革进程缓慢，在由传统的计划经济体制向市场经济体制过渡的时期，由于政府与市场以及政府与企业的关系尚未调整到位，带来地方财政债务风险，如地方政府将大量财政资金投资于可能会带来较高收益的竞争性和营利性项目，财政支出不断扩张，政企不分导致地方国有企业负债最终由政府偿付（郭琳，2001a）。我国尚未建立起完整规范的政府投资管理制度，一些地方政府投资缺乏科学规划与有效监督，形成部分形象工程与政绩工程；同时，还存在地方政府投资决策分散，决策主体、偿债主体与责任主体不明确，偿债意识淡薄等问题。

政府投融资制度的缺失，使得我国地方政府面临软预算约束。类承曜（2011）指出，我国地方政府债务的市场约束机制、选民约束机制以及中央政府的行政控制机制尚付阙如，地方政府债务的代理成本和外部性更大。莫兰琼和陶凌云（2012）将软预算约束概括为三个方面：中央政府对地方政府的软约束、金融体系对地方政府的软约束及地方人民代表大会对政府监督的软约束。

（五）积极财政政策的实施

1998～2002年，我国为应对东南亚金融危机，治理通货紧缩，实行积极的财政政策，4年间发行2.13万亿元国债，大规模进行基础设施建设。这其中需要大量的银行及地方财政资金配套，而配套资金基本成为地方政府债务（呼延刚，2004）。2008年金融危机爆发后，我国地方政府债务规模的急剧膨胀，也是源于扩张性财政政策在中央与地方的错配（贾康等，2010；张宏安，2011；莫兰琼和陶凌云，2012）。

二、地方政府债务的发展历史

在债务形成与发展的历史考察方面，已有学者进行了初探，代表性的文献有张宏安（2011）、郭玉清和毛捷（2019）和刘骅和方桦（2019）。张宏安（2011）曾对中华人民共和国成立后地方政府债务的发展过程进行了描绘。他将改革开放后地方政府的发展分为两个阶段，为历史辩证地看待我国地方政府债务的形成与发展提供了重要的参考资料；但他对改革开放后地方政府债务的发展尚是粗线条的勾勒，没有结合中国经济体制改革进行细致翔实的考察。郭玉清和毛捷（2019）从债务治理的视角将中华人民共和国成立70年后的地方政府债务治理分成了计划调节、探索扩张、宽幅起落、试点扩容、全面转型五个演进阶段，重点研究2008年以后的债务演进历程，对1978～2007年的债务演进仅做了概况性描述。刘骅和方桦（2019）主要基于地方政府投融资平台的政策管理，梳理了1978年以来我国地方政府债务政策演化，将债务政策管理分为了五个阶段。

三、地方政府债务的风险评估

地方政府债务风险评估在方法论上十分丰富，主要有基于债务风险评价指标的系统综合评估和债务可持续性分析。同时，关于债务风险与金融风险的关系被大量讨论。

（一）地方政府债务偿债风险

在地方政府债务风险的评估方面，国内学者形成的研究成果较多，具有代表性的包括：王晓光（2005）提出了基于债务风险评价指标的模糊综合评价法；裴育和欧阳华生（2007）构建了地方政府债务风险的一般预警工作流程，对指标体系构建、指标值风险区间设置、指标权重确定、风险值测度、综合风险评价的原则与方法进行了深入探讨；伏润民等（2008）在债务风险评价指标基础上通过因子分析、聚类分析和判别分析，比较地区之间债务风险大小；章志平（2011）利用灰色聚类分析法评估我国地方政府债务风险，并以此建立了地方债务风险预警机制；洪源等（2018）利用层次分析法、聚类分析结合神经网络分析构建了非线性先导预警系统。除了基于债务指标的风险评估外，亦有国内学者对地方政府债务进行可持续性分析，如洪源和李礼（2006）、伏润民等（2008）、占霞和汤钟尧（2018）。

洪源和李礼（2006）建立了我国地方政府的资产负债表，并对我国地方政府债务全国总量规模的可持续性进行了分析。其分析没有考虑地区差异，不能有效揭示地方政府债务风险区域分布特征。而且其对地方政府债务可持续分析在数据处理上还显得十分粗糙，如债务数据是通过估算获得；采用地方本级收入衡量地方政府的财政收入水平，对政府收入与支出分析不够全面。这些问题产生的主要原因有，我国地方政府债务数据长期缺乏统一统计体系，我国政府收支预算体系不健全，统计口径烦琐复杂等。

从评估结果来看，大部分结论认为我国地方政府债务规模总体可控，产生债务违约风险的概率非常低（冯进路和刘勇，2012；刘蓉和黄洪，2012；刘尚希等，2012）。

（二）地方政府债务风险与金融风险

政府债务与金融风险密切相关，政府债务违约会引起金融市场的不稳定以及金融机构损失乃至破产（Allen et al.，2002；Rosenberg et al.，2005；Das et al.，2011）。国内学者研究表明，我国地方政府债务蕴藏了很大的金融风险，财政风险可能转化为金融风险（徐忠，2018）。既有研究紧紧围绕房地产、地方政府债务与金融机构三部门展开（李扬等，2015；蔡真，2018；梅冬州等，2018；魏杰和汪浩，2018），主要原因是我国地方政府债务引发的金融风险主要集中在银行等金融机构，地方政府债务以各种形式进入金融系统资产负债表（伏润民等，2017；熊琛和金昊，2018），而且地方政府多以土地抵押取得借款，以土地出让收入作为还款来源，地方政府债务与"土地财政"紧密捆绑（唐云锋和刘清杰，2018）。

在传导路径上，地方政府债务风险可以通过内外部传导渠道进行扩散（黄国桥和徐永胜，2011）。内部传导渠道指地方政府债务通过财政系统自下而上进行纵向传导或循环传导（郭玉清，2011），地方政府债务风险演化为中央财政风险并影响中央银行货币政策（缪小林和伏润民，2013）；外部传导路径指政府过度使用杠杆与金融机构业务关联引起风险传染（毛锐等，2018）。

在作用机理上，有学者从地方政府偿债能力、流动性风险、隐性债务、资产泡沫四个角度进行阐述。一是房价波动、税收减少等引起地方政府偿债能力降低，债务不可持续，对金融机构违约进而引发金融风险（蔡真，2018）；二是地方政府债务举借期限与资金使用期限不匹配，产生流动性风险，导致对金融机构债务违约（唐云锋和刘清杰，2018），或是商业银行因流动性问题引起地方政府债务风险与金融风险累积叠加（毛锐等，2018）；三是地方政府在影子银行等金融创新活动下负债越来越隐蔽，导致债务规模失控且风险难以监管，风险传染增强，引发系统性金融风险（吴盼文等，2013；张平，2017）；四是地方政府债务融资推动房地产价格不断上升形成资产泡沫，房地产价格冲击影响金融稳定性（谭政勋和王聪，2011）。

四、地方政府债务的管理与风险控制

早在 21 世纪初，关于地方政府债务管理方面的研究已经出现，一些理论研究者与实务工作者已经提出若干针对性的对策建议（朱大兴和郭志强；2001；郭琳，2001b；姚绍学和黄朝文，2002；马海涛和吕强，2004；张德勇，2006；冯静，2008）。2008 年金融危机后，关于地方政府债务管理的研究又成为热点，对政府债务管理的建议更加完善（贾康等，2010；薛钢，2010；于海峰和崔迪，2010；赵云旗，2011；何杨和满燕云，2012；刘尚希，2015；郭玉清等，2016；赵全厚，2017），而且对国际经验的借鉴越来越受到重视（财政部预算司考察团，2010；贾康等，2010；魏佳宁和唐滔，2010；马洪范，2011）。具体来说，对地方政府债务管理的对策建议如下：

（1）统一地方债务管理体系。地方政府债务点多面宽，多头举债，管理混乱，应该设置地方政府债务专门管理部门，建立地方政府债务预算，健全地方政府债务统计制度，实行政府债务信息公开披露，以实现地方政府债务管理的规范化与透明化。

（2）规范政府行为，约束其过度举债。实行严格规范的债务投资决策责任制，由地方各级人民代表大会监督地方政府负债融资建设，进一步规范地方政府的担保行为，加强对或有债务管理和控制。冯静（2008）讨论了地方政府债务管理模式的国际经验，提出我国现阶段应采纳行政控制为主的模式，在外部制度条件逐步成熟时，转向法规管理和市场约束的地方债务管理模式。

（3）建立债务风险防范机制，有效化解当前债务。建立地方财政偿债机制与债务风险预警系统，拓宽地方政府融资渠道，逐步化解地方政府债务风险。

（4）推进体制改革为治本之道。转变政府职能，完善财政分权，改革地方官员考核机制，消除软预算约束，建立地方公债市场，是长期消除地方政府过度举债的体制改革方向。

第四节　国内外地方政府债务研究比较

通过以上回顾，我们对国内外学者关于地方政府债务研究取得的既有成果有了较为全面的了解。本节将就国内外研究进行比较与评价。通过比较发现我国地方政府债务研究存在的不足，找出未来的可能研究方向，以进一步完善我国地方政府债务的研究，为构建更加科学的地方政府债务管理体系与制度奠定基础。下面将从研究逻辑、研究内容、研究方法三个方面对国内外地方政府债务研究进行比较与评价。

一、研究逻辑

国外学者关于地方政府债务的研究基本是在财政联邦主义框架下展开的。财政联邦主义是地方政府债务研究的逻辑起点（Rattsø，2002）。地方政府债务研究的财政联邦主义框架有四个重要概念与假定：地方公共品、收益课税、人口流动、无溢出效应。通过对后三个假定实施不同的约束，地方政府债务研究可能会得出不同甚至相左的结论。如美国的地方政府满足四个基本假定，地方政府之间是竞争性的，人口与资本的流动比较自由，收益课税保证了地方政府的会计责任，中央政府对地方政府的财政控制显得没有必要；而欧洲大部分国家，人口流动限制较多，地方政府提供教育等具有溢出效应的绩优品，中央政府对地方政府施加很多的财政约束，财政体制是管制型的财政联邦制。

至少从大部分研究成果来看，国内学者尚未建立起关于我国地方政府债务研究统一明确的理论背景与框架。这可能是由于以下方面的原因造成的：一是我国地方政府债务的成因复杂多样，历史上出现的债务很大组成部分是由于经济体制改革及历史问题引起的，具有典型的转轨经济特征；二是我国财政体制一直处于改革的进程中，建立一个确定的财政体制框架可能是极其困难和不方便的；三是由于我国地方政府债务存在管理体系不健全、债务统计数据缺失等问题，建立清晰准确的理论框架依据不足；四是我国地方政府债务研究开展时间较短，对地方政府债务的认识和理解还处于逐步提高和不断加强的过程中。

二、研究内容

不同的国家经济、政治、文化与制度环境不同，地方政府债务在形成、发展与管理等方面也存在较大差异，地方政府债务研究也有不同的侧重点。从研究内容的广度上看，国外学者关注在何种条件、何种因素下地方政府倾向于过度负债，尤其是分析政治因素和制度因素对地方政府债务的影响，国内学者则侧重债务形成原因与债务管理对策的研究。从研究内容的深度上看，国外学者在"是否应该对地方政府债务进行控制""如何对地方政府债务进行控制""地方政府债务控制的国际与国家经验"等方面展开了大量深入的规范研究和经验研究。与之相比，国内地方政府债务研究还需在研究深度方面加强。

就本书所关注的地方政府债务的发展逻辑及风险治理而言，国内外呈现出显著差异。国外围绕地方政府负债的财政制度安排、法律约束以及市场约束较为完整规范、公开透明度高，因此国外地方政府债务的形成和发展遵循了法治化与市场化的基本路径，地方政府举债主要是为了提供公共品。由于我国经济体制以及现代财政制度一直处于不断改革和完善的状态，我国地方政府债务的形成和发展呈现出较为鲜明的时代特征或阶段性特点，尤其是我国财政分权体制下地方政府具有强大的竞争压力和负债冲动，地方政府举债为了地区经济增长的目的更为明显，而且地方债务偿付能力与"土地财政"紧密关联。正由于地方政府债务发展逻辑的不同，国内外债务风险治理的路径选择也存在重大差异。国外地方债务的偿付能力主要依赖财产税等税收收入，地方政府发生债务危机后，化解路径包括向中央政府申请财政救援或者申请地方政府债务重整，而申请地方政府债务重整具有一套较为完整的法律程序。国内地方债务的偿付能力主要依赖土地出让收入，尤其是地方政府隐性债务。因此国内地方政府债务风险治理当前重心还在隐性债务规模控制方面，市场化、法治化的债务风险治理体系还未形成。

三、研究方法

就研究方法而言，国外地方政府债务研究理论分析工具多样，规范分析与实证分析互为补充。一方面，由于研究触角的多样性（多元化的政治与制度背景），国外对地方政府债务研究的理论分析工具也十分多样，包括财政联邦理论、公共选择理论、制度经济学、信息经济学等。其中，财政联邦理论和公共选择理论是对地方政府债务进行政治经济分析时最为基本的理论和方法。另一方面，国外学者就地方政府债务管理与控制展开了大量规范研究和讨论，与此同时也进行了较多实证分析，如地方政府债务规模决定因素的研究，地方政府债务财政约束的效果检验。从当前看，国内学者关于地方政府债务的研究以事实描述、理论分析与政策性建议为主，部分研究采用城投债等公开数据展开实证研究，但囿于全口径数据的保密性和敏感性，关于我国地方政府债务的权威性定量研究相对匮乏。

第五节　国内地方债务研究空间

通过回顾、比较国内外地方政府债务研究可以发现，国内地方政府债务研究已经取得了较为丰富的研究成果，但与国外地方政府债务研究相比，尤其在当前我国地方政府债务规模不断增长和债务风险治理体系亟待建设的形势下，地方政府债务研究还有很多需要努力的地方。根据以上分析，本书认为国内地方债务研究可以在以下方面进行努力。

一、地方债务的形成与发展：动态考察

我国地方政府债务成因复杂多样，既有体制性因素又有政策性因素，具有强烈的转轨经济特征。从历史的维度对地方政府债务形成与发展进行概览是一项富有吸引力的工作。历史考察可以发现地方政府债务形成与发展的规律，总结地方政府债务治理的经验与教训，从而以史为鉴，为未来更好地管理和控制地方政府债务提供指导。

二、债务规模决定因素：识别与检验

既有国内学者的研究，对我国地方政府债务形成原因的分析已经比较全面。在既有研究基础上，还需要进一步对债务规模决定因素展开定量分

析。影响债务规模的因素有人口、经济、政治与体制（制度）因素。通过对债务决定因素的分析，可以发现在何种条件或环境下，地方政府更倾向于进行债务融资，从而为制定地方政府债务管理制度、构建地方政府债务风险治理体系提供理论依据与经验支持。

三、债务风险：债务可持续性分析与融资平台研究

尽管运用可持续性概念衡量地方政府债务风险面临诸多问题，如经济周期、政府间转移支付的存在使得地方政府财政收支状况难以预测，但是对地方政府债务进行可持续性分析仍是十分必要的。一方面，可持续性分析目前仍是债务风险大小的有力评估工具；另一方面，对我国地方政府债务风险做出合理评估，是理论和实践工作者共同关注的问题。此外，系统综合评估方法也可以用于地方政府债务风险状况的评估。因而本书认为，关注以下两个主题是有意义的：

一是对我国不同省份的政府债务风险状况进行评估和比较。尽管可持续性分析方法和系统综合评估法在理论上已较为成熟，但是对我国地方政府债务风险的省际研究和比较分析尚待进一步加强。我国经济发展地区差异较大，对债务风险进行省际比较可以更加全面地认识和把握我国地方政府债务风险状况。

二是对地方政府融资平台的债务特点与风险状况进行深刻分析。地方政府融资平台是地方政府债务的重要负债主体。地方政府通过成立、创造大量的预算外实体——融资平台，进行债务融资。从本质上讲，融资平台是地方政府公共部门的延伸，其承担了政府提供地方公共品的大部分职能，是金融市场重要的参与者。对融资平台的债务特点及其风险进行分析，是识别和评估地方政府债务风险的重要内容，也是防范和化解地方政府债务风险的重要依据和前提。

四、债务风险治理：制度安排与体系设计

金融危机后，国内学者加强了地方政府债务管理方面的研究，并借鉴国际债务管理经验，提出了一系列对策和建议：统一政府债务管理体系、规范政府投资行为、推动财政体制改革、建立风险防范和预警机制等。毋庸置疑，这些对策和建议构成了地方政府债务管理的重要参考。然而本书认为，对一个地方政府债务管理体系尚不健全的国家而言，我国地方政府债务管理的学术研究，尤其从风险治理的视角探讨债务风险控制的制度安排和体系设计，仍有相当多的空间需要继续加强和完善。

因此，本书将以地方政府债务的形成发展、风险评估、风险治理为研究主线，探讨我国地方政府债务的形成和发展历程，揭示其内在机理和演化逻辑，并对地方政府债务规模的决定因素进行实证分析；建立地方政府债务风险识别与评估的分析框架，并运用债务风险评估方法从宏微观两个层面对地方政府债务风险做出评价；构建适合我国政治经济体制的地方政府债务风险治理体系。

第三章 地方政府债务的发展历程：
现状、历史与逻辑

我国地方政府债务与我国经济体制改革如影随形，地方债务的形成与发展可以说是经济改革发展历程的局部缩影。正是由于我国经济改革发展历程的复杂性，以及长期以来债务统计与管理制度缺失，地方政府债务发展史的研究面临着较多困难，需要以系统的、联系的观念回顾各经济领域改革与地方政府债务的关系。本章将对中华人民共和国成立70多年来我国地方政府债务形成与发展过程进行细致考察，从而对不同历史时期我国地方政府债务的债务内容、风险结构及债务规模的动态变化形成充分具体的认识和把握。通过本章研究，主要回答以下三个问题：

（1）当前我国地方政府债务的现实特征：债务的规模及构成如何？包括举债主体、资金来源、债务投向、期限分布等重要特征。

（2）不同历史阶段地方政府债务内容、结构与规模：债务由哪些部分组成？风险结构如何？规模增长情况如何？

（3）不同历史阶段地方政府债务的发展逻辑：形成逻辑、规模演化逻辑以及风险治理逻辑有何不同？

第一节 地方政府债务的现实特征

由于我国地方政府债务错综复杂，债务统计与管理制度缺失，在审计署对地方政府债务进行审计之前，地方政府债务如同一个"黑箱"，外界无法知视其规模与组成。2011年6月，审计署公布了2010年地方政府债务审计结果，对债务规模与构成进行了描绘。这是我国中央政府机关第一次也是迄今为止最重要的一次地方政府债务全面统计与检查，审计署公布的地方政府债务审计结果已成为全面洞察我国地方政府债务的权威参照。尽管审计署公布的债务审计报告已经过去10年之多，当前我国地方政府债务规模已经远超 2010 年，但 2011 年审计署公布的审计结果对分析地方政府债务的现实特征仍旧具有重要的参考价值。以下从债务风险矩阵结构、债务政府层级结构、债务区域分布、债务举借主体、债务资金来源、债务资金投向、债务还款期限分布对我国地方政府债务的现实特征进行说明。

一、债务风险矩阵结构

截至 2010 年底，我国地方政府债务余额 107174.91 亿元，其中，政府负有偿还责任的债务 67109.51 亿元、政府负有担保责任的或有债务 23369.74 亿元、政府可能承担救助责任的其他相关债务 16695.66 亿元，分别占比 62.62%、21.81%、15.58%（见图 3-1）。

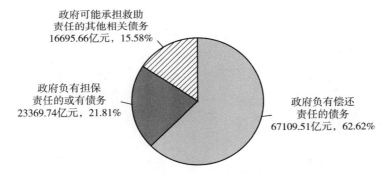

图 3-1　2010 年底我国地方政府债务规模情况

资料来源：2011 年审计署公布的《全国地方政府性债务审计结果》。

在 2010 年底的地方政府性债务余额中，有 51.15% 共计 54816.11 亿元是 2008 年及以前年度举借和用于续建 2008 年以前开工项目的。其他 48.85% 共计 52358.80 亿元是 2009 年与 2010 年新发生的用于 2009 年以后项目的。可见，2010 年底我国地方政府债务余额的一半左右是金融危机后国家实施两年 4 万亿元投资计划过程中发生的。

二、债务政府层级结构

截至 2010 年底，全国省级（包括计划单列市）、市级和县级政府债务余额分别为 32111.94 亿元、46632.06 亿元和 28430.91 亿元，分别占 29.96%、43.51% 和 26.53%（见表 3-1）。

表 3-1 2010 年底我国地方政府债务政府层级分布情况

债务类型	合计		省级		市级		县级	
	金额（亿元）	比重（%）	金额（亿元）	比重（%）	金额（亿元）	比重（%）	金额（亿元）	比重（%）
政府负有偿还责任的债务	67109.51	100.00	12699.24	18.92	32460.00	48.37	21950.27	32.71
政府负有担保责任的或有债务	23369.74	100.00	11977.11	51.25	7667.97	32.81	3724.66	15.94
政府可能承担救助责任的其他相关债务	16695.66	100.00	7435.59	44.54	6504.09	38.96	2755.98	16.51
合计及占比	107174.91	100.00	32111.94	29.96	46632.06	43.51	28430.91	26.53

资料来源：2011 年审计署公布的《全国地方政府性债务审计结果》。

在省、市、县三级政府层级中，市级政府的负债规模相对较高，如果再考虑市辖区、县级政府，那么市一级债务规模会更高，可见我国地方政府债务在政府层级分布上严重不均，市县两级合计负债规模显著高于省级负债规模。

三、债务区域分布

截至 2010 年底，东部地区 11 个省（直辖市）和 5 个计划单列市债务余额 53208.39 亿元，中部地区 8 个省债务余额为 24716.35 亿元，西部地区 12 个省（自治区、直辖市）债务余额 29250.17 亿元，分别占比 49.65%、23.06%、27.29%（见图 3-2）。

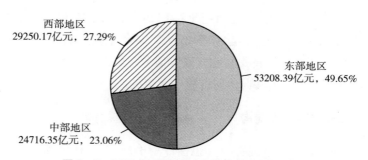

图 3-2 2010 年底我国地方政府债务区域分布

注：东部地区包括北京、天津、河北、辽宁、上海、江苏、浙江、福建、山东、广东和海南 11 省（直辖市）；中部地区包括山西、吉林、黑龙江、安徽、江西、河南、湖北、湖南 8 省；西部地区包括四川、重庆、贵州、云南、西藏、陕西、甘肃、青海、宁夏、新疆、广西、内蒙古 12 省（自治区、直辖市）。5 个计划单列市指大连、青岛、宁波、厦门、深圳。

从总量规模看，东部地区债务规模远高于西部与中部地区，东部地区负债规模几乎为西部和中部地区之和。从平均规模来看，东部地区 11 个省（直辖市）和 5 个计划单列市平均负债规模为 3325.52 亿元，中部地区 8 个省平均负债规模为 3089.54 亿元，西部地区 12 个省（自治区、直辖市）平均负债规模为 2437.51 亿元，东部、中部和西部三个地区差距并不大，我国地方政府债务负担较重是普遍的现象。

四、债务举借主体

审计署将地方政府债务举借主体分为政府部门和机构、经费补助事业单位、公用事业单位、融资平台公司和其他单位。在 2010 年底地方政府债务余额中，融资平台公司为最重要的负债主体，债务余额为 49710.68 亿元、占比 46.38%；其次是政府部门和机构，债务余额为 24975.59 亿元、占比 23.30%，经费补助事业单位，债务余额为 17190.25 亿元、占比 16.04%，其他单位，债务余额为 12800.11 亿元、占比 11.94%；最后是公用事业单位，债务余额为 2498.28 亿元、占比 2.33%（见图 3 - 3）。

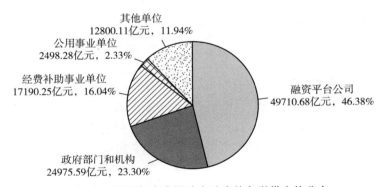

图 3 - 3 2010 年底我国地方政府债务举借主体分布

融资平台包括公司类融资平台和事业单位类融资平台，因此，若把事业单位类融资平台也考虑在内，融资平台债务余额会更高。根据 2013 年原中国银行业监督管理委员会（以下简称"银监会"）的融资平台名单，共有 10682 家融资平台。正是由于大量预算外实体——融资平台的存在，我国地方政府负债具有很强的隐蔽性，债务规模很难得到有效控制。

五、债务资金来源

地方政府债务资金来源可以划分为四个渠道：一是财政资金，指上级财政借款；二是银行贷款；三是发行债券，包括政府债券和企业债券；四是其他单位和个人借款。在 2010 年底地方政府债务余额中，银行贷款是主要资金来源，债务余额为 84679.99 亿元、占比 79.01%，上级财政和发行债券债务余额为 4477.93 亿元和 7567.31 亿元、分别占比 4.18% 和 7.06%，其他单位和个人借款债务余额为 10449.68 亿元、占比 9.75%（见表 3 – 2）。

表 3 – 2   2010 年底我国地方政府债务资金来源情况

债权人类别	三类总债务		政府负有偿还责任的债务		政府负有担保责任的债务		其他相关债务	
	债务额（亿元）	比重（%）	债务额（亿元）	比重（%）	债务额（亿元）	比重（%）	债务额（亿元）	比重（%）
银行贷款	84679.99	79.01	50225.00	74.84	19134.14	81.88	15320.85	91.77
上级财政	4477.93	4.18	2130.83	3.18	2347.10	10.04	0.00	0.00
发行债券	7567.31	7.06	5511.38	8.21	1066.77	4.56	989.16	5.92
其他单位和个人借款	10449.68	9.75	9242.30	13.77	821.73	3.52	385.65	2.31
小计	107174.91	100.00	67109.51	100.00	23369.74	100.00	16695.66	100.00

从资金来源结构上看，至少在 2010 年之前，我国地方政府债务融资以间接融资为主，政策性银行和商业银行是主要的资金提供方；地方政府利用资本市场进行融资的比重较小。银行把地方政府看作最为安全的借款人，为地方政府提供了大量债务资金，地方债务风险因此主要集中于银行体系。

六、债务资金投向

2010 年底地方政府债务余额中，尚未支出仍以货币形态存在的有 11044.47 亿元，已支出 96130.44 亿元。已支出的债务资金中，主要用于市政建设、交通运输、土地收储整理、教科文卫及保障性住房、农林水利建设等公益性与基础设施项目建设的支出占 86.54%（见表 3 – 3）。因此，从支出结构上看，不考虑投资效率的问题，我国地方政府债务在改善公共设施、提升城市发展水平方面起到了重要作用。

表 3 - 3　　　　　2010 年底我国地方政府债务余额已支出投向情况

债务支出投向类别	三类债务合计		政府负有偿还责任的债务		政府负有担保责任的债务		其他相关债务	
	债务额（亿元）	比重（%）	债务额（亿元）	比重（%）	债务额（亿元）	比重（%）	债务额（亿元）	比重（%）
市政建设	35301.04	36.72	24711.15	42.03	4917.68	22.55	5672.21	36.53
交通运输	23924.46	24.89	8717.74	14.83	10769.62	49.39	4437.10	28.58
土地收储整理	10208.83	10.62	9380.69	15.95	556.99	2.55	271.15	1.75
教科文卫及保障性住房	9169.02	9.54	4374.67	7.43	1318.02	6.04	3476.33	22.39
农林水利建设	4584.10	4.77	3273.78	5.57	874.53	4.01	435.79	2.81
生态建设和环境保护	2733.15	2.84	1932.03	3.29	403.72	1.85	397.40	2.56
化解地方金融风险	1109.69	1.15	823.35	1.40	281.29	1.29	5.05	0.03
工业	1282.87	1.33	681.18	1.16	579.46	2.66	22.23	0.14
能源	241.39	0.25	44.78	0.08	189.91	0.87	6.70	0.04
其他	7575.89	7.89	4858.12	8.26	1915.40	8.79	802.37	5.17
合计	96130.44	100.00	58797.49	100.00	21806.62	100.00	15526.33	100.00

七、债务还款期限分布

2010 年底地方政府债务余额中，2011 年和 2012 年到期偿还的占 24.49% 和 17.17%，2013 ~ 2015 年到期偿还的分别占 11.37%、9.28% 和 7.48%，2016 年以后到期偿还的占 30.21%（见表 3 - 4）。从债务期限分布结构看，我国地方政府债务短期偿债压力较高，这与我国债务融资来源主要是银行贷款而非债券有关。

表 3 - 4　　　　　2010 年底我国地方政府债务未来偿债情况

偿债年度	三类债务合计		政府负有偿还责任的债务		政府负有担保责任的债务		其他相关债务	
	债务额（亿元）	比重（%）	债务额（亿元）	比重（%）	债务额（亿元）	比重（%）	债务额（亿元）	比重（%）
2011	26246.49	24.49	18683.81	27.84	3646.24	15.60	3916.44	23.46

偿债年度	三类债务合计		政府负有偿还责任的债务		政府负有担保责任的债务		其他相关债务	
	债务额（亿元）	比重（%）	债务额（亿元）	比重（%）	债务额（亿元）	比重（%）	债务额（亿元）	比重（%）
2012	18402.48	17.17	12982.52	19.35	2972.07	12.72	2447.89	14.66
2013	12194.94	11.37	7991.36	11.91	2265.98	9.70	1937.60	11.61
2014	9941.39	9.28	6177.01	9.20	2273.31	9.73	1491.07	8.92
2015	8012.26	7.48	4934.69	7.35	1780.66	7.62	1296.91	7.77
2016 年及以后	32377.35	30.21	16340.12	24.35	10431.48	44.63	5605.75	33.58
合计	107174.91	100.00	67109.51	100.00	23369.74	100.00	16695.66	100.00

第二节　地方政府债务的发展历程

读史使人明智。对我国地方政府债务的发展历程进行考察，有利于从历史唯物论的角度，全面、辩证地看待我国地方政府债务问题，对厘清地方政府债务产生根源达成认知共识，凝聚力量信心，完善治理体系，具有重要指导价值。然而，由于我国经济改革发展历程的复杂性以及长期以来债务统计与管理制度缺失，地方政府债务发展史的研究面临着较多困难。张宏安（2011）曾对中华人民共和国成立后地方政府债务的发展过程进行了描绘，但他对改革开放后地方政府债务的发展尚是粗线条的勾勒，没有结合中国经济体制改革进行细致的考察。本节将进行以下开拓性努力：对中华人民共和国成立 70 多年，尤其是重点对改革开放后不同发展阶段我国地方政府债务形成与发展过程进行细致考察。通过地方政府债务发展历程的研究，抽象提炼我国地方政府债务的发展逻辑，为全面客观认识我国地方政府债务的形成提供历史唯物视角。

一、改革开放前地方政府债务发展历程

在计划经济时期，我国实行统收统支、高度集中的财政预算制度，地方政府不是独立的财政主体，中央政府对全国财政收支实行统一管理，预算安排基本是"以收定支"，在通常情况下地方政府不会主动借债。即便是地方政府产生了赤字或者债务，最终也由中央政府进行资金安排或偿还，地方政府债务是中央政府的直接显性债务。除了地方政府和地方企业

借款及亏损外，在改革开放前，为筹集建设资金，确保重点项目投入，在中央政府的批准下地方政府发行了两次公债，即 1950 年"东北生产建设折实公债"和 1959 年"地方经济建设公债"。

（一）东北生产建设折实公债

1950 年 2 月 15 日，经中央政府批准，东北人民政府颁布《一九五零年东北生产建设折实公债条例》，决定从 3 月份开始发行东北生产建设折实公债。为减少通货膨胀的损失，公债募集及还本付息均以实物为计算标准，单位定名为"分"，每分系以沈阳市高粱米 5 市斤、五福布 1 市尺、粒盐 5 市斤、原煤 34 市斤的市价总合计算。计划发行 3045 万分，实际发行 3629 万分（张宏安，2011）。公债分 5 年作 5 次偿还，自 1951 年起每年抽签还本 1 次，第一次抽还总额 10%，以后每次递增总额的 5%，至第 5 次还清。公债利率定为年息 5 厘，也以实物为计算标准，每年付息 1 次。

（二）地方经济建设公债

1958 年 4 月 2 日，中共中央做出《关于发行地方公债的决定》，决定从 1959 年起停止发行国家经济建设公债，但允许各省、自治区、直辖市在确有必要的时候，发行地方经济建设公债。同年 6 月 5 日，全国人民代表大会常务委员会第九十七次会议通过并颁布了《中华人民共和国地方经济建设公债条例》（以下简称《条例》），制定了各地发行公债的基本管理制度。《条例》颁布之后，1959 ~ 1961 年，江西、安徽、吉林、福建等省根据本地实际情况，不同程度地发行了地方经济建设公债。地方经济建设公债在 1961 年后停止发行，并于 1965 年前后基本完成还本付息工作。

二、改革开放后地方政府债务发展历程

改革开放后，我国地方政府债务经历了从无到有，从少到多，债务源头越来越多，债务规模越来越大，债务风险越来越高的发展历程。我国地方政府债务的形成与我国经济体制改革具有紧密相关的因果联系，与各种体制改革相呼应，在不同历史时期呈现出不同的特点，表现出强烈的时代烙印。根据我国地方政府债务的债务内容、风险结构及债务规模动态变化情况，可以把改革开放后地方政府债务的发展过程分为五个阶段，第一阶段：初步形成阶段（1979 ~ 1992 年）；第二阶段：较快增长阶段（1993 ~ 1997 年）；第三阶段：全面发展阶段（1998 ~ 2003 年）；第四阶段：治理与增长并存阶段（2004 ~ 2007 年）；第五阶段：急剧膨胀阶段（2008 ~

2020 年）。①

（一）第一阶段：初步形成阶段（1979～1992 年）

改革开放后到 1992 年，我国经济体制改革处于不断探索、寻找确定改革目标与发展路径的经验积累阶段。在此时期，财政体制的"分灶吃饭"，使得地方政府作为经济主体的独立性大大提高，外债、财政周转金借款、金融机构贷款等显性负债随着财政与投资体制改革出现，同时此阶段国有企业亏损与债务、地方金融机构不良资产、粮棉企业亏损挂账以或有负债和隐性负债的形式逐步形成。

1. 外债。外债包括外国政府与国际金融组织借款。我国自 1979 年开始利用外国政府贷款，管理部门是原对外经济贸易部，1998 年管理职能划入财政部，地方政府部门也相应划转。1982 年，地方政府开始利用国际金融组织（主要是世界银行）贷款。

2. 财政周转金。财政周转金是地方政府在财政平衡发生困难和资金调度紧张时，由上级政府给予信用支持，调剂余缺，缓解地方资金供求矛盾的上级财政借款。地方政府从 20 世纪 80 年代起，先后建立预算、支农、文教、工交、商贸、外经、预算外、农税、社保等方面的财政周转金。1998 年，为深化金融改革，转变财政职能，国务院决定取消财政周转金。

3. 萌芽期的政府融资平台。20 世纪 80 年代中后期，我国加重了地方政府承担地区公共项目投资的职责，在地方财政收入有限、城市基础设施资金需求量大、不允许地方政府发行债券的情况下，城市建设需求倒逼地方政府成立融资平台。融资平台的鼻祖可以追溯至 1987 年 12 月 30 日成立的"上海久事公司"，公司成立后，通过多渠道筹借外资，承担了上海市的大量基础设施项目，有效缓解了上海市地方财政的压力。

4. 其他或有及隐性债务。其他或有及隐性债务包括：（1）国有企业亏损及负担。20 世纪 80 年代末，国有企业经营效益恶化，开始出现国有企业职工下岗的问题，但由于此时国有企业改革还未进入实质性阶段，国有企业的亏损、债务以及未来改革的成本基本还以或有债务和隐性债务的形式存在。（2）地方金融机构不良资产。80 年代开始，不同种类的地方金融机构开始形成并得到快速发展，到 80 年代末三年治理整顿前，地方金融机构的数量和规模都成为促进地方经济发展的重要力量。这个时期，

---

① 本书完成时间为 2020 年 11 月，在提交出版修改过程中，笔者将债务数据统一至 2020 年底，内容分析也尽量更新至 2020 年。内容如有疏漏，敬请读者谅解。

地方金融机构促进地方经济发展的正面作用占主导，地方金融机构的监督管理、资金运用、经营效益等方面的问题和矛盾还没明显呈现出来。

（3）粮棉企业亏损挂账。1985年，国家对农产品流通体制实行改革，由统购改为合同订购，粮棉收购价格出现双轨，但统销环节没有改革，在粮食减产年份，粮食收购价高于粮食销售价格，粮食企业出现亏损挂账。80年代后期，粮棉合同订购恢复国家订购（余顺生，2006）。

（二）第二阶段：较快增长阶段（1993～1997年）

1993～1997年是我国地方政府债务规模快速增长的阶段，不仅直接显性债务快速积累和增长，而且或有债务和隐性债务不断暴露和显性化。此时期地方政府债务的快速增长是我国经济体制改革发展的必然结果，尤其是分税制改革、国有企业改革、粮棉企业亏损挂账给地方财政带来了较大压力，此外，地方金融机构的不良资产进一步积累和扩张。

1. 分税制改革造成地方财政困难。1994年分税制改革，中央财政收入占全部财政收入的比重逐年上升，中央政府对财力的控制能力不断得到强化，与此同时，地方政府的财政支出却随着经济社会的发展不断提升，在中央对地方政府转移支付不规范、一般性转移支付比重低的情况下，分税制改革后的10年间，地方政府财政"保吃饭、保运转"都捉襟见肘，更没有余力发展社会事业与提供公共服务（时红秀，2007）。

2. 地方财政对国有企业改革的支持。1993年后，十四届三中全会明确了建立现代企业制度的改革目标，国有企业改革迈入实质性阶段。在国有企业改革过程中，地方政府在国有企业增资减债、分离办社会职能机构、兼并破产及下岗职工再就业方面提供了重要的财政支持，国有企业改革的成本显性化为地方政府债务（吕政和黄速建，2008）。

3. 继续积累的粮棉企业亏损挂账。1992年国家逐步放开粮棉市场，并试图实行市场定价。但由于减产、通货膨胀等因素，1994年粮棉又恢复国有部门统一经营。国家大幅度提高了粮棉收购价格，但对销售价格实行最高限价，导致政策性亏损、经营性亏损越积越多（张晓山和李周，2008）。

4. 地方金融机构高速扩张形成大量不良资产与债务。1992年邓小平南方谈话后，全国兴起投资浪潮，地方金融机构在投资快速增长中迎来高速扩张。由于地方政府行政干预、监督管理薄弱等局限，地方金融机构在高速扩张过程中，不断积累矛盾和风险，突出表现为金融秩序混乱、金融机构不良资产比例高。在农村，许多农村合作基金会在地方政府的干预下，把贷款投向乡镇村办集体企业；供销社、计生、民政、劳动和社会保障等部门都加入创办了基金会、股金会；农村基金会、脱离农业银行的农村信用社资产质量恶化，经营效益下滑，有的地区出现小规模的挤兑风波（温铁军，2005）。在城市，随着非公有制经济的快速发展，城市信用社也迎来了发展的高峰。1994 年底，全国共有城市信用社 5200 家，资产总额 3172 亿元。许多城市信用社擅自开展商业银行业务，由于经营水平不高、管理不善、行政干预多等原因，积累了大量不良资产，形成了相当大的金融风险。

（三）第三阶段：全面发展阶段（1998～2003 年）

1998～2003 年是我国地方政府债务全面发展的阶段，体现在规模、种类、结构等各个方面。积极财政政策实施，使得地方政府投资热情高涨，国债转贷、金融机构借款、地方政府融资平台债务等直接与或有债务大量出现；在地方金融机构清理过程中，地方财政举借了大量中央银行专项贷款；国有企业改革进入攻坚阶段，地方政府继续提供大量财政支持；由于分税制改革、20 世纪 90 年代以来的普及九年义务教育、乡镇集体企业缩减，县乡财政甚至村级政府在 90 年代末积累了大量债务（贺雪峰和王习明，2002），随着农村税费改革的实施，县乡政府债务问题愈发严重。

1. 国债转贷。1998 年，国家增发国债，并将国债一部分转贷给地方政府使用。国债转贷所形成地方政府债务的规模很大，1998～2005 年，中央共发行了 9900 亿元长期建设国债投资资金，其中 2650 亿元由中央转贷给地方使用。

2. 快速增长的融资平台债务。从 20 世纪 90 年代中后期开始，地方政府开始大力投入城市基础设施建设，偿还历史欠账。1996 年中央全面清理预算外资金后，地方政府开始大量地举债进行建设（张宏安，2011）。伴随着积极财政政策的实施，地方政府的融资需求更大。在城市建设所需资金来源中，最初地方政府直接为金融机构（包括外国政府）贷款以及地方自筹资金提供信用担保或贴息。2000 年以后，政府融资平台得到快速推广和发展，融资平台开始在城市建设中承担着越来越多的融资、建设与管理职能，逐步成为地方政府进行城市投融资的主要载体。

3. 地方金融机构清理形成中央银行专项贷款。1997 年亚洲金融危机爆发后，地方金融机构长期积累的矛盾与风险开始暴露，随着一些地方金融机构的破产，我国开始对地方金融机构进行全面清理整顿。1999 年，国务院批准中国人民银行发放再贷款，通过指定的地方商业银行向省级政府融资，专项用于解决地方政府关闭的农村合作基金会、供销合作社、信托投资公司、城市信用社的个人债务和合法外债的兑付及有关财务公司的债务重组。26 个省（自治区、直辖市）以地方财政作担保，总计向中国人民银行总行申请了 1411 亿元的再贷款（于宁，2003）。

4. 国有企业改革攻坚阶段形成大量财政负担。1998 年后，国家加快推动了国有企业改革步伐，提出国有企业改革与三年脱困目标，国有企业改革进入攻坚阶段。为保证国有企业脱困目标的顺利实现，对下岗职工确保基本生活保障与实施再就业成为重要的社会政治任务。除了承担国有企业改革的社会成本外，地方财政还为国有企业债务重组和增资减债提供了大量资金支持。

5. 养老金制度改革产生个人账户透支。1997 年新型养老保险制度在全国范围内统一建立后，由于"老人"和"中人"没有或者很少有个人账户的积累，随着时间的推移，我国老龄化趋势逐步加快，社会保障资金必然会出现巨大支付缺口，在统筹基金不够支付时，地方政府利用统筹基金和个人积累基金的混合管理，向个人账户进行透支，个人账户有账无钱，空账运行。

6. 县乡财政出现严重困难。20 世纪 90 年代末～21 世纪初，县乡财政困难与债务风险成为政府、学者及公众高度关注的一个问题（梁朋和张冉然，2004）。分税制改革、农村税费改革、2002 年税制调整、乡镇集体企业的衰落、转移支付不到位使得县乡财政收入增长乏力（湖北财政与发展研究中心，2009）；而与此同时，事权不断下放、基层政府承担了基础设施建设、义务教育、公共卫生、环境保护及行政管理诸多职责，外加粮食企业亏损挂账、农村合作基金会专项借款，使得地方财政负担越来越重。除此之外，政绩工程、人员冗杂、软预算约束、债务管理意识薄弱，县乡政府债务规模不断扩大，地方政府运转和财政运行出现严重困难（杨华，2006；张德勇，2006）。

（四）第四阶段：治理与增长并存阶段（2004～2007 年）

在地方政府债务不断形成和发展的过程中，中央政府也根据国民经济与债务发展形势采取了相应的化解办法。例如，2001 年国务院发布《国务院关于供销合作社财务挂账处理等有关问题的批复》，2004 年国家五部委出台《国有粮食购销企业粮食财务挂账处理意见》，2005 年中央政府出台缓解县乡财政困难的政策，并随后制定了更多的改革措施。但是在债务化解的同时，地方政府投资不断提高，地方政府债务依然处于高速增长阶段。进入 21 世纪以后，地方政府债务形成的特殊历史原因基本不会重现，地方政府债务规模的增长主要是现行财政分权体制和政府投资体制下地方政府过度投资的结果。

1. 县乡财政解困。县乡财政解困的工作起初是紧密配合农村税费改革而实施的，后来随着公共财政体系的不断完善而不断推动。首先，在转移支付方面，不断增加中央政府的投入，如 2003 年中央开始实施农村税费改革转移支付，2005 年中央财政出台缓解县乡财政困难的"三奖一补"政策①，财力性转移支付比重不断提高，同时将专项转移支付增量更多用于支农、科教文卫及社会保障等民生领域（高培勇，2008）；其次，在财政体制方面，推进"省直管县"和"乡财县管"改革，激发县域经济发展活力，提高财政支出效率，强化县级财政对乡镇的管理。在具体债务化解方面，2006 年国务院出台化解乡村债务工作意见，并于 2007 年 12 月在 14 个省份开展清理化解农村义务教育"普九"债务试点工作，要求用两年左右时间，基本完成农村"普九"债务化解工作。

2. 粮棉企业财务挂账的消化。2001 年国家确立了供销社（主要包含棉花企业）财务挂账的处理办法：中央政策性亏损由中央财政负担，地方政策性亏损由地方财政负担，经营性亏损由企业逐年自行消化。2002 年，中央相关部门对地方政府上报的供销社财务挂账清理核查结果进行了确认，并制定了具体的财务挂账的处理办法。2004 年，中央相关部门就老粮食财务挂账（1992 年 3 月 31 日以前发生的），新粮食财务挂账（1992 年 4 月 1 日 ~ 1998 年 5 月 31 日期间发生的）以及 1998 年以后的陈化粮价差亏损挂账利息与本金偿还做了要求，鼓励经济条件好的省份自 2004 年起，开始偿还新老粮食财务挂账本金，经济确有困难的再给予 5 年过渡期。

3. 不断增长的城建投资。进入 21 世纪后，我国城市化进程越来越快。根据《中国统计年鉴》城镇人口比重计算，城市化率从 1999 年的 30.89% 增加到 2011 年的 51.27%，年均增长 1.7%。快速的城市化进程意味着城市规模的扩张及大规模的城市基础设施投资。事实也正是如此，2000 年以后，与城市基础设施与公用设施有关的固定资产投资规模不断提高。在公共财政收入无法满足城市建设投资所需资金的情况下，地方政府或依托土地出让收入支撑城市建设，或通过融资平台向金融机构进行债务融资，我国地方政府债务规模越来越高。

---

① "三奖一补"政策是指对财政困难县政府增加本级税收收入和省市级政府增加对财政困难县财力性转移支付给予奖励，对县乡政府精简机构和人员给予奖励，对产粮大县按照粮食商品量、粮食产量、粮食播种面积等因素和各自权重计算给予奖励，对以前缓解县乡财政困难工作做得好的地区给予补助的政策。

4. 养老保险空账的化解与扩大。随着 2005 年《国务院关于完善企业职工基本养老保险制度的决定》的颁布，2006 年在东北三省试点的基础上，企业职工基本养老保险做实个人账户的试点范围又扩大了八个省份。2008 年又增加了江苏省和浙江省的试点工作，中央财政对做实个人账户部分按照各试点省份经济实力及努力程度提供比例不等的财政补助。尽管 1/3 的省份在逐步做实个人账户，但由于日益扩大的退休养老金支出，个人账户做实部分远小于个人账户透支部分，养老金个人空账继 2007 年突破万亿大关后，2011 年底达 2.2 万亿元。[①]

（五）第五阶段：急剧膨胀阶段（2008～2020 年）

2008～2020 年是我国地方政府债务规模急剧膨胀的时期，地方政府债务在这一时期的规模得到前所未有的增长，从 2011 年、2013 年审计署的审计结果看，地方政府债务（含隐性债务）从 2007 年的 4.5 万亿元增长到 2013 年 6 月份的 17.9 万亿元。2020 年显性债务余额增长至 25.66 万亿元。隐性债务方面，有研究估计 2017 年隐性债务规模超过 30 万亿元（姜超等，2018；郑祖昀和黄瑞玲，2019）。自 2014 年开始，为控制地方政府债务规模增长及有效防范风险，我国加强了地方政府债务风险治理，出台了诸多管理举措，包括修订《预算法》、实行地方债置换、实施债务限额管理、制定风险应急处置预案、加强隐性债务管控等，但既有管理举措未能有效控制地方政府债务（主要是隐性债务）过快增长，我国地方政府债务规范与治理任重道远。

2008 年我国推出的两年 4 万亿元经济刺激计划，地方政府根据中央 4 万亿元投资刺激政策，总计提出超过 20 万亿元的投资计划。地方政府及其设立的融资平台通过各类公开或隐蔽方式大量举借债务，使得我国地方政府债务迅速增加。欧洲主权债务危机爆发后，2010 年 3 月初，我国地方政府融资平台债务问题受到国家发展和改革委员会、财政部、中国人民银行三部委积极回应。2010 年 6 月 10 日发布的《国务院关于加强地方政府融资平台公司管理有关问题的通知》，标志着地方融资平台的规范清理成为中国经济改革发展的重要议题。随后除中国银行业监督管理委员会出台了一系列文件，要求各金融结构严格落实贷款"三查"制度（贷前调查、贷时审查、贷后检查），审慎发放融资平台贷款。随着各项监管措施的加强，地方政府融资平台银行信贷渠道受限，因而转向发债、理财、信托等渠道进行融资，使得地方政府负债变得更加隐秘与难以控制。

---

① 中国社会科学院：《中国养老金发展报告》，2012 年。

随着地方政府债务规模的急剧扩张，地方政府举债行为的规范与控制成为中央的一项重要经济工作。自 2014 年开始，中央政府开始从法律、制度、市场等方面多管齐下，对地方政府债务进行治理。具体管理举措主要体现在三个方面：一是地方债券的发行与债务置换。2015 年，在中央政府的安排下，地方政府通过发行债券置换到期债务拉长了地方政府负债期限并降低融资成本。二是融资平台举债行为的严格控制并对地方政府新增债务进行了限额管理。融资平台未经允许，不得新增债务。财政部明确规定，在 2015 年 1 月 1 日新修订的《预算法》（2014 年修正）生效之后，融资平台举借的新增债务依法不属于政府债务，地方政府不承担偿还责任。三是创新项目投融资机制。通过政府和社会资本合作（PPP）、产业基金等方式吸引社会资本参与地方项目建设，化解地方政府财政压力。

在中央加强地方债务规模控制的过程中，地方政府仍通过违规信用担保、承诺回购、名股实债等方式，形成了大量的 PPP、产业基金、政府购买等隐性负债。地方政府试图以时间换空间，希冀以土地市场繁荣逐步偿还地方政府债务，债务规模呈现不断扩大趋势。根据财政部 PPP 中心 2017 年 10 月发布的《全国 PPP 综合信息平台项目库第 8 期季报》，截至 2017 年 9 月底，各地 PPP 项目总投资 17.8 万亿元，纳入管理库的项目 10.1 万亿元。由于大量的 PPP 项目背后具有政府信用背书，财政部不得不全面叫停 PPP 项目，对 PPP 与政府购买服务项目进行清理整顿。

2018 年开始，基于防范地方政府隐性债务风险的考虑，财政部围绕制止发放违规贷款、完善债务统计、增强债务信息公开等方面出台了一系列管理办法，进一步加强地方政府债务管理。2018 年 3 月，财政部印发了《关于规范金融企业对地方政府和国有企业投融资行为有关问题的通知》，要求金融机构强化市场约束，严禁地方政府为融资平台贷款提供隐性担保，严禁债务资金作为 PPP 项目的资本金。2018 年 12 月，财政部制定出台了《地方政府债务信息公开办法》，要求县级以上地方政府财政部门要在政府网站公开地方政府债务限额、余额、使用安排及还本付息等信息，极大增强了地方政府显性债务使用的透明度，为社会公众了解地方政府债务情况提供了极大的便利。为全面摸清地方政府隐性债务数据，2018 年四季度，财政部设立了地方全口径债务监测平台，从举债主体、举债渠道、举债资金用途等三方面对地方债务进行统计，为全面系统掌握我国地方政府债务风险情况提供了重要数据支撑。

2018 年 8 月，中共中央国务院印发《关于防范化解地方政府隐性债务风险的意见》，要求地方切实重视防范化解隐性债务风险，力争用 5 ~

10 年来化解存量隐性债务。2019 年以来我国地方政府债务管理工作也是紧密围绕化解隐性债务展开。2021 年经国务院批准，广东、上海率先在全国开展隐性债务清零试点。

第三节 地方政府债务的发展逻辑

通过回顾我国地方政府债务形成与发展的历史过程，我们对不同时期地方政府债务的内容、结构、规模的动态变化情况有了基本的了解和把握。对我国地方政府债务发展历程进行考察，更重要的目的是提炼、抽象、概括我国地方政府债务的发展规律，为债务的化解与治理提供客观依据与重要参考。下面将从债务形成原因、规模演化及风险治理三个方面提出本书的观点。

一、形成原因：复杂多样且体现经济转轨特征

我国地方政府债务是伴随着我国经济体制改革的历程逐步形成和发展起来的。四十多年的改革开放是一项浩瀚的历史工程，改革过程涵盖了经济、政治与社会的方方面面。单就经济体制改革而言，整体层面是关于市场经济制度的确立，局部层面则包含财税体制、金融体制、国有企业、投资体制、流通体制、社会保障体制等的改革。在改革过程中，旧有经济体制的缺陷和旧体制向新体制过渡的转制成本，大量转嫁为地方政府的财政负担，成为地方政府债务的来源。在 2000 年以前，这些转轨成本构成了我国地方政府债务的绝大部分内容，也在很大程度上决定了我国地方政府债务规模。

2000 年以后，新的经济体制基本确立，在以分税制为主要特征的财政分权、不完善的政府投融资体制，以及政绩考核压力的刺激下，地方政府债务规模增长越来越快。尤其是两次金融危机后，我国实行两次极具扩张性的财政政策，以大量的政府投资来实现经济稳定（其中地方政府承担了大部分的投资任务），在很大程度上助推了地方政府债务规模的增长。

在我国地方政府债务规模不断增长的过程中，针对在特殊历史条件和背景下形成的地方政府债务，如地方金融机构清理引起地方财政的负担，粮食与棉花流通体制带来的政策性亏损，以及普及农村义务教育引起的债务，中央政府和地方政府都逐步采取了一些政策和措施进行化解。这些政

策和措施，包括现在对地方政府融资平台的规范和清理，都是问题产生以后的应急之策和治标之举。通过债务发展历史过程看，这些措施都具有过渡性，或者措施本身是过渡性的，或者措施内容是过渡性的。过渡性的政策与制度安排并不能有效遏制地方政府债务规模的增长，我国地方政府债务增长的速度远远快于债务化解的速度。

二、规模演化：或有债务和隐性债务风险不断暴露

在我国地方政府债务的形成和发展过程中，有两个时间段获得了社会的高度关注，一个是 2003 ~ 2004 年，另一个是 2010 ~ 2020 年。2003 ~ 2004 年，地方政府债务引起学者、媒体与社会公众的普遍讨论，主要是由于 20 世纪 90 年代末至 21 世纪初，地方政府债务规模急剧增长，地方政府尤其是县乡政府陷入了严重的财政困难。改革开放前期积累的大量或有债务与隐性债务，如国有企业债务与改革成本、地方金融机构不良资产、粮食与棉花企业亏损挂账，在 20 世纪 90 年代后期大量集中转变为直接债务与显性债务，地方政府债务风险被迅速放大。

2009 年欧洲债务危机最早在希腊爆发，2010 年欧洲债务危机进一步恶化，开始向葡萄牙、意大利、爱尔兰、西班牙等国家蔓延，欧元区国家陷入了严重的经济衰退，并发生了抗议游行等社会运动。欧洲债务危机带来的严重经济社会冲击引发了政府和社会公众对我国地方政府债务规模急剧膨胀的担忧。2010 年，以融资平台债务清理与规范为主要内容，我国开始对地方政府债务规模与风险进行控制和化解。作为地方政府最主要的负债主体，尽管融资平台债务很大组成部分是政府担保债务，属于政府或有债务，但融资平台是国有企业，其为公益性项目建设所举借的债务，无论是否有政府担保，就政府所承担的风险而言，直接债务与或有债务并没有多大差异。

通过本章第二节地方政府债务发展历程的回顾，可以看出我国地方政府债务风险的演变具有一定的周期性，从整个发展过程来看经历了两次周期，每个周期可以分为"积累—暴露—控制"三个子过程（见图 3 - 4）。从每个周期来看，债务风险是不断暴露的过程，突出表现为或有债务直接化、隐性债务显性化。就整个发展过程来看，地方政府债务风险也处于不断积累与提高的过程中，而且债务风险从积累到暴露的周期越来越短，债务风险的控制与化解依旧任重道远。

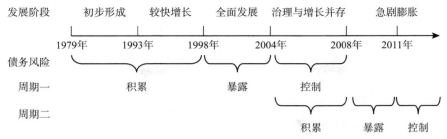

图 3 - 4　地方政府债务风险演变周期

三、风险治理：改革发展和制度完善是基础保障

在不同发展阶段，我国地方政府债务的形成原因、发展规模、风险状况呈现出不同特点，债务治理的举措与效果也不尽相同。整体而言，在地方政府债务治理过程中，取得了较好的成效，积累了一定的成功经验，具体可以从以下四个方面进行概括。

（一）在改革发展中解决地方政府债务问题

在我国地方政府债务规模不断积累和增长的过程中，针对特殊历史条件和背景下形成的地方政府债务，如地方金融机构清理引起的地方财政负担，粮食与棉花流通体制带来的政策性亏损，普及农村义务教育引起的债务、融资平台的过度负债，中央政府和地方政府都采取了相应措施进行化解与控制。这些措施与我国改革开放的步伐保持同步性，取得了良好成效。正是改革开放以来取得的经济增长和体制改革的成就为地方政府债务风险的化解提供了坚实的物质基础和制度保障。因此，在发展中解决地方政府债务问题是治理地方政府债务风险的基本原则。

（二）在制度完善中提升债务治理能力

缺乏统一有效的债务管理体系一直是学者普遍强调的债务规模不断增长的重要因素。完整的债务管理体系应包括债务管理制度、债务管理组织和债务管理流程三个方面，其中，债务管理制度是实施债务管理的基础和依据。通过梳理与地方政府债务有关的法律、法规与政策，我们发现，在改革开放 40 多年间，我国的财政制度，包括地方政府债务管理制度，一直处于不断完善过程中。

就政府预算体系而言，在 2000 年之前，国家对预算外资金出台的一些行政规定和文件，客观上认可了地方政府预算外活动存在的合规性。地方政府可以通过将预算内收支转移到预算外收支来满足旧《预算法》（指 2014 年修正前）对地方政府"量入为出、不列赤字"的要求。并且，旧

《预算法》及其实施条例都未对地方政府财政支出的范围做出确切的定义。2014年《预算法》修正后，明确了地方政府债务的合法举债形式，加强了债务资金使用的监督责任，为我国地方政府债务综合治理体系建设奠定了基础。

此外，我国正不断健全政府投资法律。自2001年开始起草的《政府投资条例》于2019年5月出台。条例之所以经历了近20年的反复修改，主要是中央政府和地方政府，以及各级政府部门之间对项目的权利分配很难取得一致。过去由于政府投资法律制度的缺失，地方政府投资行为与地方政府预算管理无法建立有机联系。《政府投资条例》的出台，标志着我国政府投资行为进入了正式的法律框架，虽然《政府投资条例》还仅是原则规定，但后续实施细则的出台必将极大规范我国地方政府的债务融资行为。

（三）或有债务和隐性债务是控制地方债务风险的重点

前面已经指出，我国地方政府债务风险的演变具有一定的周期性。从整个发展过程看，经历了两次大的周期，每个周期可以分为"积累—暴露—控制"三个子过程。从每个周期看，债务风险是不断暴露的过程，突出表现为或有债务直接化、隐性债务显性化。而且随着债务规模不断积累与提高，债务风险从积累到暴露经历的周期越来越短。因此，有效控制我国地方政府债务风险的关键是控制或有债务和隐性债务。当前，债务法律制度和债务管理部门已经对地方政府违规担保和隐性负债行为做出了严格约束和规定，比如，严禁地方政府提供对外担保；2015年1月1日《预算法》（2014年修正）生效之后，融资平台举借的新增债务依法不属于政府债务，地方政府不承担偿还责任。

然而，当前地方政府隐性债务管理仍有一些问题需要解决，如隐性债务不透明、负债方式多种多样、缺乏统一的统计口径，导致中央政府很难对地方政府债务实施有效管理，尤其是很难把握债务规模的实时变动程度，从而对地方政府债务风险无法及时评估。这从政策力度的松紧可以看出，中央政府往往在发现债务规模失去控制时才会加强政策实施力度，政策实施缺乏一贯的频度、力度和效果。

地方政府隐性负债的主要形式是政府违规担保或者通过融资平台负债融资。因此，控制地方政府隐性负债的关键在于消除地方政府违规担保以及规范融资平台行为。地方政府违规担保在法律与行政约束框架内会越来越少，但地方政府融资平台的举债行为仍旧需要进一步的解决办法。从预算管理来看，地方政府融资平台负债经营就是未将地方政府投资纳入预算管理。当前不排除部分投资项目纳入地方政府专项债务预算，但大部分融资平台的投融资行为还游离在预算体系外。

（四）财政纪律是地方政府债务风险治理的有效制度安排

财政纪律是关于地方政府债务管理的一系列制度安排，它包括规则与惩罚两个方面。明确而严明的财政纪律是控制地方政府债务融资的直接有效手段。从国际经验上来看，大部分发达国家都对地方政府债务规模实施上限控制，而且这些控制大多是以法律甚至宪法的形式存在。

自 2010 年以来，为规范地方政府融资行为、防范和化解地方政府债务风险，中央政府、债务管理部门以及金融监管机构共同努力，针对地方政府债务发展和管理存在的问题，出台和完善了大量的法律法规与政策文件，为系统性构建我国地方政府债务管理体系做出了卓有成效的工作。我国当前建立的债务管理的财政纪律主要包括：债务规模限额、政府融资方式与担保行为约束以及资金用途限制。

2014 年修正的《预算法》明确规定：（1）地方政府举借债务的规模，由国务院报全国人民代表大会或者全国人民代表大会常务委员会批准，地方政府依照国务院下达的限额举借债务。（2）地方政府可以通过发行地方政府债券举借债务的方式筹措。除此之外，地方政府及其所属部门不得以任何方式举借债务。除法律另有规定外，地方政府及其所属部门不得为任何单位和个人的债务以任何方式提供担保。（3）地方政府举借的债务应当有偿还计划和稳定的偿还资金来源，只能用于公益性资本支出，不得用于经常性支出。

2019 年出台的《政府投资条例》要求政府投资资金应当投向市场不能有效配置资源的公共领域项目，以非经营性项目为主。

就当前我国债务管理的财政纪律而言，在以下方面还有待加强，如政策一致性、明确有效的激励与惩罚机制、隐性负债统计与管理制度等。

第四章　地方政府债务的形成机制
——基于博弈分析框架

第一节　引　言

从第三章对我国地方政府债务的历史考察可以发现，我国地方政府债务成因错综复杂，既有财政分权、国有企业改革、地方金融机构清理、粮食与棉花流通体制改革带来的"被动"负债，又有软预算约束、地方政府间竞争、积极财政政策带来的"主动"负债。这些成因可分为制度性因素与政策性因素，制度性因素指经济制度（主要指财政制度）与政治制度，政策性因素指财政政策，而财政政策从宽泛意义上讲，也属于制度的范畴（财政制度）。

我国当前所积累的地方政府债务规模，主要是在 2008 年美国金融危机爆发后，随着我国实施积极财政政策并配合扩张性货币政策而迅速膨胀与发展而形成的。由于债务规模的急剧膨胀以及不断累积的财政金融风险，学者们针对地方政府债务管理提出了诸多建议，包括统一地方债务管理体系；规范政府行为，约束其过度举债；建立债务风险防范机制，有效化解当前债务；推进体制改革，转变政府职能，改革地方官员考核机制；完善财政分权，消除软预算约束，建立地方公债市场等（郭玉清等，2016；赵全厚，2017）。中央政府也针对地方债务管理修订完善了法律法规并出台了一系列政策文件，初步构建了我国地方政府债务管理体系，包括 2014 年修正《预算法》、2019 年出台《政府投资条例》，以及 2014 年国务院发布对我国地方政府债务管理体系做了系统性阐述和要求的《国务院关于加强地方政府性债务管理的意见》。

尽管我国的地方政府债务管理体系在逐步完善，但地方政府债务规模依然不断增长，地方政府债务融资行为难以得到有效约束，如财政部公布的地方政府债务余额从2015年的15.32万亿元增长至2020年的25.66万亿元，而隐性债务规模更是快速增长。因此，进一步探讨地方政府债务的形成机制十分必要，只有从源头厘清地方政府债务融资的动力机制，才能制定切实有效的债务控制措施。然而，债务形成机理是当前地方政府债务研究相对忽视的地方，目前地方政府债务研究更专注于债务风险与债务管理研究。

2008年之前，部分学者（如郭琳，2001a；马骏和刘亚平，2005；时红秀，2007）强调财政分权、软预算约束、地方政府间竞争是地方政府债务形成的主要因素。那么2008年之后，我国不断累积的地方政府债务还能用财政分权、软预算约束、地方政府间竞争这些制度因素来解释和说明吗？本章的研究内容将证明，财政政策的经济稳定职能分配与地方政府应该占更大的责任。该结论至关重要。在理论上能够丰富我国地方政府债务理论的研究；在实践上能够解决有关债务风险的管控争论，为从根本上解决我国地方政府负债冲动提供治理方案。

本章研究思路如下，基于制度经济学的视角研究我国制度安排与变迁下地方政府债务的形成机制，通过对制度的考察与分析厘清当前我国地方政府债务规模的主要决定因素。制度经济学以制度为研究视角，重视制度因素在社会经济发展中的作用，强调立足于经济主体之间的互动来理解经济活动，已成为理解现实经济运行的一种重要方法论。肖特（Schotter，1981）借鉴刘易斯（Lewis，1969）对社会惯例的定义，采用博弈均衡分析的方法正式定义了制度的概念，实际上指出了博弈论是制度经济学的重要分析工具。博弈分析已经构成了制度分析的重要流派（韦森，2003）。本章重点运用博弈分析的方法来解释各个利益主体的行为，重点从财政体制改革、政府间竞争与软预算约束、积极财政政策实施三个方面对地方政府债务的形成机制进行探讨（见图4-1）。

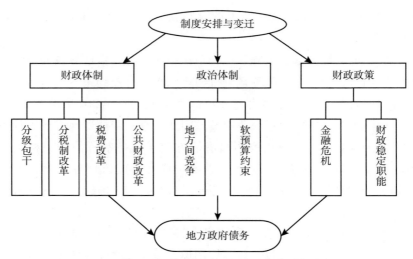

图 4 – 1　制度改革与变迁下的地方政府债务形成

第二节　财政体制下的地方政府债务形成

财政体制是经济体制的重要组成部分，地方政府债务是地方政府支出大于地方政府收入的结果，它的产生和发展与财政体制的改革如影随形。我国经济体制的"放权让利"改革最早从财政领域开始。1980 年以后，中央与地方财政实行"分灶吃饭"，地方政府成为独立的预算主体，地方政府债务从概念走向现实。[①] 通过对财政体制改革历程的回顾，可以发现，改革开放后我国财政体制的改革与变迁是中央与地方政府数次博弈的过程，地方政府债务是博弈的一个结果（见图 4 – 2）。尤其是分税制改革后，由于财权上收、事权下放，转移支付不规范及税费改革后预算外收入的减少，使地方政府债务不断积累和增长（见图 4 –3）。

一、第一次博弈："分灶吃饭"，分级包干

改革开放前，我国实行统收统支的财政制度，地方政府不是独立的预算主体，地方政府没有动力和积极性去发展地方经济与财力，地方政府支出与国有企业支出都由中央政府统一安排，中央政府背负了巨大的财政负

[①]　地方政府在改革开放后开始利用外国政府和国际金融组织贷款，如1982 年山东省开始利用世界银行贷款，贷款主要用于基础设施及基础产业的建设（胡学好，1999）。

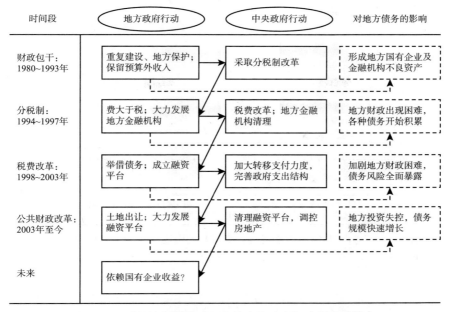

图 4 - 2　财政体制改革过程中的中央政府与地方政府博弈

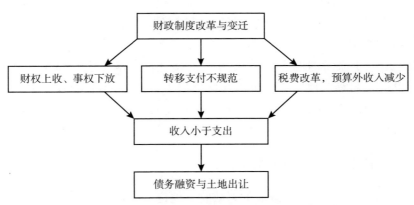

图 4 - 3　分税制改革后的地方债务形成

担。为了调动地方积极性，也为了减轻财政负担，中央决定与地方实行"分灶吃饭"。自 1980 年起，先后推出了"划分收支、分级包干""划分税种、核定收支、分级包干""多种形式包干"体制。在成为独立的预算主体后，地方政府为了自身利益，投资竞争性行业，搞重复建设、地方保护，并设立预算外资金，与中央政府争夺财政资源。在这次博弈中，从总体来看，地方政府是博弈的赢家，地方政府财政收入占全国财政收入的比重越来越高，同时存在大量的预算外收入，公共财政收入占 GDP 的比重越来越低（见图4-4）。

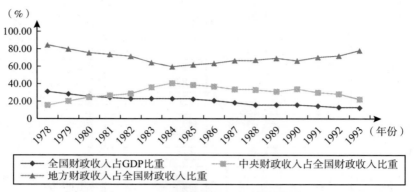

图4-4 1978~1993年中央与地方财政收入比重及财政收入占GDP比重
资料来源：根据历年《中国统计年鉴》数据计算。

在"财政包干"过程中，地方政府投资兴建的项目和企业在初期为地方政府创造了大量的财政收入，但在20世纪80年代末90年代初，由于经营不善与体制僵化，国有企业出现大量亏损，乡镇企业大量破产，这些国有企业与集体企业产生的债务最终都转嫁到政府财政。20世纪80年代中期到90年代中期，地方政府为了发展本地经济，为企业融资提供便利条件，成立了大量的地方金融机构，如农村合作基金会、城市信用社、信托投资公司等。地方金融机构在促进地方经济发展的同时，由于行政干预和治理结构的缺陷，也逐步开始形成不良资产，并转化为地方财政潜在风险。

二、第二次博弈：分税制改革

为了改变中央与地方政府的财政收支地位，1994年开始实行分税制改革：一是按照"统一税法、公平税负、简化税制和合理分权的原则"全面改革税收制度，建立全新的税收体系；二是在明确中央与地方事权的基础上对中央和地方的财政收入进行了划分，按照税种划分为中央税、地方税和中央地方共享税，实行中央对地方的税收返还和转移支付制度，建立分税制财政管理框架。①

---

① 关于分税制改革的具体内容，可以参阅1993年《国务院关于实行分税制财政管理体制的决定》。

（一）财权上收、事权下放

分税制改革后，中央和地方政府的财政收支地位发生了根本性的变化，收入分配格局发生颠倒性扭转。1994年，中央财政收入占全国财政收入的比例由22.02%上升至55.70%，此后基本稳定在50.00%以上。与之相反，1994年，地方财政收入占全国财政收入的比例由77.98%下降至44.30%，此后基本处于50.00%以下（见图4-5）。2011年以后地方财政收入所占比重逐步超过中央财政收入，但仍旧在50.00%左右。

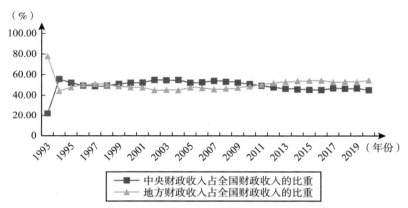

图4-5　1993～2019年中央与地方财政收入占全国财政收入的比重

资料来源：根据历年《中国统计年鉴》数据计算。

在财权上收的同时，地方政府承担的事权却得到不断增加和强化，除了外交、国防基本由中央政府承担，其他事务，如一般公共服务、公共安全、教育、社会保障、医疗卫生、城乡建设等事务都以地方政府为主（见图4-6）。财权与事权不匹配对地方政府债务的显著影响较为明显地体现在养老金债务、国有企业改革和粮食与棉花流通企业亏损挂账的处理上。

在财权上收、事权下放的财政分权格局下，地方政府财政支出与财政收入产生巨大缺口。从图4-7中可以看出，分税制改革后，地方财政收入占全国财政收入的比重大约为50%，而地方财政支出占全国财政支出的比重维持在70%以上，2000年后逐年上升，2011年已突破80%。在地方政府公共财政预算不列赤字的规定下，如此巨大的缺口必然需要依靠中央政府的转移支付进行弥补。事实正是如此，地方财政支出中，大约40%～50%要依靠中央对地方的税收返还和转移支付。

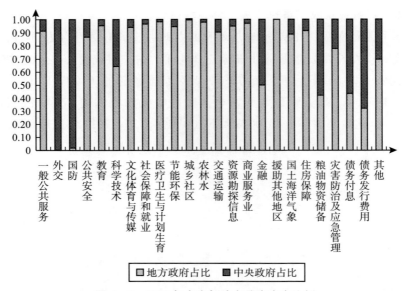

图 4-6 2020 年中央与地方政府支出比例

资料来源：《中国统计年鉴 2021》。

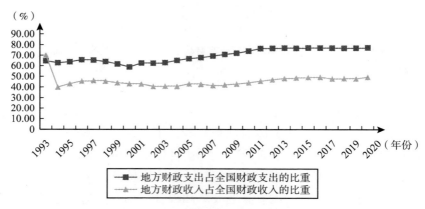

图 4-7 1993～2020 年地方财政收支缺口

资料来源：根据历年《中国统计年鉴》数据计算。

实际上，如果考虑中央对地方的转移支付，从支出权的角度看，中央与地方政府并不存在财权与事权的不匹配，真正存在财权与事权不匹配的是省以下地方政府层级间。分税制改革后，省以下层级间政府按照中央与地方分税制框架，对地方政府层级间财政收支进行了划分，大部分采取了"财权上收、事权下放"的分权模式，市级政府、县级政府承担了绝大部分事权，但财政收入却集中于省级政府。

（二）转移支付不规范：财力性转移支付不足

转移支付制度是弥补政府财政纵向失衡、平衡地区收入差距的重要手段。1994年后，作为分税制改革的重要配套措施，我国开始逐步建立转移支付制度。现行的转移支付制度主要由税收返还、财力性转移支付与专项转移支付三方面组成。

在转移支付体系中，真正具有均衡地区财政收入功能的转移支付是财力性转移支付。相比之下，税收返还和专项转移支付都不具有均等化财政收入的作用（Shih & Zhang，2007），甚至会拉大财力差距（Tsui，2005）。专项转移支付一般有两个显著的特点：一是要求地方政府进行一定的资金配套；二是专项转移支付是指定用途的，大多数是投向地方政府不愿介入的领域，如农业、社会保障、环境、基础教育等（范子英，2011）。在多种"配套政策"和"配套服务设施建设"要求的专项转移支付设计模式下，地方政府为了争夺中央政府的财政资源，不得不加大自身财政的投入，最终导致专项转移支付不但没有减少财政收支缺口，反而加剧了地方政府的收支矛盾。

分税制改革后，我国转移支付以专项转移支付为主，2000年以前，专项转移支付占转移支付总额的比例基本维持在70%～80%，财力性转移支付仅占20%～30%。因此，在分税制改革下，财力性转移支付比重低、专项转移支付多就成为地方政府，尤其是21世纪初基层政府财政困难的重要原因，但这种情况自2005年起开始改善。2005年，为缓解县乡财政困难，中央增加县乡财政补助转移支付，财力性转移支付首次超过专项转移支付。

三、第三次博弈：税费改革

分税制改革前，地方政府预算外收入维持在地方公共预算收入的80%左右①（见图4-8）。分税制改革后的第一年，中央与地方的财政收入分配关系得到了根本扭转。但是，全国财政收入占GDP的比重依旧没有提高，反而有所下降（由1993年的12.19%下降至1994年的10.73%）。其中一个重要原因是，"分灶吃饭"后，地方政府基于自己利益考虑，在预

---

① 1993年以前的预算外资金包括国有企业及其主管部门集中的各种专项基金和地方及中央主管部门管理的预算外资金。1993～1995年预算外资金收入项目只包括行政事业性收费和地方财政收入两项。1996年开始，电力建设基金、铁路建设基金等中央政府性基金（收费）纳入预算管理，加入乡镇自筹、统筹资金；1997年开始，又取消地方财政收入，增加政府性基金收入、国有企业及主管部门收入和其他收入。

算外保持了大量收入，这些预算外资金成为地方政府的"第二预算"。

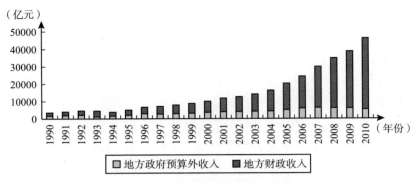

（亿元）

图4-8　1990~2010年地方政府预算外收入与地方财政收入

资料来源：根据历年《中国财政年鉴》数据计算。

　　分税制改革后，在"财力上收、事权下放"的财政分配格局下，地方政府有了更大的激励和动因去扩张预算外收入（周飞舟，2006）。由此，政府各种名目的非税收入——费用更加严重，形成"费大于税"格局。为了规范政府收支行为，1998年中央正式启动了"税费改革"，采取了多项措施对政府的各种收费进行规范清理，重点包括对企业乱收费进行治理，2000年，启动农村税费改革。同时，1998年全国财政工作会议确立了构建公共财政框架的改革目标，相继推出了一系列财政管理制度改革，包括优化财政支出结构、完善预算管理制度、实行国库集中收付制度等。2011年，我国预算管理制度改革取得重大成果，全面取消预算外资金，将所有政府性收入全部纳入预算管理，预算外资金概念成为历史。

　　"税费改革"、财政支出结构调整、预算管理体系改革切实减轻了企业与农民负担，规范了政府收支行为，为财政的公共化改革奠定了良好基础。预算外收入相对于公共财政收入的比重逐年下降，2010年降低至13.28%。公共财政收入占GDP的比重逐年提高，从1998年的11.70%上升到2010年的22.00%。

　　对地方政府收支行为的规范和财政预算管理的加强，有利于中央强化对地方政府各种收入的控制力。地方政府通过操纵预算体系截留财政收入，攫取财政资源的空间不断得到压缩。税费改革造成了改革初期地方政府非税收入大幅度减少，使地方政府尤其是县乡财政陷入困境。同时，随着亚洲金融危机的爆发，地方金融机构的风险开始暴露，中央政府也对地方金融机构进行了清理；此阶段的国有企业改革负担也大量落在地方政府。较之中央政府，地方政府承担了大部分的改革成本，地方财政越发困难。在这个阶段，地方政府举借了大量的债务，包括中央银行专项借款、商业银行借款、拖欠资金等。

四、第四次博弈：公共财政改革

2003 年，《中共中央关于完善社会主义市场经济体制若干问题的决定》提出了进一步完善公共财政体制的目标，自此我国开始新一轮税制改革，财政支出方向调整，政府间财政分配关系改革，财政管理体制完善，并取得重大成效。公共财政开始覆盖农村地区；财政支出开始向教育、就业、医疗、社会保障等民生事业倾斜；地区间转移支付力度加大且转移支付制度得到完善，有效促进地区间公共服务均等化；政府收支分类改革、全口径预算管理使政府收支进一步规范。

经过公共财政改革和转移支付制度的规范，2005 年以后，县乡财政困难逐步得到解决，财政开始维持稳定运行。然而，从地方政府负债的情况来看，地方政府债务的规模反而在 2003 年后得到快速增长。地方政府通过设立地方融资平台进行城市基础设施投资；土地出让收入成为地方政府的重要收入来源。过高的地方债务与地方财政对土地出让收入的过高依赖已成为当前中央政府难以解决的两大问题。

综上对财政体制与地方政府债务关系的讨论，我们可以发现，在财政体制改革初期，财政收支分配格局、财政收支范围的调整的确会对地方政府财政形成巨大压力，进而造成地方政府债务的积累。然而，我们也看到，2005 年以后，中央政府加大了对地方政府的转移支付力度，地方政府财政"保吃饭、保运转"的问题得到解决。从支出权的角度看，地方政府总体财政支出并没有下降，财权与事权并不存在不匹配的问题。从债务增长的事实来看，地方政府债务规模正是在近十年快速形成与发展起来的，其中地方政府的大规模投资是地方政府债务形成的直接原因。一个简单的问题是，为什么地方政府不能本着量入为出的原则去安排财政支出？财政体制原因已不能解释我国地方政府积累的巨额债务，地方政府主动负债的背后应该有更深层次的原因。这更深层次的原因便是下一节要讨论的地方政府间竞争与软预算约束。

第三节　政治体制下的地方政府债务形成

我国是单一制国家，地方政府间进行竞争的一个重要动力是上级政府的政绩考核压力。在单一制体制中，中央政府与地方政府是一种委派制，地方政府官员要接受来自中央政府的监督和考核。由于中央政府与地方政府之间信息不对称，为防止地方政府背离中央政府的意志，中央政府需要确立一套绩效考核指标来规范地方政府及其官员的行为。在一系列经济与社会发展指标中，如果中央政府更为看中经济指标，就会建立起以 GDP 为核心的政绩考核体系。改革开放以来，在以经济建设为中心的基本路线要求下，我国地方政府的政绩考核工作主要围绕地方经济增长展开，在改革开放初期更加强调经济增长速度。党的十八大以来，地方经济高质量发展综合绩效评价成为地方各级党政领导干部政绩考核的重要组成部分。尤其是十八届三中全会通过的《中共中央关于全面深化改革若干重大问题的决定》要求："完善发展成果考核评价体系，纠正单纯以经济增长速度评定政绩的偏向""加大资源消耗、环境损害、生态效益、产能过剩、科技创新、安全生产、新增债务等指标的权重，更加重视劳动就业、居民收入、社会保障、人民健康状况"。

在传统的以 GDP 为核心的政绩考核指标体系下，地方政府间为 GDP 和税收资源的竞争，也是地方政府政绩竞争的体现。因此，通过政府投资拉动 GDP 增长，成为地方政府当然的选择。由于我国投融资制度还不够健全，现行法律和制度环境不能对地方政府投融资行为形成有效约束，地方政府投资不断扩张，债务风险不断积累。

一、地方政府投资（债务）与 GDP 增长

以 GDP 为核心的政绩考核体制给予了地方政府发展经济的强大动力，通过大规模的政府投资拉动经济成为地方政府官员最为直接现实的选择。一方面，政府投资可以直接带动经济增长与税收收入；另一方面，通过大规模基础设施投资改善投资环境，能够吸引更多企业和人才为地区经济发展提供更多的资本与资源。相反，短期内对经济拉动效应低的领域，如教育、医疗等公共服务投入则严重不足，导致地方财政支出结构扭曲和公共事业公平缺失（于长革，2010）。地方政府债务与地区经济增长的关系可以通过格雷纳（Greiner，1996）提出的框架进行分析。格雷纳得出的结论有：

定理 1 以财政赤字为公共消费和对家庭的转移支付增加融资，会降低经济增长率。即可以证明：

$$\frac{\partial g}{\partial \varphi_j} = \frac{(1-\tau)(1-\alpha)}{\sigma}\alpha x^{\alpha-1}\frac{\partial x}{\partial \varphi_j} < 0, \ j = 1, \ 2 \qquad (4.1)$$

定理 2 如果 $Z \equiv \tau(1-\varphi_0)(1+(1-\alpha)b)\left(\varphi_3+\dfrac{\varphi_3-1}{(1-\alpha)b}\right)>1$，赤字融资的公共资本增加可以提高经济增长率。即可以证明：

$$\frac{\partial g}{\partial \varphi_3}=\frac{(1-\tau)(1-\alpha)}{\sigma}\alpha x^{\alpha-1}\frac{\partial x}{\partial \varphi_3}>0 \qquad (4.2)$$

其中，x 为公共资本与私人资本比率，τ 为政府税率，φ_1 为政府转移支付占税收比例，φ_2 为政府消费占税收比例，φ_0 为政府转移支付、政府消费与政府债务利息支出之和占政府税收比例，α 为生产函数中公共资本产出弹性，σ 为消费效用函数中的参数，以上参数均小于 1。φ_3 为政府公共投资占政府扣除转移支付与公共消费后的收入比例，由于存在债务融资，$\varphi_3>1$。b 为政府债券占物质资本的比重。

根据以上定理，地方政府通过债务融资进行公共投资，当公共投资比重占政府总支出比重较大时，即 φ_0 较小、φ_3 较大时，债务融资可以促进 GDP 增长。在我国地方政府支出结构中，基础设施等公共投资比重大，因此地方政府可以通过债务融资促进 GDP 增长。

二、地方政府间竞争的博弈分析

现在我们以适当修改后的政治锦标赛模型（周黎安，2004）为基础来分析地方官员为了政治晋升展开博弈对地方政府债务融资的影响。

假定存在两个地区 A 与 B，地区官员的晋升取决于地区的经济绩效，用 GDP 增长率来表示。GDP 增长率高的地区官员将得到晋升，增长率低的地区官员职务不变。根据以上债务融资与 GDP 增长理论模型的分析可得，经济绩效 GDP 增长率是债务融资的增函数：

$$g_i=f(\Delta B_i)+\varepsilon_i,\ i=A,\ B \qquad (4.3)$$

其中，ΔB_i 为地区 i 的年度债务净融资规模，ε_i 为随机扰动项，服从正态分布，$\varepsilon_i \sim N(0,\sigma^2)$，且对于地区 A 与 B，$\varepsilon_i$ 相互独立；函数 $f(\cdot)$ 满足 $f'(\cdot)>0$，$f''(\cdot)<0$。

GDP 增长率高的地区官员得到晋升，得到的效用为 V，没有晋升的官员得到的效用为 v。为了分析问题的方便性，本书假定两个地区是同质的，初始条件完全相同（包括人口与经济发展等情况）。同时，假定官员是短视的，本届政府官员可以把债务融资的成本转移到下届政府，这样不再考虑债务融资给地方政府带来的成本。下面将分析各个地区的博弈均衡状态。

情形：给定地区 B 的官员不进行债务融资展开竞争，地区 A 的官员为了晋升通过债务融资进行大规模的公共投资，得到期望效用 EU 为：

$$EU_A = Pr\{g_A > g_B\} \cdot V + (1 - Pr\{g_A > g_B\}) \cdot v \qquad (4.4)$$

晋升概率 $Pr\{g_A > g_B\}$ 为：

$$Pr\{g_A > g_B\} = F\left(\frac{f(\Delta B_A^*) - f(0)}{\sqrt{2}\sigma}\right) \qquad (4.5)$$

其中，$F(\cdot)$ 为正态分布的概率分布函数，ΔB_A^* 为最大化 g_A 的结果。由此计算出地区 A 官员的期望效用为：

$$EU_A = F\left(\frac{f(\Delta B_A^*) - f(0)}{\sqrt{2}\sigma}\right)V + \left[1 - F\left(\frac{f(\Delta B_A^*) - f(0)}{\sqrt{2}\sigma}\right)\right]v \qquad (4.6)$$

还可以计算出地区 B 官员的期望效用为：

$$EU_B = \left[1 - F\left(\frac{f(\Delta B_A^*) - f(0)}{\sqrt{2}\sigma}\right)\right]V + F\left(\frac{f(\Delta B_A^*) - f(0)}{\sqrt{2}\sigma}\right)v \qquad (4.7)$$

因为 $f(\Delta B_A^*) > f(0)$，显然 $EU_A > EU_B$。

类似于上述情形的推导过程，我们最终得到地方政府间竞争博弈得益结果（见图 4-9）。在这个博弈中，如果 A 采取竞争行动，B 采取竞争行动的得益 $\frac{V+v}{2}$ 要大于不采取竞争行动的得益 $\left[1 - F\left(\frac{f(\Delta B_A^*) - f(0)}{\sqrt{2}\sigma}\right)\right]V +$ $F\left(\frac{f(\Delta B_A^*) - f(0)}{\sqrt{2}\sigma}\right)v$。因此 A 采取竞争行动，B 也采取竞争行动。同理可以分析，如果 B 采取竞争行动，A 采取竞争行动也是最优选择，因此 ｛竞争，竞争｝为该博弈的纳什均衡解。进一步分析，可以发现，｛竞争，竞争｝为该博弈的唯一纳什均衡解。

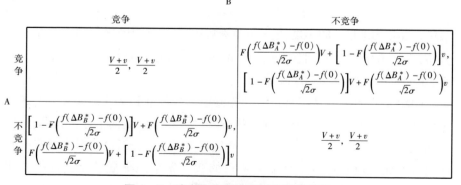

图 4-9　地方政府间竞争博弈得益结果

因此，在 GDP 为核心的考核体系下，地方官员为了政治晋升，展开激烈的竞争是其最优选择。竞争的结果是，每个官员得到的收益与双方都不竞争的结果一致。不同的是，在竞争的过程中，地方经济得到了发展，同时也积累了大量的政府债务，这便是地方政府间竞争的两面性。

三、地方政府投资的软预算约束

财政分权下地方政府间竞争，如果具有硬预算约束，将会有力限制政府投资行为，地方政府必须在资金运用上进行成本与收益的权衡，从而做出最有效率的决策。然而，由于我国政府投融资制度的不健全，地方政府在投资时面临软预算约束。在软预算约束环境中，地方政府迫于上级政府绩效考核和同级政府竞争压力而具有强烈的投资冲动，使地方政府债务规模不断增长。

（一）我国政府投融资制度

改革开放以后，我国由计划经济体制向市场经济体制转变，与此相适应，投资体制包括政府投资体制逐步实行变革。纵观改革开放后我国政府投资体制改革历程，也是以"放权让利"为主调进行，改革的内容主要体现在以下四个方面（汪同三，2008）：

第一，在投资管理体系方面，逐步放权给地方政府，地方政府投资自主权日益增强，投资责任也越来越重。自1983年开始，对投资建设实行两级管理，大中型项目由国家部门或报国务院审批，小型项目（1000万元以下）由地方政府审批。此后，地方政府投资审批权限越来越大，而且投资权限散落在地方政府各个部门。

第二，在投资主体方面，政府通过设立专业投资公司，负责本行业的固定资产投资。1988年，中央政府成立中央层面的专业投资公司负责本行业的固定资产投资，地方政府纷纷效仿成立隶属于本级政府的投资公司，形成最早的政府融资平台雏形。

第三，在投资领域方面，逐步缩减政府投资范围。1993年《中共中央关于建立社会主义市场经济体制若干问题的决定》提出把投资项目分为公益性、基础性和竞争性三类：公益性项目由政府投资建设；基础性项目以政府投资为主，并广泛吸引企业和外资参与投资；竞争性项目由企业投资建设。

第四，在资金来源方面，随着财政资金"拨改贷"的实施，政府投资逐步依赖于银行贷款，包括外国政府与金融机构借款。1994年，国务院批准《关于组建国家开发投资公司的批复》撤销6个国家专业投资公司、组建国家开发银行，同时设立中国农业发展银行和中国进出口银行作为国家的政策性银行，以满足国家基础设施和基础产业融资的需求。

从政府投资改革历程与改革内容可以发现，我国政府投资体制改革基本也是围绕着"政府与市场""中央与地方"两个关系展开的。纵观政府投资体制的发展历程，我国政府投资行为得到不断规范，投资范围逐步从"大包大揽"到公益性与基础性项目转变；地方政府的事项和投资决策权不断强化，地方政府承担的投资责任越来越重，投资自主权也越来越大，但是我国政府投资制度建设不完善，一直以来，我国政府投资法律制度建设严重滞后于不断加速发展的政府投资规模。虽然《政府投资条例》于2019年7月开始实施，但条例还只是对政府投资行为的一些原则性界定，后续仍需要实施细则和条例解释进行配套完善。

可以想象，在事权与决策权不断强化和集中的同时，若是缺乏科学决策机制和有效预算约束，地方政府出于自身利益考虑（如政绩考核、官员寻租）而具有强烈的投资冲动，过度投资行为很难得到遏制。

（二）软预算约束的表现

地方政府财政支出或投资行为面临的预算约束来自三个方面：上级政府、公众、市场（时红秀，2007）。在我国现行的投融资制度下，上级政府、各级人民代表大会与公众、市场对地方政府投资的约束力度非常弱。

1. 上级政府软预算约束。我国政府投资制度建设还不够完善，到目前为止，尚无一部全国性的政府投资法律对政府投资行为进行约束和规定（2019年出台的仅是《政府投资条例》）。上级政府软预算约束不仅受制于现行的法律制度缺失及投资体制缺陷，而且也受到政治因素的影响。一般来说，上级政府官员与下级政府官员之间存在"利益一致"现象（周雪光，2005）。下级政府官员的政绩也是上级政府官员的政绩，下级官员展开 GDP 竞赛，往往是上级官员激励的结果。因此，上级政府官员为了自身利益最大化，可能不会约束下级政府的过度融资行为，反而会刺激下级政府大规模举债。

2. 各级人民代表大会与公众软预算约束。按规定，我国地方政府财政预算由同级人民代表大会（以下简称"人大"）审批，但实际上，人大对地方政府预算的决策和监督作用是比较低的。人大在批准地方政府预算时，对预算支出的具体用途没有决策权力，在预算执行过程中，对地方政府财政收支行为也不能形成有效监督。此外，地方政府投资基本是通过融资平台等预算外实体实施，与预算内活动比，人大与社会公众对政府投资的约束力度更小。

3. 市场软预算约束。我国金融机构以银行为主，其中国有银行占据了大部分信贷资产。因此，在我国金融市场环境中，地方政府债务融资大部分来自银行贷款。无论是国有商业银行，还是中小股份制商业银行，都把地方政府看作最为安全的借款人，坚信地方政府出现债务危机时，中央政府会予以援助，承担最后还款人责任。政策性银行更是地方政府债务融资的主力军，因为其自身职能在成立之初就定位为提供基础设施融资服务。地方政府自己创办的地方金融机构是地方政府的主要资金来源，这种历史经验在20世纪80~90年代体现得尤为明显。

如果中央政府事先声明"地方债务发生违约时，中央政府不会进行援助"，金融机构是否还会不计风险地向地方政府提供资金？下文将采用博弈理论进行说明。中央政府在地方政府发生债务危机时，可以选择的行动有｛救助，不救助｝。金融机构在中央政府发出声明后，决定是否不计风险地给予地方政府贷款，可以选择的行动有｛最大程度贷，合理贷｝。双方得益有以下四种情形：

情形1：中央政府事先声明"会对地方政府进行救助"，金融机构尽最大可能地给地方政府贷款。由于中央政府承担地方政府债务的损失，对金融机构而言贷款发生坏账的可能性为零，金融机构的收益为 V_f^1，中央政府收益为 V_g^1（该值为负数）。

情形2：中央政府事先声明"会对地方政府进行救助"，金融机构出于谨慎原则，根据地方政府财力与信用给予地方政府贷款。由于金融机构有效评估过地方政府债务偿还能力，此时，金融机构贷款数量将会比第一种情形低，地方政府债务发生损失的可能性也低，金融机构的收益为 V_f^2，中央政府收益为 V_g^2（该值为负数）。显然有，$V_f^2 < V_f^1$，$V_g^2 > V_g^1$。

情形3：中央政府事先声明"不会对地方政府进行救助"，金融机构依旧尽最大可能给地方政府贷款。如果中央政府声明得到遵守，当地方政府债务发生违约时，金融机构的收益为 V_f^3，中央政府收益为 V_g^3。显然，此时金融机构要面临较大损失，因而有 $V_f^3 < V_f^2 < V_f^1$。中央政府不进行救助，虽然发生直接经济损失的可能性较低，但由于地方政府债务违约会给金融市场和经济运行造成严重影响，中央政府的收益依旧为负，且成本会相当高，所以假定 $V_g^3 < V_g^1 < V_g^2$。

情形4：中央政府事先声明"不会对地方政府进行救助"，金融机构根据地方政府财力与信用给予地方政府贷款。此时，金融机构的收益为 V_f^4，中央政府收益为 V_g^4。显然有，$V_f^3 < V_f^4 < V_f^2 < V_f^1$，$V_g^3 < V_g^1 < V_g^2 < V_g^4$。

画出中央政府与金融机构的序列博弈决策树（见图4-10），C代表中央政府，F 代表金融机构。我们可以采用反向归纳法得出这个博弈解的"反向归纳策略组合"，这个组合是 {不救助，合理贷}。也就是说，只有当中央政府事先声明不对地方政府债务违约进行救助时，并且严格遵守这一声明，那么金融机构才会按照地方政府偿债能力与信誉选择合适的贷款规模。然而，在广延博弈中，中央政府的这一声明是不可信的威胁。因为在不救助的声明下，如果金融机构仍旧不计风险地尽最大可能为地方政府发放贷款，中央政府不救助的得益 V_g^3 小于救助的得益 V_g^1。如果债务危机的影响足够严重，中央政府不对地方政府救助的可能性几乎不存在。因此，只要金融机构坚信中央政府会对地方政府进行财政救援，金融机构为了利润最大化便会尽最大可能为地方政府提供贷款，而基本不考虑贷款风险。

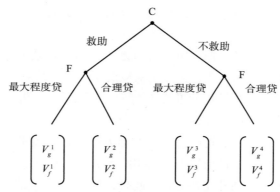

图 4-10 中央政府与金融机构地方债务融资的博弈决策树

综上所述，财政上的分权与政治上的集权，及以 GDP 为核心的政绩考核体制，为地方政府间竞争提供了充足的动力，导致地方政府热衷于通过大规模基础设施投资和项目建设带动地方经济发展。地方政府的"投资饥渴症"由于上级政府、各级人大与公众及债权人的软预算约束而无法得到有效遏制，地方政府债务不断积累，债务规模越来越高。

第四节 财政政策下的地方政府债务形成

财政政策是政府实施宏观调控、熨平经济周期、保持经济稳定的重要手段。财政政策主要通过税收、政府购买、转移支付等手段对经济运行进行调节，实现经济政策目标。经典的财政联邦主义认为，运用财政政策稳定经济的职能应该在中央层面执行。但从我国的财政政策实践来看，在受到宏观经济冲击时，中央往往赋予地方政府大量的经济稳定职责，而通过基础设施及重大项目投资维持经济增长是政府实现财政政策的主要途径，在积极财政政策实施过程中，我国地方政府债务规模急速膨胀。

一、两次金融危机与积极财政政策

（一）亚洲金融危机

1997 年下半年亚洲金融危机爆发后，我国外贸出口受到很大影响，同时由于前期紧缩宏观经济政策的实施出现通货紧缩，经济面临很大下行压力。为此，自 1998 年起我国开始实行为期 7 年的积极财政政策，大力发行国债，增加基础设施建设投资，扩大政府购买，实施赤字财政。在实施积极财政政策期间，中央政府每年发行 1000 亿 ~ 1500 亿元的长期建设国债，1998 ~ 2005 年，累计发行 9900 亿元。中央政府发行的国债资金一部分无偿拨付地方用于指定项目建设，另一部分转贷给地方政府使用，国债转贷资金到期由地方综合财力还本付息。1998 ~ 2005 年，共有 2650 亿元国债转贷给地方使用（见表 4 - 1）。这些国债转贷资金直接构成了地方政府债务。不仅如此，中央政府在向地方政府提供转贷国债资金时，往往要求地方政府提供一定比例的配套资金，因此，地方政府为了得到中央政府的财政资金，不惜采取包括举债在内的各种方式来筹措配套资金，在一定程度上诱发了地方政府自行举债或变相融资等问题（宗良和周治富，2012）。

表 4 - 1　　　　1998 ~ 2005 年长期建设国债及转贷地方政府部分　　单位：亿元

年份	长期建设国债	转贷地方政府部分
1998	1000	500
1999	1100	500
2000	1500	500
2001	1500	400
2002	1500	250
2003	1400	250
2004	1100	150
2005	800	100
总计	9900	2650

资料来源：根据财政部统计数据及《地方国债投资项目管理中的问题与对策》（赵云旗，2005）整理得出。

（二）国际金融危机

2008 年第四季度以来，为应对国际金融危机冲击，我国决定实施积极的财政政策，以保持经济平稳增长。最重要的措施便是国家推出的 4 万亿投资计划。4 万亿元投资计划拟由中央政府提供 1.18 万亿元，地方政府配套 2.82 万亿元，通过大规模基础设施建设和重大项目投资，来拉动社会总需求。地方政府在中央政府的政策激励下，纷纷出台了各自的投资计划，累计超过 20 万亿元。

正是由于投资刺激经济政策的出台，地方政府通过其成立的地方融资平台，大规模进行城市基础设施建设。在资金来源方面，除了中央政府代理发行地方政府债券收入外，主要依赖银行等金融机构提供的信贷资金支持。

1. 中央代理发行地方政府债券。为落实地方配套资金，保证中央投资项目的实施，经国务院批准同意，自 2009 年开始中央财政代理发行地方政府债券。代理发行地方政府债券以省、自治区、直辖市和计划单列市政府为发行和偿还主体，由财政部代理发行并代办还本付息和支付发行费。债券期限一般为 3 ~ 5 年。2009 ~ 2011 年每年代发 2000 亿元，2012 年代发 2500 亿元，四年共计 8500 亿元。

2. 地方政府自行发行地方政府债券。2011 年，国务院开始在浙江省（不含宁波市）、上海市、广东省（不含深圳市）、深圳市四地进行自主发债试点。自行发债是试点省（市）在国务院批准的发债规模限额内，自行组织发行本省（市）政府债券的发债机制，具体地方政府债券情况如表 4 - 2 所示。自行发债实行年度发行额管理，由财政部代办还本付息。

表 4 - 2　　　　　　　地方政府自行发行地方政府债券情况　　　　　单位：亿元

地区	2011 年	2012 年
浙江省（不含宁波市）	67	87
上海市	71	89
广东省（不含深圳市）	69	86
深圳市	22	27
总计	229	289

2014 年开始推动地方政府"自发自还"试点，主要检验市场对于地方政府信用能力的接受程度。尤其是 2015 年《预算法》（2014 年修正）

生效后，地方政府发行债券成为地方政府作为借贷主体进行融资的唯一合法途径，在中央政府的安排下，地方政府通过发行债券置换大量到期债务，以拉长地方政府负债期限并降低融资成本。

二、财政稳定职能分配的博弈分析

（一）财政分权理论下的财政职能分配

马斯格雷夫（Musgrave，1959）提出了财政的三大职能，包括资源配置职能、收入分配职能及经济稳定职能。根据经典的财政联邦主义，收入分配职能及经济稳定职能应由中央政府执行，资源配置职能可按公共品的性质在中央与地方政府间进行分配。就收入分配职能而言，由于地区间人口流动，地方政府若是承担代内收入再分配职能（指同代人间的再分配），会引起效率和平等问题（Tiebout，1956；Oates，1972；Walsh & Petchey，1992）；就宏观经济稳定与增长职能而言，由于地区间"搭便车"问题及协调问题，经济稳定职能应该更多由中央政府承担，而地区间财政竞争的存在也会使地方政府陷入"囚徒困境"，因此地方政府不应承担宏观经济稳定和经济增长职能；就资源配置职能而言，各级政府之间应按照公共品影响范围、地区偏好差异、规模经济三个标准合理划分权限，以实现有效的资源配置。

（二）我国财政稳定职能分配的博弈分析

根据经典的财政分权理论，财政的收入分配职能及经济稳定职能应由中央政府执行，资源配置职能可按公共品的性质在中央与地方政府间进行分配。从我国财政政策实践来看，我国地方政府承担了大量的经济稳定职能。我国地方政府债务规模的急剧膨胀正是在积极财政政策的刺激下产生的。从财政政策的实施效果来看，地方政府在经济稳定方面取得了明显的成效，并没有出现地区"搭便车"现象，反而是地区间进行激烈的竞争。下面将把中央政府纳入地方政府间竞争的博弈，分析中央政府为什么会将大量的经济稳定职能赋予地方政府。

假定存在中央政府 C、两个地方政府 A 与 B。在面临经济衰退的威胁时，中央政府可以选择将经济稳定职能赋予地方政府，也可以由中央政府独立承担。若是中央政府将经济稳定职能赋予地方政府，将通过观察地方政府的 GDP 增长速度来决定官员晋升。

第一步：中央政府决定是否将经济稳定职能赋予地方政府。若是中央政府独立承担经济稳定职能，其效用函数为：

$$U_C = g_A + g_B - C(\Delta B_A + \Delta B_B) \tag{4.8}$$

其中，g_i，ΔB_i 分别为地区生产总值增长率及年度债务融资规模，$C(\cdot)$ 为债务融资带来的成本，为正比例函数，即满足 $C(0)=0$，$C'(\cdot)>0$，$C''(\cdot)=0$。

若是中央政府将经济稳定职能赋予地方政府，其效用函数为：

$$U_C = g_A + g_B - \delta C(\Delta B_A + \Delta B_B) \qquad (4.9)$$

其中，δ 为中央政府代地方政府偿还债务的概率，$\delta<1$。因为地方政府债务为中央政府的隐性债务，所以中央政府存在代地方政府偿还债务的可能。中央政府能够通过自身权威或行政制度安排要求地方政府自行归还债务，因此，δ 的取值在中央政府效用函数会较小。地方政府或债权人认为地方政府债务终归由中央政府兜底，因而对地方政府与债权人而言，δ 取值较大。无论怎样，假定 $\delta<1$ 最为合适。

第二步：在中央政府赋予地方政府经济稳定职能的情况下，地方政府官员为在政治上的晋升展开激烈竞争。GDP 增长率高的地区官员得到晋升，得到的效用为 V；没有晋升的官员得到的效用为 v。GDP 增长率是债务融资的增函数：

$$g_i = f(\Delta B_i) + \varepsilon_i, \quad i = A, \ B \qquad (4.10)$$

其中，ε_i 为随机扰动项，服从正态分布，$\varepsilon_i \sim N(0, \ \sigma^2)$，且对于地区 A 与 B，$\varepsilon_i$ 相互独立；函数 $f(\cdot)$ 满足 $f'(\cdot)>0$，$f''(\cdot)<0$。

在中央政府独立承担经济稳定职能的情况下，假定不再以 GDP 为政绩考核目标，不同地区的地方政府官员晋升的概率各为 $1/2$。

下面将分析中央政府与地方政府 A 与 B 在不同情形下的得益情况。

情形1：中央政府赋予地方政府经济稳定职能，地区 A 的官员为公共投资进行债务融资，地区 B 的官员同时竞争。则中央政府、地方政府 A 与 B 的期望效用分别为：

$$EU_C = 2f(\Delta B_A^*) - \delta C(2\Delta B_A^*) \qquad (4.11)$$

其中，ΔB_A^* 为最大化 g_A 的结果，

$$EU_A = EU_B = \frac{V+v}{2} \qquad (4.12)$$

情形2：中央政府赋予地方政府经济稳定职能，地区 A 的官员为公共投资进行债务融资，地区 B 的官员不竞争。则中央政府、地方政府 A 与 B 的期望效用分别为：

$$EU_C = f(\Delta B_A^*) + f(0) - \delta C(\Delta B_A^*) \qquad (4.13)$$

$$EU_A = F\left(\frac{f(\Delta B_A^*) - f(0)}{\sqrt{2}\sigma}\right)V + \left[1 - F\left(\frac{f(\Delta B_A^*) - f(0)}{\sqrt{2}\sigma}\right)\right]v \qquad (4.14)$$

$$EU_B = \left[1 - F\left(\frac{f(\Delta B_A^*) - f(0)}{\sqrt{2}\sigma}\right) \right] V + F\left(\frac{f(\Delta B_A^*) - f(0)}{\sqrt{2}\sigma}\right) v \quad (4.15)$$

情形 3：中央政府赋予地方政府经济稳定职能，地区 A 的官员没有为公共投资进行债务融资，但地区 B 的官员进行竞争。则中央政府、地方政府 A 与 B 的期望效用分别为：

$$EU_C = f(\Delta B_B^*) + f(0) - \delta C(\Delta B_B^*) \quad (4.16)$$

$$EU_A = \left[1 - F\left(\frac{f(\Delta B_B^*) - f(0)}{\sqrt{2}\sigma}\right) \right] V + F\left(\frac{f(\Delta B_B^*) - f(0)}{\sqrt{2}\sigma}\right) v \quad (4.17)$$

$$EU_B = F\left(\frac{f(\Delta B_B^*) - f(0)}{\sqrt{2}\sigma}\right) V + \left[1 - F\left(\frac{f(\Delta B_B^*) - f(0)}{\sqrt{2}\sigma}\right) \right] v \quad (4.18)$$

情形 4：中央政府赋予地方政府经济稳定职能，地区 A 的官员没有为公共投资进行债务融资，地区 B 的官员也不竞争。则中央政府、地方政府 A 与 B 的期望效用分别为：

$$EU_C = 2f(0) \quad (4.19)$$

$$EU_A = EU_B = \frac{V+v}{2} \quad (4.20)$$

情形 5：中央政府独立承担经济稳定职能，不赋予地方政府经济稳定职能，并不再以 GDP 为政绩考核指标，不同地区的地方政府官员晋升的概率各为 1/2。则中央政府、地方政府 A 与 B 的期望效用分别为：

$$EU_C = 2f(\Delta B^*) - C(2\Delta B^*) \quad (4.21)$$

$$EU_A = EU_B = \frac{V+v}{2} \quad (4.22)$$

其中，ΔB^* 为中央政府效用最大化的求解结果，即 $\text{Max}\{U_C = g_A + g_B - C(\Delta B_A + \Delta B_B)\}$。因为本文假设 $f'(\cdot) > 0$，$f''(\cdot) < 0$；$C'(\cdot) > 0$，$C''(\cdot) = 0$，显然有 $\Delta B^* < \Delta B_A^* = \Delta B_B^*$，但 $2f(\Delta B^*) - C(2\Delta B^*)$ 与 $2f(\Delta B_A^*) - \delta C(2\Delta B_A^*)$ 的值孰大孰小，取决于 δ 的取值。若 δ 取值偏小，接近于零，即中央政府有绝对信心让地方政府承担债务融资的最终后果，则有：

$$2f(\Delta B_A^*) - \delta C(2\Delta B_A^*) > 2f(\Delta B^*) - C(2\Delta B^*) \quad (4.23)$$

根据以上各个情形的分析，可以得到中央政府 C 与地方政府 A 与 B 博弈的决策树。为表达简明，令：

$$U_c^1 = 2f(\Delta B_A^*) - \delta C(2\Delta B_A^*) \quad (4.24)$$

$$U_c^2 = f(\Delta B_A^*) + f(0) - \delta C(\Delta B_A^*) = f(\Delta B_B^*) + f(0) - \delta C(\Delta B_B^*)$$

$$\quad (4.25)$$

$$U_c^4 = 2f(0) \tag{4.26}$$

$$U_c^5 = 2f(\Delta B^*) - C(2\Delta B^*) \tag{4.27}$$

$$U_L^1 = F\left(\frac{f(\Delta B_A^*) - f(0)}{\sqrt{2}\sigma}\right)V + \left[1 - F\left(\frac{f(\Delta B_A^*) - f(0)}{\sqrt{2}\sigma}\right)\right]v \tag{4.28}$$

$$U_L^2 = \left[1 - F\left(\frac{f(\Delta B_A^*) - f(0)}{\sqrt{2}\sigma}\right)\right]V + F\left(\frac{f(\Delta B_A^*) - f(0)}{\sqrt{2}\sigma}\right)v \tag{4.29}$$

$$U_L^3 = \frac{V + v}{2} \tag{4.30}$$

在经济绩效函数与成本函数的假定条件下，且在 δ 取值偏小的情况下，有 $U_C^1 > U_C^2$，$U_C^1 > U_C^4$，$U_C^1 > U_C^5$；$U_L^1 > U_L^3 > U_L^2$。

中央政府 C、地方政府 A 与 B 三者的博弈决策树如图 4 – 11 所示。在这个博弈中，由于中央政府与地方政府的短期视野，这只是一个两阶段博弈，不是无限次重复博弈。利用反向归纳策略，可以得出该博弈的子博弈完美纳什均衡。如果中央政府分配财政稳定职能，那么地方政府间的子博弈纳什均衡为 ｛竞争，竞争｝，中央政府得益为 U_C^1。如果中央政府不分配财政稳定职能，那么中央政府得益为 U_C^5。因此在第一阶段，中央政府决定采取分配财政稳定职能，故该二阶段序列博弈的纳什均衡解为 ｛分配，竞争，竞争｝。

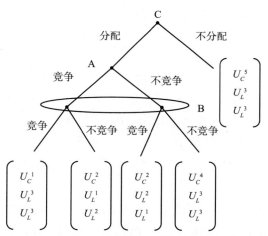

图 4 – 11　中央政府与地方政府财政稳定职能分配的博弈决策树

可见，中央政府将财政稳定职能分配给地方政府，是出于自身利益最大化的考虑。地方政府在财政分权与政治集权的体制环境中，相互之间进行激烈的竞争也是一种经济理性行为。但是，如果假定中央政府是具有长期视野，并把地方政府的债务看作自身的负担，即 $\delta = 1$ 或充分大，那么 $U_C^1 < U_C^5$，这个博弈的均衡解应为 {不分配，不竞争，不竞争}。也就是说，在短视的情况下，该博弈的纳什均衡解为"囚徒困境"。

第五节 结论与启示

制度因素与政策因素是我国地方政府债务形成与不断增长的主要原因。本章基于制度视角从财政体制、政治体制及财政政策三个方面对我国地方政府债务的成因进行了分析。

基于财政体制的分析表明，我国地方政府债务形成与发展的路径与财政制度的安排与变迁有一定联系，2005年以后，随着公共财政体制的完善及转移支付制度的规范，地方政府财政状况得到明显改善，从支出权的角度来看，地方政府财权与事权并不存在不匹配的问题。地方政府巨额债务的积累已经不能从财政体制方面得到充分的解释。

基于政治体制的分析表明，财政分权下的政治考核体制是我国地方政府债务规模不断膨胀的一个原因。在以 GDP 为核心的政绩考核体系下，通过债务融资进行公共投资以拉动 GDP 增长成为地方政府间的竞争手段。而且，我国投融资制度不够健全，在现行法律和制度环境下，地方政府面临上级政府、各级人大与公众、市场的软预算约束，地方政府投资不断扩张，债务风险不断积累。

在实施财政政策的过程中，中央政府将大量的经济稳定职能赋予地方政府是地方政府债务规模不断膨胀的另一个原因。在财政分权与政治集权环境下，地方政府可能会为了自身政治利益与经济利益大规模举债进行公共投资，而将债务融资的负担推给下届政府，地方政府债务规模在短视政府的博弈中不断增长。

地方政府债务主要由地方政府过度的投资行为造成，而这很大程度上归因于地方政府承担了稳定经济的职能以及以 GDP 增长为考核目标的地区政绩竞赛。待完善的财政分权、无制度约束的政府投资行为，客观上也决定了难以建立系统完备的债务管理体系。因此，破解地方政府债务危局，必须对地方政府的财权与事权分配做出变革，改革地方政府官员的考核机制，建立完备的政府投资法律，多策并举，消除地方政府的负债投资冲动。

（一）建立完备的政府投资法律制度，对政府投资实施有效控制

一直以来，我国政府投资法律制度建设严重滞后于不断加速发展的政府投资规模。我国政府投资实行审批制，审批权限分散在中央政府各部门与地方政府之间。对于地方政府投资，很多项目的审批权在地方政府，大量的政府投资工程在市县通过审批后便可执行。虽然《政府投资条例》于2019年7月开始实施，但条例还只是对政府投资行为的一些原则性界定，后续仍需要实施细则和条例解释进行配套完善。

若要从根本上控制地方政府（包括中央政府）的过度投资行为，必须将政府投资纳入法律框架下，通过制度的规范让政府投资回归理性，真正承担起公民财产受托人的责任。完备的政府投资法律要对政府投资范围做出明确界定，要建立起民主的投资决策机制、科学的投资执行机制和严格的投资监督机制。其中最重要的一点就是，将投资决策权交还给公众，并接受人大与全社会的监督。只有这样，才能真正对地方政府投资实施有效控制。

（二）改革官员政绩考核制度，消除地方政府负债冲动

改革政府官员的政绩考核制度，能够从源头上消除地方政府过度投资的主观倾向，从而有效控制地方政府债务规模。要将地方政府的工作重心转向社会管理和公共服务。政府要创造的是经济增长的活力和良好的市场环境，不是通过大量的无效率投资来拉动GDP数字的提升。在转变政府角色的同时，要对官员的政治投机行为实施严厉惩罚措施，政府投资的项目必须要有社会绩效，而非政治形象。

（三）明确地方支出范围，剥离地方政府的经济稳定职能

我国地方政府债务规模不断增长的主要原因是两次积极财政政策的实施。中央政府在实施积极财政政策过程中，将大量的经济稳定职能赋予地方政府。由于投资体制和行政体制的缺陷，地方政府面临软预算约束，地方政府为分享中央的投资资金，辖区间竞争十分激烈，我国地方政府债务规模急剧膨胀。经济稳定职能应放在中央政府层面实施，这是避免"搭便车"问题、辖区间竞争、促进地区间公平的基本保证。

（四）建立财政纪律，严格控制债务规模

财政纪律是关于地方政府债务管理的一系列制度安排，它包括规则与惩罚两个方面。明确而严明的财政纪律，是控制地方政府债务融资的直接有效手段。从国际经验上看，大部分发达国家都对地方政府债务规模实施上限控制，而且这些控制大多是以法律甚至宪法的形式存在的。平衡预算的黄金法则和债务规模限制是公平与效率原则的双重体现。一方面，基于

公平的考虑，地方政府应为资本项目进行债务融资，以将成本在不同代人之间进行分摊，但是经常项目应该保持平衡；另一方面，在债务规模限制的约束下，地方政府会进行成本收益权衡，将资金投到最需要的地方。对我国当前债务现状而言，进一步明确地方政府债券为地方政府唯一合法负债工具，将地方政府或有债务与隐性债务尽快显性化，公开声明不救助义务并实践该承诺，尽快建立起公开有效的地方政府债务市场约束机制，是地方政府债务治理的当务之急。

第五章 地方政府债务规模决定因素的实证研究

第一节 引 言

第三章和第四章介绍了我国地方政府债务规模的基本情况，并对地方政府债务形成与发展过程进行了细致考察，同时基于制度经济学的视角对我国地方政府债务的形成机理进行了深入剖析。本章将在此基础上转向地方政府债务规模的横向差异研究，即分析导致我国地方政府债务规模存在地区差异的决定因素。从内容上看，前两章是对我国地方政府债务发展逻辑的历史考察和理论分析，本章则是对我国地方政府债务发展逻辑的实证分析。

分析地方政府债务规模的地区差异需要债务统计数据，但长久以来，我国没有建立起统一的地方政府债务管理体系，地方政府处于"多头举债、多头管理"的无序状态，地方政府通过政府部门和机构、事业单位、融资平台公司以及地方国有企业等各类主体，以银行贷款、公司债券、信托计划、资管产品、产业基金等各类表内外方式举借债务，地方政府负债具有很大的隐蔽性。财政部从 2000 年开始统计地方政府债务数据，但统计数据仅涉及部分债务类别且并未对外公开。近几年，随着财政部多方面规范地方政府债务融资行为，地方政府发债方式和管理逐步规范和市场化，财政部也开始定期披露地方政府显性债务的数据。审计署曾进行过两次全国地方政府性债务审计，即 2011 年审计署对地方政府债务全面审计以及 2013 年全国政府性债务审计。审计署审计结果包含了地方政府直接债务和或有债务，对全面认识和评估我国地方政府的举债模式、债务规模、债务风险提供了全面的概览。

以 2011 年审计结果为例，经过逐个查询，在各省级政府《2010 年度预算执行和其他财政收支的审计工作报告》等资料中，共找到 17 个省级政府（省、自治区、直辖市）2010年底完整的地方政府债务余额数据（数据是各省、自治区或直辖市本级及其以下市级与县级政府债务数据之和）。① 从公布的数据来看，各地区的人均负债余额与负债率（债务余额与GDP比率）均存在较大差异（见图5-1）。人均债务余额最高的地区是北京市，达到1.91万元，最低为河南省，人均负债0.31万元，二者相差5倍之多。负债率最高的地区是海南省，为46.16%，最低为山东省，仅有13.33%。

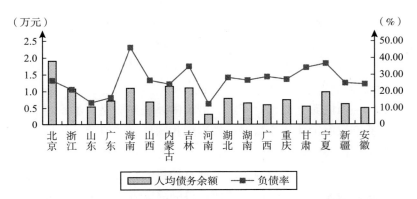

图5-1　17个省（自治区、直辖市）2010年底人均债务余额与负债率

资料来源：根据各省份《2010年度预算执行和其他财政收支的审计工作报告》及《统计年鉴》数据计算。

为什么不同地区的债务负担存在这么大的差异？先前的研究囿于债务统计数据缺失及其保密性，学者多从债务成因角度对我国地方政府债务的形成与发展做出定性分析，对债务规模与其影响因素相关关系的定量研究相对匮乏。近几年以来，部分学者开始尝试进行债务规模的定量研究，如陈菁和李建发（2015）从财政分权和晋升激励、黄春元和毛捷（2015）从中央对地方转移支付、吴小强和韩立彬（2017）从政府间竞争、李永友和马孝红（2018）从偿债能力等方面对地方政府债务规模的影响因素进行分析。纵览以上定量研究，发现普遍存在两个问题：一是对地方债务规模变量的选择无法令人信服，或采用城投债务规模、或采用地方债券规模，严重忽略了融资平台贷款和"建设—移交"融资模式等影子银行债务规

---

① 17个省级政府（省、自治区、直辖市）分别是北京、浙江、山东、广东、海南、山西、内蒙古、吉林、河南、安徽、湖北、湖南、广西、重庆、甘肃、宁夏及新疆。辽宁省及福建省公布的数据没有包含其计划单列市。

模，而融资平台贷款和影子银行隐性债务是地方债务规模的重要组成部分；二是没有区分流量和存量的概念，以上研究都把债务余额作为研究对象和被解释变量，而实际上，由于大部分研究自变量为流量概念，因变量采用流量概念更加匹配。进一步看，不同的学者选择的解释变量存在较大差异，缺乏一个全面的解释框架。

与国内学者关注哪些因素导致地方政府债务的形成不同，国外学者更进一步关注了不同因素对地方政府债务规模的决定程度。因此，国外学者更多采用定量分析方法（主要是计量分析）对债务规模的决定因素进行检验与实证研究（Clingermayer & Wood，1995；Ellis & Schansberg，1999；Wassmer & Fisher，2011）。由于国外多元的政治、制度和文化，国外学者对地方政府债务规模的决定因素研究触角十分多样，涉及人口、经济、政治（包括政治文化）与制度等各个层面。

基于弥补国内研究的相对不足，借鉴国外研究成果，本章将利用审计署公布的地方政府全面债务数据，对影响我国地方政府债务规模的因素进行定量分析与检验，以厘清我国地方政府债务融资的行为模式，识别出引起债务负担地区差异的主导因素。本章直接目的是回答我国不同地区债务负担存在差异的原因，另外一个层面，也为决策者制定债务限额和控制措施提供经验支持与实践参考。

由于人口、经济、政治与制度特征中外有别，对我国地方债务影响因素的研究要立足于我国特定的人口、经济、政治与制度环境。因此，本书首先对决定我国债务规模的影响因素进行识别，建立一个完备解释框架，其次在此基础上建立债务规模决定因素的定量分析模型，最后对模型进行实证检验与结果分析。

第二节　我国地方政府债务规模的决定因素

国外地方政府债务融资研究是在地方政府提供地方公共品这一财政联邦主义框架下展开讨论的（Rattsø，2002）。作为民主制国家，公共品的提供是集体选择的结果，因此，公共选择理论与利益集团视角是国外学者研究地方政府债务决定因素的重要理论思路与方法，尤其体现在人口因素与政治因素对地方政府债务规模决定作用的分析上。在国外学者的研究中，地方政府债务决定因素可以分为人口、经济、政治与制度四个层面。人口因素主要指人口年龄分布；经济因素包括政府财政收入能力、借贷成本

（利率）和税收政策；政治因素包括政治商业周期、党际竞争、政府分治和地区政治文化倾向（自由主义或保守主义）、政治清廉度；制度因素包括财政分权程度、与债务管理相关的法律制度以及财政透明度。该部分内容在第二章文献回顾时已经进行过评述。

我国地方政府债务成因错综复杂，不同成因导致的地方政府债务其决定因素必然有所差异。因特定历史原因形成的债务，如国有企业改革成本、地方金融机构清理形成的中央专项借款、粮食与棉花企业政策性亏损，其产生与发展局限于特定历史条件和特定历史时期。2000 年以后，这些特殊历史原因形成的债务正处于不断减少和化解过程中，其债务存量占总体债务规模的比重越来越低。① 鉴于此，正如西方学者在财政联邦主义背景下研究地方政府债务规模决定因素一样，本章将研究重点放在我国现有财政体制和投融资体制背景下地方政府债务规模的决定因素。以第四章对当前地方政府债务的形成机制分析为基础，借鉴国外研究方法与研究成果，本节将从人口因素、经济因素、政治因素与制度因素四个层面讨论决定我国地方政府债务规模的决定因素。

一、人口因素

前文在论述地方政府债务发展历程时，指出了养老保险空账的化解与扩大问题。本来养老金隐性债务是指"现收现付"的制度下对在职职工和退休人员养老金待遇的承诺，假设不进行制度转变，隐性债务会永远存在下去。但是"统账结合"新型养老保险制度的确立，产生了"老人"与"中人"个人账户积累不足的问题。随着时间的推移，这些"老人"与"中人"的养老金支出越来越多，当社会统筹资金不够支付需要时，只能向个人账户透支，导致个人账户空账运行。根据中国社会科学院发布的《中国养老金发展报告 2019》，截至 2019 年底，个人账户记账金额为40974 亿元，而城镇职工基本养老保险基金累计余额为 31800 亿元，即使全部结余资金用于补充个人账户金额，仍旧有 1 万亿元左右的空账。

在个人账户不断扩大的同时，我国地方财政用于社会保障支出的比重却较低，大约在 12% ~14%（见图 5 - 2）。全国财政支出中社会保障支出的比例只有 10%，② 这与发达国家 30% ~40% 的社会保障支出比重差距甚

① 根据审计署报告，笔者计算出 2002 年底地方政府债务余额为 14022 亿元，仅为 2010 年底债务余额（107175 亿元）的 13.08%，以不变价格衡量，也只有 16.23%。

② 我国公共财政的社会保障支出包括抚恤和社会福利救济费、社会保障补助支出及行政事业单位离退休支出等。

大。也就是说，我国人口老龄化因素对地方政府债务的影响主要体现在个人账户空账的扩大上，对地方公共财政收支缺口造成的压力并不算大。[1]但如果把社会保障基金收支不平衡引起的个人账户透支余额计入地方政府债务，那么人口年龄结构对我国地方政府债务规模将有更加显著的影响。同时，近几年全国各省份加快了做实个人账户的步伐，社会保障支出金额有所扩大，从而影响地方政府财政收支平衡，增加地方政府债务融资的压力。财政部公布的数据显示，我国地方财政用于社会保障基金的补助已经由 2010 年的 2262 亿元增加到 2018 年的 8121 亿元。

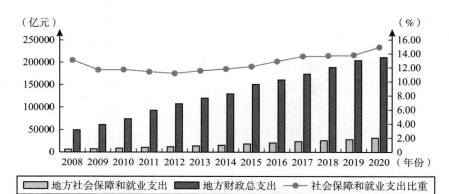

图 5 - 2　2008 ~ 2020 年地方财政支出及地方社会保障与就业支出

资料来源：Wind 数据库、财政部、国家统计局。

二、经济因素

国外关于经济因素对地方政府债务规模的影响主要是从市场规律与财务角度出发进行讨论，因此，对我国地方政府债务经济决定因素的分析基本可以借鉴国外学者的讨论。尽管如此，由于中外政府的经济影响力以及金融市场的发展程度不同，仍有必要对决定我国地方政府债务规模的经济因素进行详细探讨。

（一）财政实力

雄厚的财政实力代表了政府良好的债务偿还能力，是地方政府取得借款的重要条件。举例来说，我国地方政府近乎一半的债务是通过融资平台

---

① 穆怀中（2001）研究发现，在发达国家，65 岁及以上人口比重每提高 1 个百分点，社会保障支出水平就相应提高平均约为 5.13 个百分点；60 岁及以上人口比重每提高 1 个百分点，社会保障支出水平约提高 1.07 个百分点。

公司举借，若包括事业单位性质的融资平台，融资平台承担的政府债务规模则更高。金融机构在向融资平台发放贷款或提供其他债权类融资工具时，除了融资平台自身的财务状况，更为看重的是融资平台背后的政府财政实力。因此，我们可以推断，经济发达的地区，财政实力强、债务融资能力高，从而导致其债务规模较高。同时，经济发达的地区，对公共品的需求也高，从而推动地方政府债务融资规模的增加。

转移支付收入对地方政府债务规模的影响具有两方面的效应。我国中央政府对地方政府的转移支付比例非常大，在分析财政收入对地方政府债务规模的影响效应时，区分财政收入的来源是非常有必要的。第四章说明了中央政府对地方的专项转移支付有两个显著的特点：一是要求地方政府进行一定的资金配套，二是专项转移支付是指定用途的，大多数是投向地方政府不愿意介入的领域。在"中央投资、地方配套"专项转移支付设计模式下，地方政府为了争夺中央政府的财政资源，会大规模地"上项目"，进行债务融资以提供配套资金，从而加剧地方政府的收支矛盾。

（二）利率

在资本市场发达的国家，如美国，地方政府债务采取市场约束型管理模式。资本市场会对地方政府债务借贷能力和信用水平做出反应。若地方政府财政状况较差，债权人则会要求较高的资金成本作为风险补偿。若融资成本提高，地方政府的借贷需求便会受到抑制。有时利率的提高是因为其他外部的原因，比如资本市场资金供给小于资金需求。无论何种原因，当融资成本提高时，地方政府债务融资面临的还本付息压力就会提高，若政府同私人部门一样进行投资决策，政府债务融资的规模就会降低。

以上分析并不完全适用于我国的情况，利率提高可能并不能很好地抑制地方政府债务融资需求。可能的原因有：第一，我国地方政府债务融资来源主要是银行贷款，我国银行金融机构视地方政府为最安全的债务人，地方政府往往能以最低成本获得银行贷款，即地方政府面临的金融机构预算约束较弱，这点在第四章已经讨论过。同时我国并非是一个利率自由化的国家，利率不能够根据资金供需的变化自由调整，银行贷款利率的调整往往是自上而下的政策要求。第二，从地方政府层面来讲，地方政府并不同私人部门一样进行投资决策，地方政府面临软预算约束，几乎不在意融资成本的大小。在实践中，地方国有资产管理部门对融资平台新增债务资金成本的要求一般是不高于银行贷款基准利率一定的幅度，至于银行基准利率的高低，地方政府并不十分关心。

那么，利率对地方政府债务规模是否还存在影响呢？利率对地方政债务规模的影响从供给层面的解释可能更符合现实。利率的提高，往往代表流动性紧张，一方面，资金的供求形式变化会使得金融机构将资金贷给收益更高的客户；另一方面，即使不考虑资金在客户分布情况的变动，在供给有限的情况下，地方政府能够取得的借款必然会减少。

（三）税收政策

2011 年发布的《财政部　国家税务总局关于地方政府债券利息所得免征所得税问题的通知》规定，对企业和个人取得的 2009 年、2010 年和 2011 年发行的地方政府债券利息所得，免征企业所得税和个人所得税。所得税优惠政策会提高机构和个人对地方政府债券的购买意愿，但是由于 2014 年地方债置换前我国地方政府债务资金的主要来源是银行贷款而非政府债券，[①] 国家对地方政府债券利息收入所得税优惠政策的规定对我国地方政府债务规模影响程度则非常微弱。

（四）积极财政政策

在第三章，本书讨论了积极财政政策的实施是我国地方政府债务规模不断积累的重要原因。改革开放后，我国共有两个阶段实行积极财政政策，一次是亚洲金融危机爆发后的 1998 ~ 2004 年，另一次是美国次贷危机爆发后的 2009 ~ 2010 年。在实施积极财政政策的过程中，我国地方政府债务规模快速增长（见图 5 - 3），地方政府债务风险引起了社会的普遍关注与诸多推测。

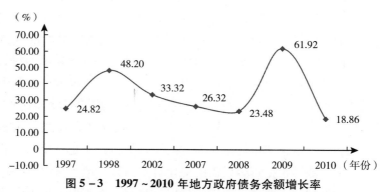

图 5 - 3　1997 ~ 2010 年地方政府债务余额增长率

注：2002 年增长率为 1998 ~ 2002 年的年均增长率，2007 年增长率为 2002 ~ 2007 年的年均增长率。

资料来源：作者根据 2011 年审计署《全国地方政府性债务审计结果》数据计算。

---

①　根据 2011 年审计署《全国地方政府性债务审计结果》，2010 年底地方政府债务余额中，银行贷款为 84679.99 亿元，占 79.01%，发行债券 7567.31 亿元，占 7.06%。发行债券中包括融资平台发行的企业债券，因此除去企业债券，地方政府债务来自发行债券收入的比例更低。

1997 年下半年亚洲金融危机爆发后，我国自 1998 年开始实行为期 6 年的积极财政政策，中央政府每年发行 1000 亿 ~ 1500 亿元长期建设国债，1998 ~ 2004 年 7 月，累计发行 9100 亿元，其中约有 1/3 转贷给地方使用（贾康，2008）。2008 年四季度以来，为应对国际金融危机冲击，我国决定实施积极财政政策，以保持经济平稳增长。中央推出 4 万亿元投资计划，通过增加大规模基础设施建设和重大项目投资，拉动社会总需求。地方政府在中央政府的政策激励下，纷纷出台各自的投资计划。我国地方政府债务也主要是在 2009 年以后开始迅速发展和膨胀的。

（五）金融深化程度

金融深化程度，即金融自由化程度对地方政府负债的影响存在较为复杂的作用机理。一方面，在市场约束强有力且信息完全的情况下，金融深化能够减少管制，促使金融资源自由流动，并能降低信贷配给程度，从而对地方政府负债产生约束作用；另一方面，若金融自由化仅为部分自由化，比如说利率放松管制、金融创新活动增强，但若信贷等资金市场仍旧存在信息不完全等情况，那么具有政府信用背书的地方政府债务会进一步增强信贷配给。对于我国的经济现实而言，由于地方政府强大的资源支配能力，可以对金融机构施加一些重要影响，在金融自由化的同时，大量的金融资源通过各类资金通道进入地方政府债务，包括信贷市场以及影子银行。因此，若是分析我国的金融深化对地方政府债务的影响，应该是促进作用大于约束作用。

三、政治因素

作为社会主义国家，我国不存在党际竞争与分治政府现象，因此，在分析决定我国地方政府债务规模的政治因素时，可以主要考虑与我国政治体制有关的政治商业周期现象。

西方的政治商业周期是指，被选举出的官员为履行竞选承诺或赢得支持倾向于在大选开始前几年通过债务为资本项目进行融资，而将债务的偿还推迟于本届任期结束之后。我国政体与西方不同，政治商业周期概念应用到我国可以表述为：新任命的政府官员为了提升政绩，倾向于在换届选举前几年甚至是任期刚开始就通过债务融资大力推进地方经济建设，以提升地方经济增长速度和财政收入，并尽可能地推迟债务偿还期限。郭（Guo，2009）通过考察 1997 ~ 2002 年中国县级政府支出情况发现，县级政府人均财政支出在政府领导任期的第三年和第四年增长最快。

笔者调研总结提炼的我国某省对县级政府经济发展的考核指标体系如

表 5-1 所示。从考核指标体系上可以发现,考核指标过于重视经济增长速度,而忽视经济增长质量。GDP 增长速度、财政收入增长速度、固定资产投资与大规模的项目建设是考核的主要内容。在这种考核体系下,地方政府官员愿意进行大规模项目投资与建设,这既能完成固定资产投资与项目建设的考核内容,又能够带动 GDP 与财政收入的增长,从而完成主要考核指标任务。

表 5-1   某省县域经济发展考核指标体系

一级指标			二级指标		
序号	指标名称	权重	序号	指标名称	权重
1	地区生产总值及增长率	10	1	地区生产总值	4
			2	地区生产总值增长率	6
2	第三产业增加值占 GDP 比重及升降幅度	10	3	第三产业增加值占 GDP 比重	4
			4	第三产业增加值占 GDP 比重升降幅度	6
3	国、地税收入占第二、三产业增加值比重及升降幅度	6	5	国、地税收入占第二、三产业增加值比重	2
			6	国、地税收入占第二、三产业增加值比重升降幅度	4
4	地方财政收入状况	20	7	地方财政收入	6
			8	地方财政收入增长率	9
			9	工商税收占地方财政收入比重	5
5	规模以上固定资产投资情况	14	10	规模以上固定资产投资	3
			11	规模以上固定资产投资增长率	6
			12	技术改造投资占规模以上固定资产投资比重	2
			13	技术改造投资占规模以上固定资产投资比重增长率	3
6	5000 万元以上新开工投资项目情况	15	14	5000 万元以上新开工投资项目个数	4
			15	5000 万元以上新开工投资完成额	6
			16	5000 万元以上新开工投资完成额中工业项目投资完成额占比	5
7	规模以上工业增加值及增长率	14	17	规模以上工业增加值	5
			18	规模以上工业增加值增长率	9

一级指标			二级指标		
序号	指标名称	权重	序号	指标名称	权重
8	高新技术产值占规模以上工业总产值比重及升降幅度	6	19	高新技术产值占规模以上工业总产值比重	2
			20	高新技术产值占规模以上工业总产值比重升降幅度	4
9	对外经济贸易水平	5	21	进出口总额	1
			22	进出口总额增长率	1
			23	实际到账外资金额	2
			24	实际到账外资金额增长率	1

在政治商业周期现象中，还有一个特别值得关注的带有官员主观色彩的因素，那就是政府官员自身观念，有时甚至是个人的性格或偏好。不同官员对地方经济发展关注的重心和方向有差异，从而导致地方政府债务融资增长速度不同。在考虑了官员角色因素后，地方政府债务的政治商业周期就有了更大的波动（见图5-4）。

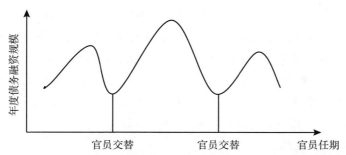

图5-4　考虑官员角色后的地方政府债务融资的政治商业周期示意

四、制度因素

国外学者在研究制度因素对地方政府债务规模的影响时，几乎把全部的注意力都集中于政府对税收、支出与债务的法律限制或制度性要求上，尤其是债务法律限制和约束。虽然我国原《预算法》明确规定地方政府不能发行债券，财政预算需要保持平衡、不列赤字，但我国地方政府可以通过操纵政府预算体系来满足《预算法》财政平衡规定；或通过成立融资平台预算外实体，将支出活动剥离地方政府预算体系，绕开原《预算法》地方财政不列赤字和不得发债的规定；甚至直接向金融机构借款（不包括发行债券）。所以，我国法律对地方政府平衡预算的要求，以及不得发行债券的法律规定，对地方政府债务融资的限制作用是微弱的，这从我国累积的巨额隐性债务可见端倪。因此，在现有的理论分析中，更多强调影响地方政府债务规模的因素是财政分权体制下财权与事权的不匹配，以及我国地方政府财政支出的软预算约束。

（一）财权与事权的不匹配

1994 年，我国开始实行分税制改革，"按照中央与地方政府的事权划分，合理确定各级财政的支出范围；根据事权与财权相结合原则，将税种统一划分为中央税、地方税和中央地方共享税，并建立中央税收和地方税收体系，分设中央与地方两套税务机构分别征管；科学核定地方收支数额，逐步实行比较规范的中央财政对地方的税收返还和转移支付制度；建立和健全分级预算制度，硬化各级预算约束"。① 分税制改革使得我国地方政府财政收入占全国财政收入的比重急剧下降，但支出责任并没有下降，地方政府需要大量的中央转移支付来弥补财政收支缺口。税费改革使得地方政府预算外收入的比例大幅度减少，进一步加剧了地方政府的财政困难。分税制改革后，"财权上收、事权下放"的分配格局不仅存在于中央与地方之间，也存在于省级以下地方政府之间。根据 2011 年审计署公布的《全国地方政府性债务审计结果》，截至 2010 年底，全国省级、市级和县级政府性债务余额分别为 32111.94 亿元、46632.06 亿元和 28430.91亿元，分别占 29.96%、43.51% 和 26.53%，市级与县级政府累计占 70%左右。因此，财权与事权的不匹配会对我国地方政府债务规模产生影响，尤其是导致市县两级地方政府进行大量债务融资。

（二）软预算约束

我国目前尚未建立完备的政府投资法律体系。在现行政府投资体制中，对政府投资领域与界限没有严格规定，投资决策权主要在地方官员手中；投资审批权限也很大部分在地方政府手中，且分散在各个部门；大部分的政府投资活动游离在预算外，没有建立起投资预算管理制度。在这种缺乏有效预算约束的政府投资体制和以 GDP 为核心的政绩考核机制下，地方政府基于自身利益出发，超出自身财力进行大规模投资建设，必然产生大量的地方政府债务。

---

① 1993 年 12 月 15 日国务院发布的《国务院关于实行分税制财政管理体制的决定》。

与软预算约束并列又有紧密内在联系的一个问题是我国地方政府的财政透明度不高。财政透明度是良好财政管理的一个方面，增大公共财政的公开与透明程度对于提高公共资金效率、加强社会监督与预防腐败、增加执政合法性、促进民主化等方面有着重要作用（俞乔等，2012）。财政透明度的提高能够增强政府财政预算责任，控制政府财政支出，降低财政赤字，减少债务积累（Alt et al.，2003）。2007 年《政府信息公开条例》开始实施，但我国的财政透明度建设一直较为缓慢（俞乔等，2012）。

第三节 债务规模决定因素回归模型的建立

一、一般模型

通过以上分析，可以建立起我国地方政府债务规模影响因素的一般理论模型。模型表达如下：

本年度债务余额＝上年度债务余额＋（本年度债务融资－本年度还本付息）

本年度债务融资－本年度还本付息＝本年度净债务融资

本年度净债务融资＝f（人口因素，经济因素，政治因素，体制因素）

其中，人口因素＝｛老龄化｝，经济因素＝｛经济实力，资金利率，税收政策，财政政策，金融深化｝，政治因素＝｛政治商业周期｝，体制因素＝｛财权事权分配、软预算约束｝。

二、变量

为了对理论进行实证检验，本书将理论模型表达成回归方程的形式。在建立回归方程之前，需要确立被解释变量与解释变量。被解释变量净债务融资规模采用相对指标表示，本书用人均净债务融资规模表示。下面将讨论各个影响因素指标或代理变量的选择。

（一）人口因素

人口因素使用人口老年抚养比、城市人口老年抚养比（65 岁以上老人与 15～64 岁人口的比重）表示老龄化程度。人口老年抚养比越高，财政负担就越严重，从而债务融资规模也就越高。同时，由于我国财政支出用于社会保障的部分主要由城镇退休人口养老金支出，因此，研究城市人口老年抚养比对债务规模的影响是必要的。

（二）经济因素

经济因素使用人均 GDP、人均一般预算收入、人均中央补助收入（包括税收返还和政府间转移支付）表示地区的经济能力；用一年期贷款利率代表资金成本；用两个虚拟变量（0 或 1）分别代表二次积极财政政策的实施，若该年度实施积极财政政策则取值为 1，否则为 0。按照我们的分析，一个地区的人均 GDP 和人均财政收入越高，地方政府越有融资需求及融资能力，人均中央补助收入的影响效果是不确定的，积极财政政策实施会引起债务融资规模的提高。地方政府发行债券是逐步试点推行的，本节使用债券税收优惠政策虚拟变量（0 或 1）与债券融资比重的乘积来分析债券税收优惠政策对净债务融资的影响。由于金融深化程度的代表指标较多，在地区分析时一般使用银行信贷/GDP 表示金融深化程度，本书认为该指标在一定程度上是较为合理的，可以代表一个地区的经济货币化或金融化程度。因为银行信贷活动与金融创新活动往往具有同步变化的趋势，代表了一个地区的金融活跃程度。

（三）政治因素

政治因素使用政府官员就职后的年数表示当年政治商业周期所处的时间阶段，根据政治商业周期理论，年度债务融资规模应该与任职年数呈二次函数关系。

（四）体制因素

若研究对象是某个中间层级的政府，可以使用该层级政府财政支出占该层级及以下层级政府财政总支出的比重来衡量该层级政府的事权承担程度，比重越大，则该层级政府事权承担越多，从而该层级政府债务规模较高。用财政透明度指标表示预算约束的严格程度，财政透明度越高，地方政府预算责任越强，面临的预算约束就越严格，债务融资规模就会受到很好的限制。

债务决定因素模型中的被解释变量与解释变量如表 5-2 所示。

表 5-2 　　　　债务决定因素模型中的被解释变量与解释变量

变量			表达式
被解释变量		人均新增债务	Y
解释变量	人口因素	人口老年抚养比	X_1
		城市人口老年抚养比	X_2

变量			表达式
解释变量	经济因素	人均 GDP	X_3
		人均一般预算收入	X_4
		人均中央补助收入	X_5
		贷款利率（1 年期）	X_6
		第一次积极财政政策	X_7
		第二次积极财政政策	X_8
		地方债券免税政策×债券融资比重	X_9
		银行信贷/GDP	X_{10}
	政治因素	地方政府官员就职后的年数	X_{11}
	体制因素	财政透明度	X_{12}
		该层级政府财政支出占该层级及以下层级政府财政总支出的比重	X_{13}

在确定被解释变量与解释变量后便可以建立起债务规模影响因素的回归方程。用于研究某个中间层级地方政府本级债务规模的决定如方程（5.1）所示，适用于研究地方政府总体债务规模（包括本级及以下层级债务）的决定如方程（5.2）所示：

$$Y = \alpha + \sum_{k=1}^{13} \beta_k X_k + \gamma X_{11}^2 \qquad (5.1)$$

$$Y = \alpha + \sum_{k=1}^{12} \beta_k X_k + \gamma X_{11}^2 \qquad (5.2)$$

三、计量检验模型

在建立我国地方政府债务规模决定因素的回归模型后，下一步可对其进行实证检验。通过检验可以发现哪些因素对地方政府债务规模起决定作用，从而增强理论分析的说服力，厘清地方政府债务融资模式及其规律。本节研究对象是地方政府省本级及其以下市级与县级政府的总体债务，不是中间层级政府的债务，因此检验模型选择方程（5.2）。

完美的检验应建立在面板数据基础上，因其包含因素的动态变化和横向差异信息，使检验结果具有更高的精确度和更小的偏误。但由于各地方政府公布的债务审计数据仅有两年，且为存量数据，因而实证检验的被解释变量需要选择人均负债余额（存量）而非人均年度债务融资（流量）

来表示。因此，若利用现有数据进行实证检验，则须对方程（5.2）进行变形，采用组间估计量进行参数估计，将各变量表示为其均值形式。

组间估计量是混合回归模型中使用的一种参数估计方法，组间估计量属于一致估计量。① 首先，对于原始方程：

$$y_{it} = \alpha + x'_{it}\beta + \varepsilon_{it} \tag{5.3}$$

以组均值的方式表述，可以写为：

$$\bar{y}_i = \alpha + \bar{x}'_i\beta + \bar{\varepsilon}_i \tag{5.4}$$

对方程（5.4）估计的参数即为组间估计量，又称组均值估计量，是基于各组均值的最小方差估计量。

组间估计量的主要应用前提是采用混合回归模型，即假定不存在固定效应或随机效应。采用混合回归模型的一个主要原因在于数据限制（无法获取每年债务融资新增量），另一个原因在于，由于考虑到的影响因素比较全面，能够最大限度支持以牺牲模型的完美性去保留理论分析的正确性与可行性。从回归结果看，该假定对后续计量结果经济含义几乎没有影响。

对于解释变量而言，由于对于所有省份在同一年份的利率（X_6）、财政政策变量（X_7、X_8）都相等，因此，其时间序列均值对于所有省份也相同，故可以将此三个变量与常数项合并在一起。同时，由于考虑到 2010 年地方债券发行规模小，额度最高的为四川省，每年额度为 180 亿元，2009 年和 2010 年累计发行数量所占债务总额比重不足 5%，同时，由于当年债券融资比重数据也无法获取，因而忽略债券税收优惠政策解释变量。由于债券融资比重很低，则用 2010 年债务数据进行分析，但这并不影响分析结论。剩余其他解释变量具有观测值。被解释变量人均新增债务没有观测值，但其均值可以用 17 个省级政府 2010 年底的人均债务余额除以 12 来近似计算。具体理由如下：

我们使用下标"st"表示变量在地区 s 在 t 年的取值，$s = 1$，2，$\cdots$，17；$t = 1998$，1999，$\cdots$，2010。令 Z_{st} 表示地区 s 在 t 年的人均债务余额，则在人口增长率较小的情况下有：

$$Z_{s2010} = Z_{s1998} + \sum_{t=1999}^{2010} Y_{st} \tag{5.5}$$

通过比较 1998 年和 2010 年我国地方政府债务余额，前者只有后者的 4.14%。所以，假定各个地区 1998 年债务余额相对于 2010 年都很小是合

---

① ［美］威廉·H. 格林：《计量经济分析》，张成思译，中国人民大学出版社 2011 年版。

理的，因此：

$$Z_{s2010} \cong \sum_{t=1999}^{2010} Y_{st} \tag{5.6}$$

$$\overline{Y}_s = Z_{s2010}/12 \tag{5.7}$$

为进一步平滑人口的影响，在人均债务余额计算中，人口采用观测期 12 年的均值。因而，组均值形式回归模型为：

$$\overline{Y}_s = \beta_0 + \sum_{k=1,2,3,4,5,10,11,12} \beta_k \cdot \overline{X}_{ks} + \gamma \cdot \overline{X}_{11s}^2 + \overline{\varepsilon}_s, \quad s = 1, 2, \cdots, 17 \tag{5.8}$$

通过方程（5.8）进行回归，可得出方程（5.2）的部分变量的回归系数，包括人口老年抚养比、城市人口老年抚养比、人均 GDP、人均一般预算收入、人均中央补助收入、金融深化程度、地方政府官员任职后年数及财政透明度。也就是说，方程（5.8）关注的是引起地方政府债务横向差异的因素，而忽略掉了引起债务规模动态差异的因素，如利率、财政政策、债券税收优惠。横向差异的影响因素是本书研究的主要目的所在，因此，计量检验最终是建立在方程（5.8）的基础上进行的。

GDP 数据来源于《中国统计年鉴》，财政数据来源于《中国财政年鉴》，人口数据来源于《中国人口统计年鉴》，银行信贷数据来源于《中国金融年鉴》，地方政府历任省长数据来源于各地区各年度的政府工作报告，财政透明度数据来源于上海财经大学公共政策研究中心发布的《中国财政透明度报告》。变量 X_{12} 直接采用上海财经大学公布 2009 年财政透明度指标进行计算。[①]

第四节　实证检验结果及分析

一、回归结果

运用最小二乘法对方程（5.8）进行回归，得到以下回归结果（见表

---

① 上海财经大学自 2009 年开始发布《中国财政透明度报告》，初期报告发布后的接下来几年，从数据得分上看，各省级政府的财政透明度排序发生了较大的差异，如 2010 年排名靠后的省份得分提高了，排名靠前的得分降低了，其中一个重要原因是被调研单位的态度发生了变化，在财政信息公开的进程中，各省份处在观望、徘徊的被动状态。所以，本书认为 2009 年财政透明度更具真实性，更能代表 1999～2010 年财政透明度整体情况。

5-3）。从回归结果发现，样本决定系数 R^2 很高，但解释变量的 t 统计值不显著，且部分变量回归系数的符号与期望的相反，说明解释变量之间可能存在严重的多重共线性问题。通过计算零阶偏相关系数，发现变量 $\overline{X}_1$ 和 $\overline{X}_2$、变量 $\overline{X}_3$ 和 $\overline{X}_4$ 等之间存在较为严重的正相关关系，相关系数分别为 0.64 和 0.95。辅助回归的结果也证实了多重共线性问题。

表 5-3　　　　　　　　方程（5.8）回归结果

变量	回归系数	标准误	t 统计量	p 值
$\overline{X}_1$	0.0108	0.0033	3.2760	0.0136
$\overline{X}_2$	-0.0082	0.0033	-2.4470	0.0443
$\overline{X}_3$	0.0319	0.0136	2.3518	0.0509
$\overline{X}_4$	-0.0077	0.1290	-0.0597	0.9541
$\overline{X}_5$	0.5412	0.0935	5.7907	0.0007
$\overline{X}_{10}$	0.0339	0.0239	1.4190	0.1988
$\overline{X}_{11}$	0.0108	0.0329	0.3265	0.7536
$\overline{X}_{11}^2$	-0.0028	0.0037	-0.7425	0.4819
$\overline{X}_{12}$	-0.0008	0.0007	-1.1389	0.2922
C	-0.1008	0.0678	-1.4876	0.1804
整体方程	样本决定系数 R^2 0.9696	调整后 R^2 0.9305	F 统计量 24.8139	p 值 0.0002

我们采取逐步回归的方法解决多重共线性的问题。将被解释变量 $\overline{Y}$ 分别与 $\overline{X}_1$、$\overline{X}_2$、$\overline{X}_3$、$\overline{X}_4$、$\overline{X}_5$、$\overline{X}_{10}$、$\overline{X}_{11}$（含 $\overline{X}_{11}^2$）、$\overline{X}_{12}$ 依次进行回归，结果如表 5-4 所示。

表 5-4　　　　　　被解释变量与各解释变量依次回归结果

方程	系数	t 统计量	p 值	样本决定系数
含 $\overline{X}_1$	0.0011	0.2054	0.8400	0.0028
含 $\overline{X}_2$	0.006	0.8443	0.4118	0.0454
含 $\overline{X}_3$	0.0363	5.5079	0.0001	0.6691
含 $\overline{X}_4$	0.2536	7.2407	0.0000	0.7775
含 $\overline{X}_5$	0.2121	1.2017	0.2481	0.0878
含 $\overline{X}_{10}$	0.0922	5.9637	0.0000	0.7033

方程	系数	t 统计量	p 值	样本决定系数
含 $\overline{X}_{11}$，$\overline{X}_{11}^2$	0.0368，-0.0041	0.3522，-0.3407	0.7299，0.7384	0.0091
含 $\overline{X}_{12}$	0.0023	1.448	0.1681	0.1227

将各回归方程样本决定系数由高到低进行排序，并考虑系数经济含义，分别是加入变量 $\overline{X}_4$、$\overline{X}_{10}$、$\overline{X}_3$、$\overline{X}_5$、$\overline{X}_2$、$\overline{X}_{11}$、$\overline{X}_1$、$\overline{X}_{12}$的方程。这样以 $\overline{X}_4$ 为基础，顺次引入其他变量进行回归，若加入的变量使得样本决定系数提高，且各系数的 t 检验为显著，则保留该变量，否则剔除，然后再加入其他变量进行回归，依次类推。经过多次逐步回归，我们得到以下拟合优度最高，解释变量 t 统计量最为显著的回归方程：

$$\overline{Y}_s = 0.2642\overline{X}_4 + 0.2721\overline{X}_5 + \overline{\varepsilon}_s, \quad s = 1, 2, \cdots, 17 \qquad (5.9)$$

方程（5.9）的回归结果如表 5-5 所示。

表 5-5　　　　　　　　方程（5.9）的回归结果

变量	系数	标准误	t 统计量	p 值
$\overline{X}_4$	0.2642	0.0247	10.7036	0.0000
$\overline{X}_5$	0.2721	0.0348	7.8124	0.0000
整体方程	样本决定系数 R^2 0.8690	调整后 R^2 0.8602	F 统计量 259.5000	p 值 0.0000

此外，将政治商业周期变量纳入回归方程，不会引起变量 $\overline{X}_4$、$\overline{X}_5$ 系数显著性变化，同时回归方程的拟合优度增加，且政治商业周期变量的回归系数的 p 值较小，回归方程与各统计量结果如下：

$$\overline{Y}_s = 0.2529\overline{X}_4 + 0.2364\overline{X}_5 + 0.0084\overline{X}_{11} - 0.0014\overline{X}_{11}^2 + \overline{\varepsilon}_s, \quad s = 1, 2, \cdots, 17$$
$$(5.10)$$

方程（5.10）的回归结果如表 5-6 所示。

表 5-6　　　　　　　　方程（5.10）的回归结果

变量	系数	标准误	t 统计量	p 值
$\overline{X}_4$	0.2529	0.0274	9.2284	0.0000
$\overline{X}_5$	0.2364	0.0658	3.5933	0.0033

变量	系数	标准误	t 统计量	p 值
$\overline{X}_{11}$	0.0084	0.0066	1.2626	0.2289
$\overline{X}_{11}^2$	−0.0014	0.0011	−1.2560	0.2312
整体方程	样本决定系数 R^2 0.8840	调整后 R^2 0.8572	F 统计量 127.3900	p 值 0.0000

二、结果分析

从以上计量检验结果可以看出，经济因素在决定地方政府债务融资规模方面具有显著影响。经济因素主要包括一般预算收入和中央补助收入。以省级政府首脑任期衡量的政治商业周期对地方政府债务融资规模具有一定影响，但回归结果显著性水平不高。原因可能是省级债务主要为市级债务加总之和，省级政府首脑任期不能有效代表市级官员任期。

具体来说，根据方程（5.10）的回归结果可知，人均一般预算收入越高，地方政府人均净债务融资规模则越高，人均一般预算收入提高 1 个单位，人均债务净融资增加 0.2529 个单位；人均中央补助收入越高，地方政府人均净债务融资规模也越高，人均中央补助收入提高 1 个单位，人均债务净融资增加 0.2364 个单位，可见中央补助收入对地方政府债务不是替代关系，而是起到刺激作用，地方政府把中央补助收入看作自身财力的组成部分，增强了自身负债倾向；地方政府人均净债务融资与地方官员的任期年数成二次函数关系，一次项系数是 0.0084，二次项系数是 −0.0014，在其他因素不变的情况下，地方政府净债务融资在官员任期的第 3 年（确切数值是 2.9）达到最高，呈现出政治商业周期现象。

地区生产总值、地区老龄化结构与债务融资规模的关系并不密切。这说明以下两个问题：一是财政收入是地方债务融资能力的直接体现，地区生产总值并不能确切代表地方政府的经济实力。我国不同地区的产业结构不同，在分税制框架下，不同地区的财政收入在中央与地方之间进行分配的比例存在较大差异，这点直接体现在地方财政收入与 GDP 比重存在较大的地区差异。二是我国财政支出对社会保障支出比重不大，一方面，相对于大量的基础设施投资而言，财政支出用于社会保障的部分较少，因此，老龄化结构没有体现出对债务规模的影响；另一方面，地方债务统计数据没有包含社会保障养老金缺口。

金融深化程度尽管并没有进入最终回归方程，但单因素回归结果显示，金融深化程度与债务融资规模成正相关关系，且相关性显著，符合理论分析中金融深化程度对地方政府债务融资促进作用大于约束作用的分析。没有进入最终回归方程的可能原因有，金融深化程度与一般预算收入正相关（相关系数为 0.8582），由于一般预算收入变量进入了回归方程，从而多解释变量计量回归结果体现不出金融深化程度变量的影响。

从理论上讲，财政透明度与债务融资规模呈现一定的负相关关系，财政透明度在一定程度上代表了地方政府面临的预算约束程度，财政透明度高的地区，政府投资与财政支出面临的预算约束就较为严格，从而债务融资规模能够得到一定程度的控制。但是，我们看到财政透明度变量回归系数的显著性水平并不高，也就是说，我国地方政府融资规模的地区差异与财政透明度的负相关关系不明显。

第五节　结论与启示

从地方政府公布的债务数据看，无论是人均负债余额还是债务与 GDP 比率都存在较大的地区差异。现有研究主要集中于债务成因的定性分析，对债务规模影响因素的定量研究还相对匮乏。为弥补既有研究的不足，解释我国地方政府债务规模存在较大地区差异这一现象，本章对地方政府债务规模的影响因素进行了识别，并在此基础上建立了回归模型，对不同因素对债务规模地区差异的贡献程度进行了定量研究。

根据本章的理论分析，我国地方政府债务规模的影响因素包括人口因素、经济因素、政治因素与体制因素。人口因素主要指人口老年化对地方政府财政支出造成负担；经济因素包括地区经济实力、资金成本、财政政策与金融深化；政治因素重点从我国政府官员的考核晋升机制出发探讨我国地方政府债务的政治商业周期现象；体制因素有财权与事权的分配、预算约束程度。

在识别出我国地方政府债务规模影响因素后，本章建立了我国地方政府年度净债务融资的回归模型。通过对回归方程的检验，本书发现无论是一般预算收入，还是中央补助收入，都与地方政府债务融资规模存在较强的正相关关系。中央补助收入刺激了地方政府支出，从而增加了地方政府债务。政治商业周期对债务规模的影响在一定程度上是显著的，在地方政府官员任期的第三年，地方政府债务余额增加最快。人口年龄结构对债务规模地区差异的影响程度不大。尽管最优回归方程没有显示出金融深化程度的影响，但单因素方程检验发现，金融深化程度与债务融资规模存在较为明显的正相关关系。财政透明度理论上能够降低地方政府债务融资规模，但计量检验结果表明负相关关系不明显。

本章研究在政策层面的启示是：第一，地方政府债务融资与其经济能力成正相关关系，表明地方政府在债务融资时面临一定的经济约束，这种约束既可能来自于政府对自身财力的估量，也可能来自于金融机构对地方政府债务融资的市场约束，地方政府债务融资具有一定的理性因素；第二，地方政府债务融资表现出一定的政治商业周期现象，说明地方政府官员的机会主义行为是债务规模不断增加的重要因素，从而改革政府官员晋升考核体制，完善政府投融资决策机制是控制地方政府债务不断提高的重要条件，该结论也支持了第四章地方政府债务形成机理的政治体制理论分析；第三，地区金融深化程度越高，地方政府人均负债融资越高，说明随着金融自由化的加强，大量的金融资源通过各类资金通道进入地方政府债务；第四，财政透明度虽不能解释地方政府债务规模的地区差异，但也从另一个层面说明地方政府普遍存在软预算约束、财政透明度不高的现象。软预算约束、不科学的官员晋升考核体制与不完善的政府投资制度共同导致了地方政府债务融资规模随着时间推移不断提高。因此，增强财政纪律、提高财政透明度、严格预算管理与强化监督约束是控制地方政府债务增长的重要制度保障。

第六章 地方政府债务风险的
识别与评估方法

第一节 引　　言

通过第三章至第五章的分析可知，当前我国累积的地方政府债务规模主要是不合理财政分权、地区政治竞争以及财政稳定职能配置三方面原因引起的。地方政府负债的理由既有合理的、理性的因素，也有制度安排不合理的成分。债务规模积累到一定程度便会爆发债务风险。一个核心问题是，如果地方政府负债是必要的，那么合适的债务规模应该如何确定？或者说如何评估地方政府债务风险？从本章开始到第九章，本书将关注由于债务规模膨胀而导致的债务风险，主要介绍地方政府债务风险的识别和评估方法，并分别从宏观和微观层面对地方政府债务风险进行评价。

债务风险是政府拥有的公共资源不足以偿还其债务时，而导致债务危机发生的可能性，是介于财政正常运行和债务危机之间的一个中间环节（刘尚希，2003；马海涛和吕强，2004）。债务风险一旦扩散且无法控制，将会演变成债务危机，由于政府作为公共主体的特殊角色，债务危机会引起经济和社会的各种损失，如金融危机、经济衰退、社会混乱等。对债务风险进行准确识别和科学评估，是防范和化解地方债务风险的前提和基础，是地方政府债务风险管理的首要环节。

在地方债务风险的识别方面，国内学者主要是基于财政风险矩阵对地方债务的类型进行划分，关注债务规模引致的偿债风险。在实践中，政府部门也对地方政府债务采取了类似的分类方法，如审计署将地方政府债务划分为负有偿还责任的债务、负有担保责任的或有债务以及政府可能承担一定救助责任的其他债务。少数学者结合债务风险的影响因素与表现形式对我国地方债务风险的类型做了进一步划分，如郭琳和樊丽明（2001）将我国地方债务风险分为内在风险与外在风险，内在风险包括总量支付风险、结构风险、利率与汇率风险、效率风险；外在风险包括增加税负或者进一步加重债务负担的风险、向上级政府转嫁债务的风险、影响宏观经济政策效果的风险。可见内在风险强调的是偿债风险，外在风险则是债务的社会经济效应。类似的讨论有马海涛和吕强（2004）、杨灿明和鲁元平（2004）。近几年来，学者重点关注地方政府债务风险与系统性金融风险防范的联系机制。既有研究紧紧围绕房地产、地方政府债务与金融机构展开（蔡真，2018；魏杰和汪浩，2018）。

在地方债务风险的评估方面，国内学者形成的研究成果较多，代表性的有章志平（2011）、朱文蔚和陈勇（2015）、洪源等（2018）在债务风险评价指标基础上通过因子分析、聚类分析、判别分析及神经网络分析等方法，评估我国地方政府债务风险；除了基于债务指标的风险评估外，亦有国内学者对地方政府债务进行可持续性分析，如洪源和李礼（2006）、伏润民等（2008）、占霞和汤钟尧（2018）。此外，部分研究运用 KMV 违约概率模型分析地方政府的违约概率与安全举债规模（李冠青，2018）。

回顾既有文献，在地方债务的风险识别方面，国内学者关注的主要是债务的规模风险，对债务风险的认知还不够全面，对债务的结构风险、效率风险、市场风险、流动性风险和政策风险系统性分析不足；在地方债务风险的评估方法方面，国内学者的研究方法十分丰富，但既有研究并没有对各种方法的异同、优劣势、应用的局限性及注意的问题做出必要的解释和说明，导致在对债务风险进行实证评估时出现偏差，甚至结果相互矛盾，从而影响结论的可信度。基于此，本章将系统研究地方债务风险识别与评估方法，主要对地方政府债务面临的内在风险做全面识别，对地方政府债务风险评估方法做翔实地介绍、比较和分析，从而为我国地方债务风险评估提供方法论指导。将债务风险识别与评估同时阐述的另一个原因是，债务风险识别是债务风险评估的前提，两者共同构成了债务风险控制的起点，具有紧密关联性。

本章结构安排如下，首先，在前人的研究基础上对地方政府面临的债务风险做全面识别；其次，详细介绍当前主要的地方政府债务风险评估方法；再次，对各类债务风险评估方法进行比较、分析与总结，探讨各种方法之间的联系与区别、优势及应用限制；最后，总结并阐明在实证研究评估我国地方政府债务风险时应该注意的问题。

第二节　地方政府债务风险的识别

为使讨论的主题更加明确，本书将地方债务风险定义为地方政府资不抵债或者财政收支发生困难而引起政府债务逾期或违约的可能性，而将地方政府债务带来的经济社会影响看作地方债务风险的引致效应。因此，对债权人而言，地方政府债务风险是一种信用风险，是债务到期不能按时偿还的风险；对债务人地方政府而言，债务风险更像经营风险，是地方政府不当使用和管理其债务而引起的偿债风险，体现在债务的举借、使用、归还等各个流程与环节。在这层意义上看，地方政府债务风险可以概括为六个类型：规模风险、结构风险、效率风险、市场风险、流动性风险和政策风险。

一、规模风险

规模风险是指地方政府债务规模超过地方经济或地方财政的承受能力，从而导致债务无法偿还的风险。债务规模可以用绝对规模来表示，也可以用相对规模来表示。一般用债务总量相对国民收入或者财政收入的比率衡量债务规模的大小。显然，相对规模对衡量债务风险更有解释力，因为财政收入是政府债务偿还的直接来源，而国民收入是财政收入的来源。

规模风险是公众与政府普遍讨论与关注的，比如学者分析的债务率与隐性债务等指标。从我国 2011 年与 2013 年两次全面的地方政府债务审计报告亦可以看出，报告关注的一个主要方面就是债务规模风险（总量余额）。

二、结构风险

地方政府债务可以按照不同的角度分为若干组成部分。不同债务的组成部分占债务总量的比重不同，所带来的偿债压力及偿债风险不同，要紧密关注那些占债务总量比重大、偿债风险高的债务组成部分。影响债务风险的债务结构有债务的财政风险矩阵结构、政府层级结构、内外债结构及期限结构。我国 2011 年与 2013 年两次全面的地方政府债务审计报告也对地方政府债务的财政风险矩阵结构、政府层级结构、内外债结构和期限结构等进行了分析和披露。

（一）债务的财政风险矩阵结构

财政风险矩阵将政府债务分为直接显性债务、直接隐性债务、或有显性债务、或有隐性债务。直接显性债务是法律明确的、地方政府确定要偿还的债务，其债务规模越大，债务风险则越高。地方政府融资平台是地方政府投融资运作窗口，若其举借的债务明确由政府财政资金偿还，则应将其视为地方政府的直接显性债务。地方国有企业与地方金融机构的主要股东是地方政府，若他们的债务因政策性因素造成（如粮食企业政策性亏损），或者债务已经确定由地方政府兜底（如地方金融机构清理形成的债务），其债务也应视为地方政府的直接显性债务。直接隐性债务和或有显性债务，虽然在偿还责任、偿还要求、偿还确定性上较直接显性债务弱，但一旦债务发生违约，都会转化为直接显性债务。四种类型的债务中，只有或有隐性债务对债务风险的影响较弱，但仍要具体分析，监测其显性化、直接化的可能性。

（二）债务的政府层级结构

我国的地方政府行政层级可以分为省、市、县、乡四级，当前我国乡镇财政基本实行"乡财县管"，因此按照政府层级划分，我国地方政府债务可以分为省级债务、市级债务及县乡债务。由于财政体制"财力上收、事权下放"、地方政府投资机制的不健全，加上各种历史欠账和改革成本，我国地方政府负债较严重的是市级政府与县乡基层政府，省级政府负债相对较少。县乡基层财政困难会引起广大农村地区公共服务提供不足，影响公共服务均等化、城乡一体化发展的实现程度，市级债务的扩大会使地方政府更加依赖土地出让收入，掣肘房地产市场的调控。对不同层级的地方政府债务形成、发展、现状进行具体分析，可以有的放矢地制定债务风险缓释措施，为完善财政分权制度、政府投资制度提供经验教训。

（三）债务的内外债结构

我国的地方政府债务有一部分是来自外国政府及国际金融组织贷款。外汇汇率的变动会带来债务负担的变化。若是外币贷款，人民币贬值会加重债务负担，人民币升值则会减轻债务负担。因此，政府债务的内外债结构是影响债务风险的一个因素。当期，我国地方政府的外债比重不高，因此内外债结构带来的风险程度不高。

（四）债务的期限结构

债务的期限结构是指债务中短期债务与长期债务的安排，即政府债务在短期与长期偿还的比例。不同的期限结构对债务风险产生不同的影响。短期债务流动性高、成本低，但偿还压力大，政府需要及时安排还本付息；长期债务成本较高，但政府有足够的时间安排债务支出，当期偿债压力低。地方政府应避免债务集中偿还，结合未来财政预算合理安排债务期限结构，既要考虑债务成本问题，又要考虑债务集中偿还压力，防止出现偿债高峰而引起流动性风险。

三、效率风险

政府债务效率风险是指由于政府债务的资金运用存在低效率而引起的债务规模累积、收益降低、资金浪费的各类损失和风险。我国政府投融资机制尚不健全，政府投资在某些领域存在越位、缺位，投资决策不科学、重投资轻效益、投资缺乏有效监督等问题依然存在，导致债务资金使用效率不高。

现有研究主要关注的是债务规模，对效率风险的关注较少，原因可能是效率风险难以测度。尚有部分学者对地方债务效率进行了讨论，如缪小林和程李娜（2015）对 PPP 项目影响地方政府债务效率进行研究；缪小林和史倩茹（2016）比较了不同地区地方政府债务支出效率。

四、市场风险

市场风险指的是由于利率、汇率等资金、货币价格变动而引起的地方政府债务负担加重的可能性，主要包括利率风险与汇率风险。利率风险与汇率风险除了与利率和汇率的变动方向相关以外，还分别与地方债务的期限结构和内外债结构有关。地方政府融资平台向商业银行举借了大量债务，而银行贷款利率一般高于直接融资利率，在货币政策紧缩时，利率的提高会增加我国地方政府债务的还本付息压力。由于外债规模非常小，地方政府债务面临较小的汇率风险。

五、流动性风险

流动性风险是指地方政府无法为债务的偿还提供融资，导致地方政府资金链断裂，引起地方政府债务违约的可能性。虽然流动性风险是地方政府违约或"破产"的直接原因，但流动性风险往往由多种因素引起，是其他风险，如规模风险、结构风险、市场风险等长期积累和恶化的结果。债务规模过大，期限结构分配不合理、政府偿债安排资金不到位、信贷量紧缩等都会诱发地方政府流动性风险。

市场风险和流动性风险是与信用风险并列的三大金融风险，对地方政府债务而言，市场风险与流动性风险已成为债务违约的重要影响因素，市场风险影响地方政府债务利息支付成本，流动性风险影响地方政府现金流。

六、政策风险

政策风险是指国家宏观经济政策变动，尤其是货币政策变动所带来的地方政府债务成本提高或者债务维持滚动困难以致引发债务危机的可能性。如在积极的财政政策和货币政策下，地方政府投资海量上升，债务规模膨胀，当国家意识到经济过热或债务规模过大时，采取紧缩货币政策以抑制地方政府债务增加，但这往往会引起利率上升及信贷紧缩，对地方政府还本付息造成严重压力。如自 2010 年起国家对地方政府融资平台进行清理，地方融资平台信贷环境急剧恶化，借款成本显著提高，迫不得已通过发债、信托、资产证券化，甚至"建设—移交"等模式维持债务存量及新增债务量，使得地方政府债务风险由间接融资市场扩散至直接融资市场。

由于我国地方政府债务管理机制正处于不断完善的过程中，政策调整的情况非常普遍，在很大程度上影响着地方政府与金融机构的融资与投资决策，因而我国地方政府债务蕴含了较大的政策风险。

第三节　地方政府债务风险的评估方法

地方政府债务风险评估是对地方政府债务风险大小进行量度，对债务风险状况做出评价，是债务风险控制与缓释的条件和依据。在实践中，国外政府通常做法是设立债务风险评价指标警戒线（控制线），通过对债务指标的监测，将监测值与警戒线进行比较来分析债务风险是否处于可控范围。在理论研究中，一般采取以下两类研究方法：一是基于风险评价指标对债务风险状况进行系统综合评估；二是借助"债务可持续性"概念，对地方政府债务运行风险做出判断。下面将对在实践与理论中经常采用的方法分别进行介绍。

一、地方政府债务风险评价指标及其警戒线的构建

地方政府债务风险评价指标及其警戒线的构建是实践中常用的债务风险评估与预警方法，本书借鉴学者研究（李萍，2009）及国外地方政府债务管理实践对这一评估方法进行完善。

（一）地方政府债务风险评价指标体系

构建地方政府债务风险评价指标体系应该遵循下列三项原则：一是指标具有相关性，即评价指标对债务风险反应敏感，能够有效衡量债务风

险；二是指标的选择具有充分性，即评价指标体系能够全面客观反映地方政府债务风险的情况；三是指标具有可测性，能够定量测度，定性指标因其受主观判断影响较大，不建议作为风险评价指标。指标有绝对指标和相对指标之分，相对指标用对比的方式反映事物内部或事物之间的联系程度，较绝对指标常用。债务总量是绝对指标，单纯看债务总量，并不能衡量该地区的债务风险大小，还需要结合该地区生产总值、财政收入等收入总量进行分析，因为地区生产总值及财政收入是政府债务偿还的根本保证，因此，一般运用债务相对规模等比率指标来衡量政府的债务风险。除此之外，与地方政府债务的结构风险相关的比率指标也在一定程度上反映了地方政府债务的风险状况。

结合上文对地方政府债务风险的识别，并借鉴既有对国外政府债务管理经验的研究（李萍，2009），构建出地方政府债务风险评价指标体系（见表6－1）。

表6－1   地方政府债务风险评价指标体系

总目标层	准则层	子准则	具体指标	计算公式	代表风险归类
地方政府债务风险评价指标体系	规模比率	经济比率	债务负担率	年末政府债务余额/当年地方政府 GDP	规模风险
			赤字率	年度财政赤字/当年地方政府 GDP	规模风险
		财政比率	债务率	年末政府债务余额/当年财政收入	规模风险
			新增债务率	当年新增债务/当年财政收入	规模风险
			债务依存度	当年债务收入/当年财政支出（含债务支出）	规模风险
			偿债率	当年债务支出/当年财政收入（不含债务收入）	规模风险
			利息支付率	当年利息支出/当年财政收入（不含债务收入）	规模风险
		财务比率	资产负债率	政府债务余额/政府资产余额	规模风险
	结构比率	风险矩阵结构	担保债务率	年末对外担保余额/当年财政收入	结构风险
		期限结构	短期债务比	一年内偿还的债务/债务总额	结构风险 流动性风险
			平均偿债年限	$\sum_i 债务_i × 年限_i / \sum_i 债务_i$	结构风险 流动性风险
		内外债结构	外债比率	外国政府及国际金融组织借款余额/债务总额	结构风险

总目标层	准则层	子准则	具体指标	计算公式	代表风险归类
地方政府债务风险评价指标体系	资金成本	资金价格	利率变动	当期利率－上一期利率	市场风险
			通货膨胀率	当期价格/上一期价格－1	市场风险
		本币价格	汇率变动	当期汇率－上一期汇率	市场风险
	利用效率	投入产出比	投入产出比变动	当期 GDP 变动/债务变动－上一期 GDP 变动/债务变动	效率风险
	政策调整	货币政策	信贷支持力度	当期信贷投放增量－上一期信贷投放增量	政策性风险
		债务管理制度	政策文件力度	$(1, 0, -1)$ 1、0、－1 代表抑制、不变、支持	政策性风险

规模比率包括经济比率、财政比率以及财务比率,主要衡量地方政府债务面临的规模风险。结构比率包括风险矩阵结构、期限结构、内外债结构,主要衡量债务的结构风险,其中期限结构也反映流动性风险。资金成本包括资金价格与本币价格,主要衡量债务市场风险。利用效率主要用债务投入产出比衡量。政策调整包括货币政策与债务管理制度两方面,用来衡量政策风险。本书构建指标与传统指标体系相比,涵盖了市场风险、效率风险与政策性风险,能够更加科学、客观、完整地反映地方政府债务总体风险状况。

在实践中经常用到的风险评价指标是规模比率和结构比率指标,包括债务负担率、赤字率、债务率、新增债务率、债务依存度、偿债率、利息支付率与担保债务率等。因此我们这里着重介绍下规模比率和结构比率指标。

经济比率是衡量政府债务总量或其他变量相对国民生产总值的比重,主要有债务负担率和赤字率。债务负担率,或称负债率,反映了国民经济总量对债务总量的支撑程度,是衡量债务风险状况最基本的指标;赤字率反映了财政赤字相对国民经济规模的大小,由于财政赤字主要通过增加税收收入或者举借新债来弥补,因此,赤字率的大小反映了政府未来债务增加可能性的高低;反之,盈余率反映了政府债务偿还能力的大小。

财政比率是衡量债务总量或流量相对政府财政收入或支出的大小,主要包括债务率、新增债务率、债务依存度、偿债、利息支付率五项指标。债务率反映了政府债务对财政收入造成的负担;新增债务率反映了当年新增债务相对政府财政收入的规模；债务依存度反映了当年财政支出对债务收入的依赖程度；偿债率和利息债务率分别反映了当期财政收入用于偿还债务本息或支付债务利息的比例，反映了政府的当期偿债压力。

财务比率是基于政府的资产负债表计算，主要指政府的资产负债率。计算政府的资产负债率要求政府核算体系健全，资产总额能够真实准确核算，在实现了权责发生制的国家该项指标得到了应用。

结构比率衡量了不同债务组成部分的相对大小，可以从风险矩阵结构、期限结构、内外债结构去衡量债务的结构风险，主要包括担保债务率、短期债务比、平均偿债年限与外债比率。担保债务率指政府对外担保形成的或有债务相对财政收入的比重，反映了政府的担保风险；短期债务比是债务总量中一年内要偿还的比例，反映了当期偿债压力；平均偿债年限指债务的平均偿还时间，较短的偿债年限会造成较高的偿债压力；外债比率反映了政府债务对国外资金的依赖程度，外债比率高，则主权债务风险高，由于外债多由中央政府举借，因而地方政府外债比率一般不高。

（二）地方政府债务风险评价指标警戒线

设立指标警戒线是评估地方政府债务风险状况的直接简便方法。地方政府建立债务风险预警系统的一般做法是，建立债务风险评价指标体系并设置指标警戒线，由政府专门部门或机构对债务风险指标进行监测，将指标监测值与事先设定的警戒线或债务区间比较，判断地方政府债务的大小，并据此发出债务风险预警信号。

从国际经验来看，债务指标警戒线的设立没有统一的绝对标准。各国或地区经济发展情况、财政收入情况、政府层级设置及统计口径存在差异，因此警戒线有所不同。下面将对国际上对债务负担率、赤字率、债务率、债务依存度、偿债率五项常用指标警戒线设置做说明。

根据《马斯特里赫特条约》，政府的赤字率与债务负担率（负债率）控制线分别为3%和60%。虽然《马斯特里赫特条约》关于两个参数是依靠欧洲的经验确定的，不是财政赤字与债务可持续性的绝对标准，但其控制政府债务以维持财政可持续性的思想使上述指标参考值仍具有参考意义。GDP是政府财政收入的源泉，财政收入是政府债务偿还的直接保障，因此讨论负债率才有意义。由于地方GDP所产生的财政收入一部分须上缴中央政府，因此地方政府的负债率也应该相应下降。若是该地方政府之下还有次级政府，单独来看该级政府负债率，负债率警戒线还要降低，如美国规定州负债率（州政府债务余额/州内生产总值）警戒线在13%～

16%，加拿大规定负债率不得超过 25%。①

从各国实践来看，地方政府对债务率警戒线大多设在 100% 左右。如美国规定州或地方政府债务率（州或地方政府债务余额/州或地方政府年度总收入）为 90% ~ 120%，新西兰要求地方政府债务率低于 150%，巴西规定市政府债务率（债务余额/市政府净收入）低于 120%，哥伦比亚规定债务率（债务余额/经常性收入）低于 80%。②

国际公认的债务依存度警戒线为 20%，在地方政府的债务风险管理实践中，也大体将警戒线设置在 15% ~ 20%。如日本规定债务依存度在 20% 以上的地方政府不得发行基础设施建设债券，20% ~ 30% 之间的不得发行一般事业债券；俄罗斯规定债务依存度不得高于 15%。③

偿债率国际警戒线一般为 10%，地方政府的偿债率一般控制在 10% ~ 20%。如美国马萨诸塞州的一般责任债券还本付息支出不得超过其财政支出的 10%，韩国地方政府规定偿债率（前 4 年平均还本付息额/前 4 年平均财政收入）必须低于 20%。④

二、基于风险评价指标体系的系统综合评估

在建立债务风险评价指标体系后，除了通过设置警戒线的方法进行风险评估与控制以外，还可以运用系统评价的方法，从多个指标维度对多个地区的债务风险状况或一个地区不同时间的债务风险状况进行评估，以确定各评估对象的债务风险大小，此即为基于评价指标的债务风险综合评估。债务风险综合评估的一般思路是，建立债务风险评价指标体系，根据指标在衡量风险方面的重要性赋予不同的权重，通过将风险指标加权求和得出债务风险综合评估得分，根据评估得分对债务风险状况进行分析。由于风险指标的量纲，取值范围不同，不能进行简单加权求和，需要将风险指标转化为可横向加总的风险值或采用其他方法处理以能够实现横向加权运算。根据指标处理及加权运算方式的不同，债务风险综合评估方法主要有以下三种：简单指标加权评估法、模糊综合评估法和灰色聚类评估法。

（一）简单指标加权评估法

简单指标加权评估法将风险指标观测值转化为唯一确定的风险值，通

① 李萍：《地方政府债务管理：国际比较与借鉴》，中国财政经济出版社 2009 年版，第 43 页。

② 李萍：《地方政府债务管理：国际比较与借鉴》，中国财政经济出版社 2009 年版，第 43 ~ 44 页。

③④ 李萍：《地方政府债务管理：国际比较与借鉴》，中国财政经济出版社 2009 年版，第 44 页。

过对风险值直接加权求和得出债务风险综合得分。其基本步骤是：

第一步：确定样本及评价指标。

设有 n 个地区，m 个评价指标，第 i 个地区第 j 个指标的观测值表示为 x_{ij}。

第二步：将评价指标原始值转化为风险值。

一般是将风险值的范围界定为（0，1）或者（0，100），可以采取专家评价法或标准化方法进行转换。标准化方法常用的有 min-max 法。

$$x'_{ij} = \frac{x_{ij} - \min\limits_{1 \le i \le n} x_{ij}}{\max\limits_{1 \le i \le n} x_{ij} - \min\limits_{1 \le i \le n} x_{ij}} j \text{ 指标为正向指标}$$

$$x'_{ij} = \frac{\max\limits_{1 \le i \le n} x_{ij} - x_{ij}}{\max\limits_{1 \le i \le n} x_{ij} - \min\limits_{1 \le i \le n} x_{ij}} j \text{ 指标为负向指标}$$

在风险指标实际值转化为风险值时，可以将（0，1）或者（0，100）划分为连续不同的子区间，以表示不同的风险等级。在运用专家评价法时，各区间临界值需要借助专家或历史经验确定。

第三步：确定债务风险指标的权重。

评价指标衡量债务风险的"贡献"程度不同，因此，需要对不同的指标赋予不同的权重。设 w_j 为指标 j 的权重，则 w_j 满足 $w_j > 0$，且 $\sum_j w_j = 1$。指标权重的确定方法有专家评价法、层次分析法、熵值法等。专家评价法和层次分析法侧重主观，熵值法反映数据固有信息。权重的设定对综合评估的最终结果产生直接影响。

第四步：计算风险综合得分。

通过加权求和计算第 i 个地区债务风险综合得分 y_i。

$$y_i = \sum_{j=1}^{m} x'_{ij} \times w_j$$

第五步：债务风险评估结果分析。

若划分不同风险等级，可以观察 y_i 所处的风险等级，处于同一风险等级的地区，可以比较他们风险综合得分的大小，判断其风险排序。若没有划分风险等级，可以直接比较其风险综合得分，对风险状况进行排序。

（二）模糊综合评估法

模糊综合评估法是一种基于模糊数学的综合评价方法。该方法利用模糊数学的隶属度函数将模糊的、边界不确定的定性评价转化为定量评价，并利用模糊关系合成从多个因素对被评价对象的隶属等级状况做出一个综合判断。地方政府债务风险受到多个因素的影响和制约，每个因素的指标值所对应的风险等级（类别）是模糊的、不明确的，因此，可以将风险等级看成一个模糊集，采取模糊综合评估法对地方政府债务风险进行评价（王晓光，2005）。其基本步骤是：

第一步：确定影响地方债务风险的因素论域 U。

$U = (U_1, U_2, \cdots, U_m)$，即一共有 m 个地方政府债务风险评价指标。

第二步：确定债务风险的评语论域 V。

$V = (V_1, V_2, \cdots, V_p)$，即地方债务风险一共有 p 种等级，如可以设 $V = $（很安全，安全，一般，危险，很危险），各等级是一个模糊集。

第三步：建立模糊关系矩阵 R。

首先，从单个指标开始，确定指标对各评语等级的隶属度，设 R_{ij} 为指标 U_i 对评语集 V_j 的隶属度，则 $R_i = (R_{i1}, R_{i2}, \cdots, R_{ip})$ 构成了指标 U_i 的模糊向量，刻画了从指标 U_i 出发，被评价对象的债务风险状况。在确定隶属度时，可以采取专家评价法根据统计结果得出。由此得出模糊关系矩阵 R：

$$R = \begin{bmatrix} R_1 \\ \vdots \\ R_m \end{bmatrix} = \begin{bmatrix} R_{11} & \cdots & R_{1p} \\ \vdots & \ddots & \vdots \\ R_{m1} & \cdots & R_{mp} \end{bmatrix}$$

第四步：确定债务风险指标的权向量 A。

权重的确定方法同简单指标加权求和法，设 $A = (a_1, a_2, \cdots, a_m)$，$a_j$ 满足 $a_j > 0$，且 $\sum_j a_j = 1$。

第五步：计算多因素模糊综合评价结果。

利用合成算子将权向量 A 与模糊关系矩阵 R 合成，得到被评价对象债务风险的模糊综合评价结果 B。B 向量的分量代表了综合多因素分析，该评价对象债务风险对各债务风险等级的隶属程度。

$$B = A \circledcirc R = (a_1, \cdots, a_m) \circledcirc \begin{bmatrix} R_{11} & \cdots & R_{1p} \\ \vdots & \ddots & \vdots \\ R_{m1} & \cdots & R_{mp} \end{bmatrix} = (b_1, \cdots, b_p)$$

一般合成算子取查德算子 $\circledcirc$，运算法则为先取小，后取大。

第六步：判断债务风险评价类别。

在对单个评价对象的风险状况进行评价时，通常采用最大隶属原则，选择 B 向量最大分量所在等级为该评价对象债务风险的等级。若是对多个评价对象的风险状况进行比较，则需要计算单个评价对象的综合得分，即将 B 转换为综合得分，通过综合得分的比较，判断各评价对象债务风险的大小。

（三）灰色聚类评估法

另一种基于债务风险评价指标的复杂综合评估方法是灰色聚类评估法（章志平，2011），常用的是基于三角白化权函数的灰色评估。灰色白化权聚类是通过白化权函数将各观测对象归类到事先设定的类别，从而对被评价对象的状况作出判断。地方债务风险状况的灰色评估步骤如下：

第一步：确定样本及评价指标。

设有 n 个地区，m 个评价指标。第 i 个地区第 j 个指标的观测值表示为 x_{ij}。

第二步：划分灰类。

根据评估要求将债务风险的评估状态划分 s 个灰类，各评价指标的取值范围也相应划分 s 个灰类。例如将 j 指标的取值范围划分为：

$$[a_1,\ a_2],\ [a_2,\ a_3],\ \cdots,\ [a_s,\ a_{s+1}]$$

第三步：设定白化权函数，通过白化权函数确定 x_{ij} 的白化值。

白化权函数表示指标观测值对各灰类的重要性或隶属度，用 $f_j^k(x)$ 表示第 j 个指标相对第 k 个灰类的白化权函数。通过白化权函数计算第 i 个地区第 j 个指标对灰类 k 的白化权函数值 $f_j^k(x_{ij})$。在各指标大小与风险同向变化时，取三角白化权函数：

$$f_j^k(x) = \begin{cases} 0,\ x \notin [a_{k-1},\ a_{k+2}] \\[2mm] \dfrac{x - a_{k-1}}{\lambda_k - a_{k-1}},\ x \in [a_{k-1},\ \lambda_k],\ \lambda_k = \dfrac{a_k + a_{k+1}}{2} \\[2mm] \dfrac{a_{k+2} - x}{a_{k+2} - \lambda_k} x \in [\lambda_k,\ a_{k+2}] \end{cases}$$

延拓值 a_0，a_{s+2} 没有明确规定，可以根据指标 j 的实际取值情况确定。

第四步：确定风险评价指标的权重。

权重的确定方法与其他评估法一样，可以采取层次分析法与专家评价法等方法。设第 j 项指标的权重为 η_j。

第五步：计算综合聚类系数。

加权求和，得到第 i 地区对灰类 k 的综合聚类系数为：

$$\sigma_i^k = \sum_{j=1}^{m} f_j^k(x_{ij}) \times \eta_j$$

第六步：判断债务风险评价类别。

根据最大隶属度原则，由 $\max\limits_{1 \leqslant k \leqslant s} \{\sigma_i^k\} = \sigma_i^{k^*}$，判断第 i 地区的风险等级为 k^*。若有多个地区同属一个风险等级，可以通过比较综合聚类系数的大小，对各地区的风险状况进行排序。

三、债务可持续性分析

债务的可持续分析是对债务规模（或相对规模）在设定经济条件或状态下能否维持，或者当前债务规模是否存在引起债务危机状况的分析。在国际上，研究债务可持续性主要有两种方法：一是通过考察债务比率的变动或趋势对债务可持续性做出判断；二是计算政府资产净值，分析政府是否满足借债约束条件，满足条件，债务可持续，否则不可持续。现有研究文献对这两种方法使用较多，本部分将对这两种方法进行系统梳理，尤其是阐述两者的理论关联性与结论一致性。

（一）以债务比率变动衡量可持续性

在债务可持续性分析中，通常关注的是债务的相对规模——债务负担率，即债务规模相对一国 GDP 的比率。如果一国的债务比率随着时间是稳定的或下降的，那么债务规模是可持续的；相反，若债务比率在未来是上升的，则政府债务是不可持续的（余永定，2000；马拴友，2001；Goldstein，2003）。

在分析债务比率的变化时，需要假定三个变量：实际 GDP 的增长速度、债务实际利率、赤字率。令 D 为期 t 的政府债务，ND 表示政府新增债务，d 为债务负担率，$NGDP$ 为名义 GDP，g 为实际 GDP 的增长速度，i 为名义利率，π 为通货膨胀率，r 为实际利率，S 为政府盈余（负值表示赤字），s 为政府盈余与 GDP 的比率，可表示为：

$$d(t) = \frac{D(t)}{NGDP(t)}, \quad s(t) = \frac{S(t)}{NGDP(t)}, \quad r = \frac{i - \pi}{1 + \pi} \qquad (6.1)$$

当期末的政府债务将由未来各期的政府财政盈余偿还，可表示为：

$$D(t+1) = D(t) \times (1+i) - S(t+1) \qquad (6.2)$$

两边同时处以 $NGDP(t+1)$，则有：

$$\frac{D(t+1)}{NGDP(t+1)} = \frac{D(t) \times (1+i(t+1))}{NGDP(t+1)} - \frac{S(t+1)}{NGDP(t+1)} + \frac{ND(t+1)}{NGDP(t+1)}$$

$$(6.3)$$

$$d(t+1) = \frac{D(t) \times (1+i(t+1))}{NGDP(t) \times (1+g(t+1))(1+\pi(t+1))} - s(t+1) + \frac{ND(t+1)}{GDP(t+1)}$$

$$(6.4)$$

$$d(t+1) = \frac{d(t) \times (1+r(t+1))}{1+g(t+1)} - s(t+1) + nd(t+1) \qquad (6.5)$$

若以债务负担率衡量债务的可持续性，通过分析公式可得到以下三个重要结论。

结论 1 若实际 GDP 增长速度高于债务实际利率，债务是可持续的，且政府可以保持财政赤字，或举借新的债务。

结论 2 若实际 GDP 增长速度低于债务实际利率，若要保持债务持续性，政府财政需要有预算盈余，否则是不可持续的；在稳态时，要求基本预算盈余比率 $s^* = \dfrac{r-g}{1+g} \times d(t)$。

结论 3 若实际 GDP 增长速度低于债务实际利率，假定未来 GDP 增长速度及政府盈余比率不变（分别用 g 和 s 表示）；在稳态时，可持续性债务负担率 $d^* = \dfrac{(1+g) \times s}{r-g}$。

通过结论 2 可以考察政府未来预算盈余情况，以此判断债务比率的变动情况。同样，根据结论 3，给定未来政府预算盈余，则可以判断现在债务比率是过高，还是在可持续水平以下。

上述分析应用的是债务总额与 GDP 的比率，这是因为 GDP 是财政收入的来源，在财政收入占 GDP 比重相对固定的情况下，GDP 可以看作是债务偿还的保障。如若财政收入占 GDP 比重变化较大，则应用债务总额与财政收入比率进行分析较为合适。

（二）资产负债分析框架：计算政府资产净值衡量可持续性

债务比率的走势能够说明政府债务风险的走向，但是否发生债务危机，则需要进一步考察政府的融资能力。只要政府有足够强的融资能力，就可以通过继续举借债务，维持债务规模的增长。因此，在研究政府债务可持续性时，借鉴国外学者（Kumar & Guidotti，1991）的研究方法，国内学者开始应用"政府净值"概念分析政府债务的可持续性（张春霖，2000；刘尚希和赵全厚，2002；刘尚希，2003；洪源和李礼，2006）。其基本思路是，如同企业融资一样，政府的融资能力取决于政府的财务状况，由此可以建立政府的资产负债表来衡量政府净资产价值，当政府资产大于负债，"政府净值"则为正数，政府就依然具有偿债能力，否则政府失去偿债能力，政府债务将不可持续，或政府处于"破产"状态。在静态分析中，可以考察政府当前的资产价值与负债情况，通过比较两者大小或者计算资产负债率衡量债务风险；在动态分析中，则需要考虑政府未来的收入和支出状况，将政府未来非债务收入和非债务支出折算成现值分别计入资产和负债方，或者将收支差额的现值计入资产或负债一方。

国有银行的不良资产和国有企业的亏损是政府或有负债的重要组成部

分，因此，在评估地方政府的借债能力时，要把我国地方政府、地方银行、地方国有企业三个部门作为一个整体编制地方政府的资产负债表（张春霖，2000）。在编制地方政府资产负债表时，将地方政府的未来财政盈余净现值计入资产一方。借鉴刘尚希和赵全厚（2002）、洪源和李礼（2006）对我国政府拥有资产（资源）的分析，下面将构建我国地方政府的资产负债表（见表6-2），并对地方债务可持续性进行分析。在资产方面，从地方政府拥有的经济实体来看，地方政府主要有地方国有企业、地方金融机构和政府性融资平台三大市场类经济主体，地方国有企业和地方金融机构的资产主要属于经营性资产，融资平台具有部分经营性资产。此外，地方政府还有非经营性资产以及拥有土地使用权等公共资源。从预算角度来看，地方政府性基金余额与未来财政盈余现值也是地方政府资产。从负债方面来看，采用财政风险矩阵的债务分类方法，将负债分为直接显性负债、直接隐性负债、或有显性负债与或有隐性负债。

表6-2　　　　　　　　　我国地方政府资产负债表

资产	负债和政府净值
1. 地方国有企业（不含融资平台）净值（地方政府在国有企业所有者权益的市场价值）； 2. 地方金融机构的净值（不良资产按账面价值计算）； 3. 地方政府、事业单位、融资平台经营类、准经营类、项目的市场价值； 4. 地方政府性基金余额； 5. 地方国有非经营性资产的市场价值； 6. 地方政府拥有的自然公共资源的市场价值（主要指土地使用权）； 7. 未来财政盈余（不含债务收支）的现值	1. 直接显性负债； 2. 直接隐性负债； 3. 或有显性负债； 4. 或有隐性负债 政府净值＝资产－负债

1. 静态分析。静态分析不考虑政府未来财政收支状况，记当期地方政府资产为 A_0，当前债务为 D_0，若 $A_0 > D_0$，或 $D_0/A_0 < 1$，则政府当前资产总量可以清偿当期债务，否则资不抵债，政府债务风险高，债务处于不可持续状态。在静态分析时，还可计算不同债务类型的资产负债率，如直接显性债务资产负债率、直接隐性债务资产负债率、或有显性债务资产负债率、或有隐性债务资产负债率、全部债务资产负债率。通过以上数据的计算，可以分析判断出我国地方政府债务的结构风险。

2. 动态分析。静态分析只考虑了政府当期的资产负债情况，如果将政府未来的非债务收入与非债务支出也考虑在内，便可以借鉴货币的时间价值理论，计算未来政府财政收支的现值，计入"政府净值"，判断债务可持续性。

设当期地方政府资产为 A_0，当前债务为 D_0，未来第 t 期，政府财政收入为 I_t，财政支出为 E_t，财政盈余为 S_t，名义利率为 i_t，通货膨胀率为 π_t，实际利率为 r_t，实际财政收入增长速度为 g_t^I，实际财政支出增长速度为 g_t^E，名义 GDP 为 $NGDP_t$，实际 GDP 的增长速度为 g_t^G，NPV 为政府净值的现值，则有：

第 t 期财政收入：

$$I_t = I_0 \times \prod_t (1 + g_t^I)(1 + \pi_t) \tag{6.6}$$

第 t 期财政支出：

$$E_t = E_0 \times \prod_t (1 + g_t^E)(1 + \pi_t) \tag{6.7}$$

第 t 期名义利率：

$$i_t = (1 + r_t) \times (1 + \pi_t) \tag{6.8}$$

政府净值的现值：

$$NPV = (A_0 - D_0) + \sum_{t=1}^{\infty} \frac{I_t - E_t}{\prod_t (1 + i_t)} \tag{6.9}$$

将式（6.6）、式（6.7）和式（6.8）代入式（6.9）可得：

$$NPV = (A_0 - D_0)$$

$$+ \sum_{t=1}^{\infty} \frac{I_0 \times \prod_t (1 + g_t^I)(1 + \pi_t) - E_0 \times \prod_t (1 + g_t^E)(1 + \pi_t)}{\prod_t (1 + r_t)(1 + \pi_t)}$$

$$\tag{6.10}$$

式（6.10）即为地方政府净值的现值表达式。通过比较 NPV 与 0 的大小，可以确定政府是否处于资不抵债的状态，从而判断地方政府的偿债能力与举债能力。

进一步假设政府财政盈余率保持不变为 s，实际 GDP 增长速度不变为 g，名义利率保持不变为 i，通货膨胀率不变为 π，将式（6.10）变形可得：

$$NPV = (A_0 - D_0) + \sum_{t=1}^{\infty} \frac{S_0 \left[(1 + g)(1 + \pi) \right]^t}{\left[(1 + r)(1 + \pi) \right]^t}$$

$$= (A_0 - D_0) + S_0 \sum_{t=1}^{\infty} \frac{(1 + g)^t}{(1 + r)^t}$$

$$= (A_0 - D_0) + S_0 \times \frac{1 + g}{r - g} \tag{6.11}$$

结论 4 两边同时除以当期名义 GDP，并令 NPV 等于 0，即政府债务可持续的临界值，债务率 $d_0^* = \dfrac{D_0}{NGDP_0} = \dfrac{S_0}{NGDP_0} \times \dfrac{1+g}{r-g} + \dfrac{A_0}{NGDP_0} = s \times \dfrac{1+g}{r-g} + \dfrac{A_0}{NGDP_0}$。

结论 5 最终可得政府债务可持续水平下，基本预算盈余比率 $s^* = \dfrac{r-g}{1+g} \times \left(d_0 - \dfrac{A_0}{NGDP_0} \right)$。

将结论 4、结论 5 与"运用债务比率变动进行可持续性分析"得出的结论 2 和结论 3 比较发现，在资产负债框架下，政府偿还债务的方式除了依靠基本预算盈余以外，还可通过出售资产偿还债务。这里要指明的是，若将经营性资产纳入当期资产分析，未来的政府收入中则不包括此部分资产产生的现金流，否则会重复计算。因此若经营性资产产生的现金流包含在政府财政收支里，结论 2、结论 3，与结论 4、结论 5 结果一致。可见"运用债务比率变动进行可持续性分析"与"运用政府净值概念进行可持续性分析"两种分析方法异曲同工。

第四节　地方政府债务风险评估方法的比较与评价

地方政府债务风险的评估方法有多种，不同的评估方法因其出发点、设计机理、操作性不同，有其具体的应用环境、优势和限制。

建立债务风险评级指标并设置指标警戒线，是实践中经常采用的风险评估和风险监测手段。该评估方法在操作上比较简单，但有以下两种要求：一是地方政府债务统计体系健全，各种债务指标能够精确测算和获取；二是债务指标风险警戒线设置科学，风险预警区间能够有效衡量债务风险的不同状态。在地方债务时间序列数据丰富的情况下，可以通过对历史经验的总结，因地制宜设置风险警戒线。

基于评价指标的风险系统综合评估法，将不同地区的地方政府债务组成的样本视作一个系统，运用系统评价的方法对地方债务风险大小做出判断，并综合不同指标并赋予不同权重。相对于实践中通过债务风险指标设置警戒线进行风险评估，其评估用的信息更多，通常需要采用专家的意见，信息处理则更为复杂。它不仅能将定性分析与定量分析相结合判断出该样本的风险大小，还能将样本风险进行横向比较，具有综合性、定量化、评估结果可靠等优点。但在应用时需要注意指标相关造成的重复性问题，选择有代表性的评价指标，而且选择各项指标与债务风险的关系要具有同向性，否则要进行相应处理，此外加权指标或变量要具有横向可比性。

就本章讨论的三种基于指标的风险评价法而言，简单指标加权评估法相对于模糊综合评估法和灰色聚类评估法计算直观简单，既可以对风险状况进行分类，也可以直接将指标加权求和进行风险排序。但计算过程显得粗糙，若同一指标内数据差距较小，权重的少许变动可能都会对评估结果产生重要影响。模糊综合评估法通过模糊子集的引入，解决了将指标代表的风险状况进行归类面临的模糊问题，即指标代表的风险状况不是"非此即彼"的问题。模糊综合评估法可以将定性分析量化，具有结果清晰，系统性强的特点，但模糊评估时隶属度函数的确定方法值得进一步确定。灰色聚类评估法将评估样本的债务风险状况视为部分变量明确和部分变量不明确的灰色系统，在评估过程中，将债务风险状况分为不同的灰类，运用白化权函数计算观测值的隶属度，相较于模糊综合评估法更为客观。可见，模糊综合评估法和灰色聚类评估法具有很多相似点，都是将债务风险状况进行分类，计算每个评价指标观测值对于风险类别的隶属度，通过加权运算求综合聚类系数，不同的是在于系统评估的着眼思想不同，隶属度的确定方法不同，加权运算算法不同。

债务可持续性分析是从政府偿债能力的角度去分析政府财政收支状况能否支持既有债务规模的还本付息。与基于风险评价指标的系统综合评估方法不同，它可应用于单一主体债务风险大小的评估，不需要通过评估结果的横向比较确定债务风险所处的等级或状态。债务可持续性分析，重点分析的是地方政府债务的规模风险（以债务比率表示的相对规模），而对债务的结构风险、流动性风险关注不够。

第五节　结论与启示

在实践中，建立我国地方政府债务的风险预警机制，需要确定合理的指标警戒线。警戒线的确立不能简单地借鉴国外经验，而要结合我国经济、社会、财经法律制度进行具体分析。对债务风险进行可行性分析也是如此。在此对评估我国地方政府债务风险时应该注意的事项进行简单讨论。

一是要结合地区经济发展特征进行风险分析。从债务负担率与债务率的关系来看，债务负担率是债务率与财政收入占 GDP 比重的乘积。我国各地区由于经济发展程度不同、产业结构存在差异，财政收入占 GDP 的比重差异很大，因此在评价我国地方政府债务风险时，尤其是横向比较地方政府债务风险差异时，财政指标更加有效。若要建立包含经济指标的风险评价体系，则要根据地区的实际情况与特点，合理确定经济指标的风险控制线。

二是要结合我国财政收支统计口径进行风险分析。无论是基于经济指标进行风险评价，还是运用"政府净值"概念进行债务可持续性分析，都要涉及财政收入、财政支出、财政赤字等变量。我国财政预算体系与国外财政预算体系有很大不同，国外地方政府的收入基本都纳入公共财政预算，而我国地方政府的收入很大部分不含在公共财政预算中，因此，建立指标警戒线或者可持续性分析中计算财政盈余或财政赤字，都要对我国地方财政收支体系进行具体考察，否则会引起评估误差，甚至谬误。

我国现行财政预算体系包括公共财政预算、政府性基金预算、国有资本经营预算和社会保险基金预算。随着预算体系的完善，预算外收入正退出历史舞台，国有资本预算正在搭建框架，社会保险基金预算已独立运作。在公共财政预算体系中，我国地方政府的收入包括税收收入、非税收入、国有资本经营收益、中央政府转移支付和税收返还及债务收入。但是，非税收入的很大部分纳入政府性基金预算体系，且国有资本经营收益所占国有企业利润比重相当小。因此，对我国地方政府债务风险进行分析和评估，是一项具有技术性和相当难度系数的工作。

三是要根据我国经济发展阶段合理评估债务风险。我国当前正处于城市化进程的快速发展阶段，未来的城市基础设施建设、城镇社区建设、农村基础设施建设与公共事业支出依然会保持高速增长，产生巨大的资金需求，因此，在评估我国地方政府的债务风险时，既要对经常性收支做出合理预测，也要对资本性支出做出保守估算。现在的地方债务既构成了未来的税收负担，又会影响未来的公共品提供，降低后人的经济福利。对未来资本性支出的忽略或估计不足，将会导致当前的债务风险受到低估，从而对地方政府债务承受能力盲目乐观。

综上所述，在对我国地方政府债务风险进行评估时，债务评价指标的选择，风险警戒线的设置，以致债务风险状况评估结论的得出，都要结合各个地区的经济发展特征、经济结构特点及经济发展阶段进行全面客观地分析和判断。在使用政府收支变量进行债务风险计算时，要结合我国财政收支统计口径、政府收入来源与支出结构对政府财政能力进行合理计量。因此，建立统一的地方债务统计制度和独立的债务预算体系，加快完善政府四大预算体系，是准确、合理、有效评估政府债务风险的基本条件。

第七章　地方政府债务的现实、
潜在及引致风险分析

第一节　引　　言

　　地方政府债务风险评估是债务风险控制与缓释的前提和依据。在审计署公布地方政府债务规模之前，学者们对地方政府债务风险的研究是基于估算总体规模，或是基于地区的案例进行分析。即使是基于地区的案例进行分析，所运用的债务数据仍是不客观、不可靠的。审计署公布地方政府债务规模后，地方政府债务规模的风险评估成为学者们的研究热点。从研究的深度和方法上来看，较债务规模公开前的研究有了很大的提升和进步。学者以审计署公布的债务数据为基础，对债务指标进行了测算，以此来判断我国地方政府债务风险，如冯进路和刘勇（2012）、刘蓉和黄洪（2012）及刘尚希等（2012）。

　　地方政府债务风险到底有多大？虽然冯进路和刘勇（2012）、刘蓉和黄洪（2012）及刘尚希等（2012）的研究方法及数据运算存在较大差异，但研究结论都表明地方政府债务风险还处于可控的范围内。然而，他们的研究不同程度地忽略了一些潜在的因素，如土地出让收入的不确定性、未来公共投资需求、现有债务统计遗漏及养老金空账等。① 这些因素将在很大程度上影响我们对地方政府偿债能力的判断。时红秀（2010）指出，地方政府的偿债风险不仅是微观层面的风险，地方政府引致的宏观层面的风

---

　　① 刘蓉和黄洪（2012）没有对这些潜在因素进行分析；冯进路和刘勇（2012）考虑了未来公共投资需求，但忽略了土地出让收入的不确定、统计遗漏及养老金空账等潜在债务；刘尚希等（2012）从经济增长视角、中央与地方支出格局调整、政府与市场边界调整、养老金保险缺口资金显性化四个方面对"十二五"时期我国地方政府债务压力状况进行了压力测试，其分析仍然没有考虑土地出让收入潜在的风险及统计遗漏问题。

险更应为决策者关注。宏观层面的风险指地方政府债务对宏观经济与政府经济政策所产生的不利影响。时红秀（2010）并没有对这些宏观风险过多地展开论述。

我国政府也在公共场合多次表示中国地方债务风险可控。然而，从财政部、原银监会等一系列密集发文和监管措施看，地方债务风险似乎并不乐观，中央政府始终保持高度警惕。2013 年 8 月，财政部联合审计署开始对全国地方政府债务进行第二轮全面审计。根据审计署公布的《全国政府性债务审计结果》，截至 2013 年 6 月底，地方政府负有偿还责任的债务 10.89 万亿元，负有担保责任的债务 2.67 万亿元，可能承担一定救助责任的债务 4.34 万亿元，总计 17.9 万亿元，较 2010 年底的 10.7 万亿元增加了 67.3%。财政部数据显示，2017～2020 年地方政府债务余额分别为 16.47 万亿元、18.39 万亿元、21.31 万亿元、25.66 万亿元。隐性债务方面，有学者估计 2017 年我国隐性债务余额在 30 万亿～50 万亿元（姜超等，2018；郑祖昀和黄瑞玲，2019）。因此保守估计，2020 年，我国地方政府债务规模总计可能达 50 万亿～70 万亿元，地方政府债务规模相较于 2010 年增长 5～7 倍，增长速度惊人。

基于当前地方政府负债严峻的事实，本章在第六章建立的债务风险识别和评估分析框架基础上，从现实风险、潜在风险及引致风险三个层面对地方政府债务风险进行考察，以对地方政府债务风险状况做出全面客观评估。现实风险与潜在风险是就地方政府债务偿还风险而言的，前者是基于现有债务规模存量对地方政府债务做出风险评估，后者则进一步考虑影响地方政府偿债能力的现有或未来潜在因素。引致风险是指地方政府债务引起的其他风险，包括金融风险、对宏观经济运行及政府政策实施产生的负面效应。

第二节　地方政府债务现实风险评估

在实践中，国外政府的通常做法是设立债务风险评价指标警戒线（控制线），通过对债务指标的监测，将监测值与警戒线进行比较，来分析债务风险是否处于可控范围。在理论研究中，可持续性分析是地方政府债务风险评估的重要方法。下面将运用这两种方法对我国地方政府债务面临的现实风险进行衡量。

一、基于风险评价指标的地方政府债务风险评估

（一）地方政府债务风险评价指标及其警戒线

本书第六章总结出地方政府债务风险评价指标体系，并指出在实践中经常用到的指标包括：负债率、债务率、新增债务率、债务依存度、偿债率、利息支付率与担保债务率。具体指标的计算方式可以参考第六章表6-1。各国通过建立风险评价指标预警线的方式对地方政府债务风险进行评估和管理。

从国际经验来看，债务指标警戒线的设立没有统一绝对的标准。即使在国家层面，《马斯特里赫特条约》得到广泛的引用，政府的赤字率与债务负担率（负债率）控制线分别为3%和60%，但是大多数学者认为《马斯特里赫特条约》更多是基于欧洲现实制定的经验性指标，自身并没有多大经济依据（刘迎秋，2001）。在地方政府层面，各国或地区经济发展情况、财政收入情况、政府层级设置、统计口径存在差异，债务风险警戒线的设置更有很大差异。国际上对地方政府负债率、债务率、债务依存度、新增债务率、偿债率、利息支付率及担保债务率的警戒线设置如表7-1所示。

表7-1 部分国家地方政府债务风险评价指标警戒线 单位：%

指标	美国	加拿大	新西兰	日本	韩国	巴西	哥伦比亚	俄罗斯	波兰
负债率	州：13~16	25							
债务率	90~120		150			州：200 市：120	80		
债务依存度				20~30				15	
偿债率	一般责任债券：10				20	13			15
新增债务率				9		18			
利息支付率	10		I级：15 II级：20				40		
担保债务率						22	66.67		

资料来源：李萍：《地方政府债务管理：国际比较与借鉴》，中国财政经济出版社2009年版，第43~44页。

（二）基于评价指标的我国地方政府债务风险评估

负债率、债务率、债务依存度和偿债率是评估地方政府债务风险的四项基本指标，本书以除债务依存度之外的三项指标对我国地方政府债务风险情况进行分析。① 负债率取 20% ~25% 为警戒线区间，债务率取 100% ~150% 为警戒线区间，偿债率取 15% ~20% 为警戒线区间。

1. 负债率。负债率计算公式为：年末政府债务余额/当年地方政府GDP。根据审计署公布的两次债务余额及历年增长率数据，本书计算出我国地方政府债务的负债率（见图 7-1）。我国地方政府负债率逐年提高，2002 年负债率较低为 11.52%，2007 年和 2008 年负债率尚处于 20% 以下，分别为 16.70% 和 17.44%，2009 年负债率迅速升高至 25.87%，到 2010年底，负债率为 26.01%。从国际比较看，2010 年，我国地方政府总体负债率超过美国的 19%，巴西的 12%，与印度的 28% 大致相当。2013 年，我国地方政府负债率大约为 30.17%。取学者估计隐性债务 30 万亿元规模保守计算，2017 年地方政府负债率为 55.85%，2020 年为 54.91%，仅地方政府负债率已经接近《马斯特里赫特条约》60% 的政府负债率上限，由此可知，我国地方政府负债规模十分惊人。

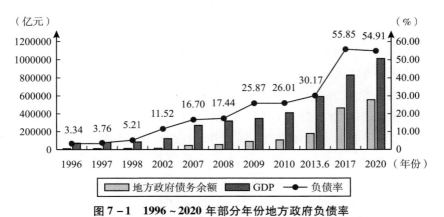

图 7-1　1996~2020 年部分年份地方政府负债率

资料来源：根据 2011 年和 2013 年《地方政府性债务审计结果》及国家统计局公布的 GDP 数据计算。

2. 债务率。债务率计算公式为：年末政府债务余额/当年地方政府财政收入。虽然国际上并没有统一的债务率警戒线，但从各国实践来看，大部分将警戒线设为 100% ~150%。以一般公共预算收入（地方本级收入

---

① 由于历年债务收入、债务支出数据没有统计公开，无法计算债务依存度。

加中央税收返还和转移支付）作为地方政府财力，我国地方政府债务率2007 年开始突破 100%，为 108.12%；2009 年我国地方政府债务率为147.42%，逼近 150% 的警戒线；2010 年底债务率继续维持在 146.91%；2013 年，我国地方政府债务率为 152.87%。取学者估计隐性债务为 30 万亿元计算 2020 年地方政府债务率，为 306.81%（见图 7 - 2）。

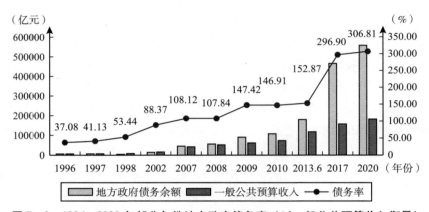

图 7 - 2　1996 ~ 2020 年部分年份地方政府债务率（以一般公共预算收入衡量）

资料来源：根据 2011 年和 2013 年《地方政府性债务审计结果》及财政部公布的地方财政收入数据计算。

　　我国地方政府财力不仅包括公共预算收入，也包括大量的政府基金性收入及预算外收入。尤其是近些年来，土地出让收入成为地方政府收入的重要来源。若将政府性基金收入纳入地方政府收入计算，我国地方政府债务率会相比图 7 - 2 下降近 1/3，但仍旧高于 150% 的警戒线（见图 7 - 3），这充分说明了我国地方政府对土地出让收入的极大依赖性。

　　3. 偿债率。偿债率计算公式为：当前债务支出/当年地方政府财政收入（不含债务收入）。审计署公布的 2010 年地方政府债务审计结果对2010 年底债务的偿还计划进行了披露，可以用来分析说明我国地方政府债务的偿债率。虽然受制于数据获取，我们分析的偿债率时间点为2011 年的情况，但一般来说，地方政府债务的期限结构不会发生太大变动，因此，使用 2011 年的偿债率进行分析说明仍然具有很大的参考意义。

　　根据 2011 年《全国地方政府性债务审计结果》，2010 年底地方政府债务余额 2011 年本金偿还额为 26246.49 亿元，其中政府负有偿还责任的债务本金偿还额为 18683.81 亿元（直接显性债务）；2010 年底地方政府债务

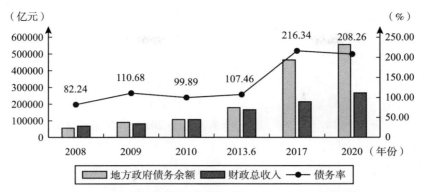

图7-3 1996~2020年部分年份地方政府债务率（以地方政府总收入衡量）

注：我国自2010年开始将土地出让收入纳入政府性基金收入计算。土地出让收入构成了政府性基金收入主要组成部分，占比在80%~90%。2010年、2013年、2017年、2020年地方政府总收入按地方政府一般公共预算收入（含税收返还和转移支付）与政府性基金收入计算。2008~2009年政府总收入按地方政府一般公共预算收入（含税收返还和转移支付）与预算外收入以及土地出让收入计算。

余额的79.01%来自银行贷款，其他来自上级财政（4.18%）、发行债券（7.06%）及其他单位和个人借款（9.75%）。2000年以后，中国人民银行公布的中长期贷款基准利率基本在5%~8%。上级财政、发行债券资金成本要低于银行贷款，其他单位和个人借款资金成本可能高于银行贷款利率。若以8%、6%、6%、10%分别估算地方政府银行贷款、上级财政借款、发行债券、其他单位和个人借款的资金成本，得出地方政府债务的加权平均资金成本为7.35%。使用7.35%的资金成本计算出2011年利息支出，进而得出2011年地方政府债务的偿债率（见表7-2）。

表7-2 **2011年我国地方政府债务情况及偿债率**

债务类型	本金偿还额 （亿元）	利息支出 （亿元）	本金利息合计 （亿元）	偿债率Ⅰ （%）	偿债率Ⅱ （%）
总债务	26246	1929	28176	30.47	21.40
政府负有偿还责任的债务	18684	1373	20057	21.69	15.24

注：偿债率Ⅰ按地方一般公共预算收入测算，偿债率Ⅱ为按地方总收入测算。地方财政总收入为一般公共预算收入与政府性基金收入之和。

若按地方公共财政收入测算偿债率，总债务的偿债率为30.47%，政府负有偿还责任的债务偿债率为21.69%，均高于国际警戒线。若按地方总收入（包括政府性基金收入）测算偿债率，总债务的偿债率为

21.40%，政府负有偿还责任的债务偿债率为 15.24%，地方政府总体债务短期偿债压力依然较高，但地方政府负有偿还责任的债务偿债压力仍在 20% 的警戒线内。

2015 年开始，我国开始通过发行地方政府债券对融资平台的存量债务进行置换。财政部数据显示，经过三年大约共认定和置换 2014 年非债券形式债务金额约 14 万亿元。通过债务置换，2014 年存量债务的偿还期限得以拉长，这会降低地方政府债务的偿债率。但由于隐性债务规模没有得到很好地控制，因此地方政府债务总体的偿债率仍不乐观。

二、基于可持续性概念的地方政府债务风险评估

可持续性分析是学者评估地方债务风险经常使用的方法，如洪源和李礼（2006）建立了我国地方政府的资产负债表，并对我国地方政府债务全国总量规模的可持续性进行了分析。但较少有学者运用可持续性分析方法对比讨论地方政府债务风险区域差异。我国各地区由于经济发展程度不同、产业结构存在差异，财政收入占 GDP 的比重差异很大，在评价我国地方政府债务风险时，尤其是横向比较地方政府债务风险差异时，财政指标更加有效。因此，分析全国地方债务规模可持续性和分析省及以下层级政府债务规模的可持续性所立足的视角略有不同，前者主要比较 GDP 增长率与实际利率水平，后者则关注地方政府财政收入增长和财政盈余情况。

（一）全国地方债务规模的可持续性

2011 年全国地方性政府债务审计结果公布后，笔者基于当时的经济形势，曾对债务可持续性进行过如下评估：我国实际 GDP 增长速度保持 10% 以上的比例增长，未来我国经济增长速度可能放缓，我们以 8% 谨慎估计我国经济未来增长速度。假定通货膨胀率为 3%，资金名义利率为 8%，那么实际利率为 5%。我国实际 GDP 增长速度高于债务实际利率，我国现有地方政府债务是可持续的。在保持 2010 年地方政府负债率稳定的前提下，我们计算出地方政府财政赤字率的最大为 0.74%。换句话讲，在 8% 实际 GDP 增长速度、5% 实际利率下，维持我国地方政府债务可持续，我国地方政府 2011 年债务在 2010 年债务余额基础上还可新增债务融资 2977 亿元，以后逐年增加 11%。因此，从消化现有债务存量的角度看，现有债务可以继续滚动，而且未来政府财政收支不需要保持盈余，可以保

持一定的赤字，我国地方政府债务风险是可以逐步化解的。[①]

但站在十年后的 2020 年时间节点，笔者有了新的事实和判断。一是过去的十年地方政府债务规模的年增长速度远远高于 11%。即使按保守的 30 万亿元隐性债务规模计算，2010～2019 年的债务规模从 10.7 万亿元增至 51.3 万亿元，地方政府债负债规模年增速达 19%，超过 11% 的可持续预测。二是随着我国经济进入新常态，实际 GDP 增长速度自 2011 年开始逐年下降，未来可能长时间进入 4%～6% 区间（见图 7−4）。尤其是新型冠状病毒肺炎疫情的影响，我国经济增长面临更大的不确定性，2020 年上半年 GDP 同比下降 1.6%，全年同比增长 2.3%。此外，由于货币传导机制不通畅，资金价格水平随着经济增长速度放缓而下降的趋势不明显，地方政府还本付息的压力越来越高。因此，从债务可持续性的角度来看，如果地方政府债务继续保持高速增长，而 GDP 增长速度放缓，若没有周密可靠的偿债计划，我国地方政府负债率则会越来越高，局部地区存在发生地方政府债务危机的可能性。

图 7−4　2011～2020 年我国 GDP 实际增速

资料来源：国家统计局。

（二）省及以下层级政府债务规模的可持续性

与全国债务可持续性分析采用负债率指标不同，省级债务可持续性分析采用债务率指标。因为 GDP 是一个地区经济活动产生的价值，政府的财政收入才是债务偿还的直接保证，而且由于我国的地区产业结构不同，在中央与地方的分税制下，不同地区的财政收入与 GDP 比率存在较大差异，因此，债务与收入比率较之债务与 GDP 比率更适合对省级地方政府

---

① 刘昊、刘志彪：《地方债务风险有多高？——基于现实、潜在及引致风险的分析》，载于《上海财经大学学报》2013 年第 6 期，第 72～79 页。

层面的分析。

1. 基于 2010 年底债务余额分析。根据 2011 年和 2013 年两次债务审计时由地方政府披露的省级层面全口径债务（显性债务与隐性债务）数据，本书以 2010 年底债务余额为基础，通过计算可持续状态下基本预算盈余要求 s_0^*，与 2010 实际预算盈余比率 s_0（预算盈余与财政收入比率）进行比较，来判断保持 2010 年地方政府债务率不变的情况下地方政府债务的可持续性：

$$s^* = \frac{r-g}{1+g} \times d_0 \qquad (7.1)$$

其中，d_0 为 2010 年地方政府债务率，g 为财政盈余的未来增长率，r 为实际利率。

（1）以一般公共预算收入衡量可持续性。在式（7.1）计算债务率与财政盈余比率时，地方政府财政收入按一般公共预算收入衡量（不含债务收入），为地方本级收入加中央税收返还和转移支付。

若要计算基本预算盈余比率，则需要确定财政盈余的增长速度 g 和实际利率 r。但由于我国地方政府财政预算遵循量入为出的原则进行编制，2000～2010 年政府财政收入盈余的变动不大，平均增长率基本为零，因此不能使用财政盈余的历史增长率推测未来的财政盈余增长速度。本书采用 2000～2010 年财政收入增长速度与财政支出增长速度之差来预测政府未来的财政盈余增长率，其差值平均为 0.74%，假定财政盈余增长速度 g 为 0.74%。2000～2010 年的一年期贷款基准利率在 5%～7% 浮动，年均通货膨胀率为 2.14%，因此可以把实际利率值定为 5%。在确立 g 和 r 的数值后便可计算出各地区债务可持续状态下的财政盈余比率。我国部分地区债务率与可持续状态下要求的财政盈余比率如表 7-3 所示。

表 7-3　我国部分地区债务率与可持续状态下要求的财政盈余比率

地区	债务余额（亿元）	一般公共预算收入（亿元）	债务率（%）	债务可持续下的基本财政盈余比率（%）	分布区域
北京	3745.45	2839.46	131.91	5.58	东部
浙江	5877.78	3342.22	175.86	7.44	东部
山东	5222.22	3994.34	128.18	5.42	东部
广东	7502.96	5552.49	132.97	5.62	东部
海南	952.92	582.01	161.58	6.83	东部

地区	债务余额（亿元）	一般公共预算收入（亿元）	债务率（%）	债务可持续下的基本财政盈余比率（%）	分布区域
山西	2452.37	1893.39	129.29	5.47	中部
内蒙古	2841.70	2166.46	127.70	5.40	中部
吉林	3033.00	1652.04	180.91	7.65	中部
河南	2915.74	3284.06	87.18	3.69	中部
安徽	3014.00	2532.42	118.08	4.99	中部
湖北	4520.18	2477.65	180.30	7.62	中部
湖南	4286.78	2682.38	159.30	6.74	中部
广西	2756.13	1870.65	142.30	6.02	中部
重庆	2159.00	1771.78	121.85	5.15	西部
甘肃	1414.90	1362.30	102.11	4.32	西部
宁夏	622.11	513.39	121.04	5.12	西部
新疆	1362.63	1617.41	83.80	3.54	西部

资料来源：债务数据来自各省份《2010年度预算执行和其他财政收支的审计工作报告》，一般公共预算收入来自2011年《中国财政年鉴》。

从表7-3中可以看出，地方政府若要保持债务的可持续，大部分地区需要将基本财政盈余比率大致控制在5%~8%，只有河南、安徽、甘肃和新疆基本财政盈余比例要求在5%以下。我们同时看到，若以债务率或债务可持续下的基本财政盈余比率衡量债务风险，西部地区的债务风险相对较低，平均债务率为107.20%，东部和中部债务风险较高，平均债务率分别为146.10%与140.63%。

从2010年部分地区地方政府公共财政预算来看，财政基本预算余额基本为负，有9个地方政府的赤字率在2%以上，没有一个地方的基本预算余额满足债务可持续下的盈余比率要求（见表7-4）。

表7-4　　2010年部分地区地方政府实际一般公共预算基本盈余率

地区	一般公共预算收入（亿元）	一般公共预算非债务支出（亿元）	一般公共预算基本盈余（亿元）	实际一般公共预算基本盈余率（%）	分布区域
北京	2839.46	2776.35	63.11	2.22	东部
浙江	3342.22	3329.14	13.08	0.39	东部
山东	3994.34	4167.82	-93.66	-2.30	东部

地区	一般公共预算收入（亿元）	一般公共预算非债务支出（亿元）	一般公共预算基本盈余（亿元）	实际一般公共预算基本盈余率（%）	分布区域
广东	5552.49	5515.66	126.83	2.25	东部
海南	582.01	579.53	10.21	1.73	东部
山西	1893.39	1938.43	-41.68	-2.20	中部
内蒙古	2166.46	2271.5	-46.12	-2.07	中部
吉林	1652.04	2595.82	-43.35	-1.70	中部
河南	3284.06	1757.36	-80.84	-4.82	中部
安徽	2532.42	3426.52	-82.1	-2.45	中部
湖北	2477.65	2525.29	-18.25	-0.73	中部
湖南	2682.38	2715.33	-24.37	-0.91	中部
广西	1870.65	2004.61	-67.8	-3.50	中部
重庆	1771.78	1728.13	43.65	2.46	西部
甘肃	1362.3	1463.77	-78.09	-5.64	西部
宁夏	513.39	549.82	-35.86	-6.98	西部
新疆	1617.41	1695.75	-69.75	-4.29	西部

资料来源：根据 2011 年《中国财政年鉴》计算。

（2）以政府总收入衡量可持续性。在当前财政体制下，土地出让收入逐步成为地方政府收入的重要来源。2010 年，全国地方政府本级收入为 40613.04 亿元，其中土地出让收入为 30108.93 亿元，土地出让收入占地方本级收入的比例高达 74.14%。从政府性基金预算来看，2010 年地方政府基金性收入为 34341.97 亿元，土地出让收入占比 87.67%。因此，有必要将政府性基金收入中的土地出让收入计入地方政府总收入对地方政府债务的可持续性进行分析。在此，本书定义地方政府总收入为一般公共预算收入（本级收入加中央税收返还和转移支付）和土地出让收入之和。

将土地出让收入纳入地方政府总财力后，地方政府的债务率有了明显下降，东部地区的平均毛债务率为 92.43%，中部地区的毛债务率为 113.99%，西部地区的毛债务率为 87.38%。若以 100% 为债务安全线，大约一半的地区处于安全线以内。随着债务率的下降，维持地方政府债务可持续的总收入盈余比率比不考虑土地出让收入的情况也下降了 2～3 个百分点，大致在 3%～5%，只有吉林、湖北、湖南要求在 5% 以上（见表 7－5）。

表 7 – 5　　部分地区债务率与可持续状态下要求的总收入盈余比率

地区	债务余额 （亿元）	政府总收入 （亿元）	债务率 （%）	债务可持续下的基本 财政盈余比率（%）	分布 区域
北京	3745.45	4171.96	89.78	3.80	东部
浙江	5877.78	7547.92	77.87	3.29	东部
山东	5222.22	6372.86	81.94	3.47	东部
广东	7502.96	7520.89	99.76	4.22	东部
海南	952.92	844.94	112.78	4.77	东部
山西	2452.37	2211.15	110.91	4.69	中部
内蒙古	2841.7	2707.28	104.97	4.44	中部
吉林	3033	2077.82	145.97	6.17	中部
河南	2915.74	4056.62	71.88	3.04	中部
安徽	3014	3684.37	81.81	3.46	中部
湖北	4520.18	3249.64	139.10	5.88	中部
湖南	4286.78	3015.76	142.15	6.01	中部
广西	2756.13	2393.81	115.14	4.87	中部
重庆	2159	2707.68	79.74	3.37	西部
甘肃	1414.9	1500.68	94.28	3.99	西部
宁夏	622.11	634.66	98.02	4.15	西部
新疆	1362.63	1759	77.47	3.28	西部

综上所述，通过运用 17 个省（自治区、直辖市）的债务数据对地方政府的债务可持续性分析发现，若仅以公共财政收入作为债务还款来源，则实现债务可持续的预算盈余比率要求比较高，基本处于 5% ~ 8%，但在考虑土地出让收入后，则实现债务可持续预算盈余比率要求有一定程度的下降，下降幅度为 2% ~ 3%；在区域分布上，若仅考虑公共财政收入，东部和中部地区的债务负担比西部高；若包含土地出让收入，东部地区的债务风险得到更大程度下降，东部地区和西部地区的债务负担比中部低。由于本书假定政府盈余的增长率较低，仅为 0.74%，远低于 GDP 增长率与财政收入增长率，因此，测算出的基本预算盈余比率要求比较高。尽管如此，如果把土地出让收入纳入政府总收入，则实现债务可持续的基本预算盈余比率并不高，大部分低于 5%。进一步考虑，若是地方政府能够将预算盈余与财政收入比率保持在固定水平，预算盈余增长率则将与财政收入

增长率相同，大于债务实际利率，在有效控制未来新增债务融资需求的情况下，截至 2010 年底积累的地方政府债务存量是能够逐步化解的。

2. 2011～2019 年地方政府预算盈余。根据 2010 年底的债务数据，化解债务存量要求大部分地区需要将基本财政盈余比率控制在 5%～8%。通过计算 2011～2019 年我国部分地区一般公共预算盈余率（不考虑债务收入、债务还本、调入调出资金），发现我国公共财政预算情况不容乐观（见表 7 - 6）。

表 7 - 6 　　　　　2011～2019 年我国部分地区一般公共预算盈余比率 　　　单位：%

地区	2011 年	2012 年	2013 年	2014 年	2015 年	2016 年	2017 年	2018 年	2019 年
北京	5.57	3.76	-1.05	-0.35	-10.24	-10.40	-7.48	-7.43	-6.61
浙江	1.89	2.54	-1.89	-3.61	-14.89	-11.07	-8.89	-10.53	-19.32
山东	2.70	0.97	-2.69	-2.10	-6.98	-5.25	-5.17	-6.74	-13.28
广东	1.34	2.13	0.14	2.01	-19.12	-13.37	-16.18	-13.94	-18.01
海南	-2.75	-6.42	-6.59	-4.58	-5.95	-5.53	-2.93	-4.63	-8.08
山西	-0.59	0.48	-3.08	0.55	-12.13	-7.75	-5.53	-3.77	-10.13
内蒙古	-1.90	-3.40	-5.03	-3.86	-3.33	-1.41	-4.75	-4.47	-8.40
吉林	-0.51	3.90	-1.83	-1.87	-7.85	-11.99	-12.20	-10.25	-15.37
河南	-0.35	-2.02	-1.82	-0.48	-4.85	-6.98	-9.92	-13.03	-17.96
安徽	-0.98	-2.03	-3.01	-2.89	-6.05	-3.94	-7.42	-5.95	-12.68
湖北	6.19	3.82	-0.36	0.50	-8.36	-7.54	-8.40	-11.06	-16.89
湖南	1.51	0.91	-2.75	-2.27	-5.13	-7.93	-12.03	-15.38	-19.90
广西	0.22	-0.68	-1.84	-2.85	-8.99	-10.25	-13.99	-14.92	-19.28
重庆	1.41	-2.77	-6.48	-4.57	-8.48	-5.99	-8.40	-10.24	-20.51
甘肃	-1.88	-1.15	-2.07	-0.97	-1.80	-10.26	-9.33	-10.54	-11.91
宁夏	-0.96	-4.28	-4.77	-2.59	-5.91	-9.11	-8.92	-6.92	-9.48
新疆	-2.54	-3.13	-1.96	0.34	-2.06	-6.94	-11.92	-9.94	-26.05

资料来源：根据 2012～2020 年《中国财政年鉴》计算。

2011～2014 年地方政府公共预算盈余率的情况基本与 2010 年相同，大部分地区的公共预算处于赤字水平，与计算出来的债务化解 5%～8% 的预算盈余率目标要求相差较大。

2015 年以后，我国开始对地方政府存量债务进行债券置换，大量的债务收入、债务支出开始纳入一般公共预算体系。2014年10月国务院发布《关于深化预算管理制度改革的决定》，要求加大政府性基金预算、国有资本经营预算与一般公共预算的统筹力度，建立将政府性基金预算中应统筹使用的资金列入一般公共预算的机制，加大国有资本经营预算资金调入一般公共预算的力度。因此，自2015年开始，地方公共预算体系内调入调出资金的规模也大幅度增加。由于赋予地方政府自主发债的权利以及地方政府统筹各类预算能力的增强，不含债务收支和调入调出资金口径的地方政府实际公共财政预算发生较大赤字，2015年以后，有较多省份出现两位数的赤字（见表7-6），尤其是中西部省份，赤字率更高。

因此，从债务可持续性的角度来看，即使仅考虑显性债务，在财政收支刚性较大的情况下，依靠一般公共预算体系内的财政收入也难以化解我国地方政府存量债务，因此需要统筹安排政府性基金预算与国有资本经营预算。也就是说，土地出让收入和国有企业经营利润是地方政府债务化解的主要资金来源和保障。

第三节　地方政府债务潜在风险分析

对地方政府债务现实风险的评估是基于现有债务存量（包括估计的隐性债务）风险做出的判断，并没有考虑现在及未来可能影响地方政府债务规模的潜在因素。潜在因素包括：一是我国住房价格越来越高，居民的支付能力将承受巨大考验；同时由于住房销售价格快速上涨，土地开发成本也在不断提高，因此土地出让收入的可持续性存在较大的不确定性，这必然对地方政府债务未来的偿还保障产生巨大影响。二是我国城市化进程仍在不断提升，地方政府存在大量的旧基建和新基建投资需求，地方政府的公共投资必然会保持较高的规模和增长速度，若不能有效控制城市投资，地方政府债务规模将会继续膨胀。三是即使纳入隐性债务统计，当前的债务数据也可能低估了债务规模。一方面，审计署和债务管理部门统计的融资平台公司数量有遗漏；另一方面，没有考虑养老金隐性债务。在人口老龄化不断提高的情况下，养老金资金缺口导致的隐性债务，也是威胁地方政府财政安全的潜在因素。

一、土地出让：出让收入波动大、成本支出提高

土地出让收入是支持地方政府负债建设的主要保障，尤其是地方政府

主要依赖土地出让收入来偿还隐性债务。从总体趋势来看，我国土地出让收入比重不断提高，2019 年地方政府国有土地出让收入为 7.06 万亿元，同期地方一般公共预算收入为 17.54 万亿元，相对比率为 40.25%。若考虑与房地产行业相关的税收，那么地方政府总体收入对土地出让收入的依赖度远超过 50%。①

　　尽管土地出让收入呈现不断增长的态势，但土地出让市场受宏观经济表现、政府调控政策及金融市场的影响较大，土地出让收入呈现较大的波动性。2008 年受全球金融危机的影响，土地出让收入有所下降。2008 年以后，在积极财政政策与宽松货币政策的影响下，房地产行业回归繁荣，全国土地出让收入快速增长，2009 年土地出让收入增速为 43.2%，2010 年土地出让收入增长 106.5%。② 2011 年以后，土地出让收入增长幅度开始下降，并且呈现较大的波动。2011 年土地出让收入增长率大幅度下降，仅增长 10.31%。2012 年土地出让收入出现负增长，同比回落 14.53%。2013 年土地出让收入增长幅度又大幅上升，高达 46.40%，但在 2014 年和 2015 年，由于供给侧改革和市场需求下降，土地出让收入增速大幅下滑，分别为 3.64% 和 -23.90%。2016 年开始，土地出让收入又恢复两位数以上增长速度（见图 7-5）。

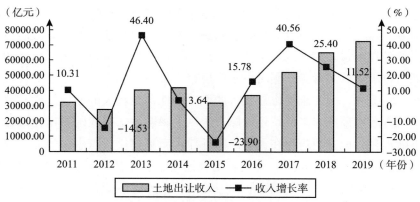

图 7-5　2011~2019 年国有土地出让收入及其增长率

资料来源：2012~2020 年《中国财政年鉴》。

----

　　① 笔者曾对某沿海城市 2017~2019 年的地方政府税源展开调研，发现来自房地产行业的直接税收贡献超过 30%。

　　② 参见历年《中国财政年鉴》。

与土地出让收入波动率大同样重要的另一个事实是，土地出让支出中的征地拆迁等成本补偿性开支所占的比重越来越高。根据财政部披露的土地出让收支数据①，成本性补偿支出占土地总出让支出的比重越来越高（见图7-6）。

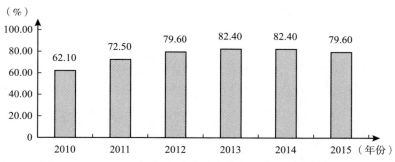

图7-6　2010~2015年土地出让支出中成本补偿性支出比重

注：2016年以后不再对外披露土地出让收支详情。
资料来源：财政部2010年和2011年"全国土地出让收入管理及使用情况"，2012年、2014年和2015年三年"全国土地出让收支情况"，财政部官网。

从图7-6可知，2010年征地拆迁等成本补偿性支出占土地出让支出的比重为62.10%，2011年开始，征地拆迁等成本开支所占土地出让支出的比重提高10.40个百分点，至2012年已达到79.60%。土地出让收入用于征地拆迁补偿的比重不断提高的原因包括：一是《国有土地上房屋征收与补偿条例》出台后，征地和拆迁工作更加规范，征地和拆迁难度加大，成本越来越高；二是建筑材料、用工成本使得土地开发成本相应上升。可见扣除成本性补偿费用后，土地出让收入支持地方政府支出的空间越来越小。因此，在考虑土地出让收入波动率、征地拆迁等成本支出比重不断提高的事实后，地方政府债务面临的偿付风险与流动性风险将会进一步提高。

二、公共投资：保持快速增长、产生新增债务

从历史的经验来看，地方政府公共投资增长率与债务规模增长率存在显著的相关关系（见图7-7）。本书以水的生产与供应业、城市公共交通业和公共设施管理业三个与地方政府公共投资紧密相关行业的投资之和衡

---

① 财政部曾发布2010年、2011年"全国土地出让收入管理及使用情况"，2012年、2014年、2015年三年"全国土地出让收支情况"。

量基础设施投资，通过比较基础设施投资增长率与地方政府债务增长率，可以发现两者高度相关。2003～2008年，我国基础设施投资规模年增长率平均值为25.5%，地方政府债务平均增长率为25.8%。2008年金融危机后，我国实行积极财政政策，2009年地方政府公共投资规模增长46.6%，地方政府债务增长61.9%。2010年货币政策趋紧，政府投资规模增速下降，地方政府债务余额增长速度也随之下降。

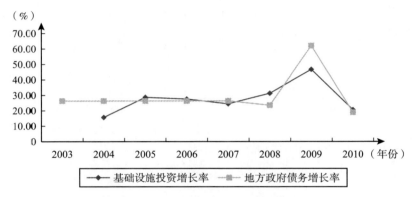

图7-7　基础设施投资增长率与地方政府债务增长率

注：2003～2007年增长率为2003～2007年债务增长率的几何平均值。
资料来源：基础设施投资根据《中国统计年鉴（2020）》计算；债务数据来自2011年审计署公布的《全国地方政府性债务审计结果》。

　　除去政策与政治的因素，我国大规模的基础设施投资与我国的城市化进程密不可分的。城市化进程的快速发展催生了巨大的基础设施投资需求，而且随着城市化率水平的提高，增加一定幅度的城市化率便需要越来越多的基础设施投资（蒋时节等，2005）。2020年我国人口城镇化率为63.89%（由国家统计局公布的人口数据计算），仍旧低于发达国家近80%的平均水平，可以预见今后一二十年我国城市化率将不断提高，这必将带来投资的大幅增长。根据《中国统计年鉴》，笔者计算出基础设施投资2011～2017年的平均增长率为14%[①]，如果地方政府债务规模年增长率与基础设施投资增长速度保持一致，在实际GDP增长速度下降至6%以下，通货膨胀率为2%～4%的情况下，地方政府债务余额名义增长速度将显著超过名义GDP和财政收入增速，地方政府债务负债率与债务率将会

──────────

　　① 2018年后，统计局不再公布分行业固定资产投资具体规模，而公布更细行业增长速度，导致笔者无法计算2011～2020年基础设施投资平均增长速度。

不断提高。

三、债务低估：统计遗漏及养老金空账

无论是审计署公布的债务数据，还是财政部等债务管理部门统计的债务数据，都可能在债务规模上和债务内容上存在遗漏，从而低估了我国地方政府债务风险。从债务统计类型来看，审计署或者财政部门公布的地方政府债务包括了直接显性债务、或有显性债务及部分隐性债务。但从债务内容来看，公布的债务没有包括一些难以量化的隐性债务，最重要的例子就是养老金隐性债务。此外，从统计口径来看，公布的债务数据可能低估了地方政府债务规模。

（一）统计遗漏

除了审计署公布的地方政府债务规模外，中国人民银行与原银监会也在 2010 年公布了地方政府融资平台贷款规模情况。中国人民银行发布的《2010 年中国区域金融运行报告》指出，截至 2010 年末，全国共有地方政府融资平台 1 万余家，各地区政府融资平台贷款占当地人民币各项贷款余额的比例基本不超过 30%。2010 年人民币贷款余额为 47.92 万亿元，若以 30% 的比例计算，央行统计口径下的地方政府融资平台贷款将不超过 14.38 万亿元。原银监会公布的融资平台贷款余额显示，2011 年 11 月末全国地方融资平台公司贷款余额约为 9.09 万亿元。原银监会融资平台名单中，融资平台总数为 10682 家，公司类融资平台为 8196 家。审计署统计的地方政府公司类融资平台债务额为 4.91 万亿元，公司类融资平台为 6576 家（见表 7 - 7）。

表 7 - 7　　　　　　　　　监管机构融资平台债务统计数据

统计来源	公司类融资平台数量（家）	融资平台总数（家）	公司类融资平台债务（万亿元）	融资平台贷款（万亿元）
中国人民银行		>10000		<14.38
原银监会	8196	10682		9.09
审计署	6576		4.91	

可见，审计署公布的债务数据与中国人民银行及原银监会公布的债务数据存在重要差异，除了统计口径导致差异产生外（融资平台包括事业单位类平台和公司类平台），还有一个重要原因是统计的融资平台数量存在差异，审计署债务统计调查的融资平台公司数量比原银监会名单的数量少

了 1620 家。原银监会对融资平台按照现金流覆盖情况进行分类，将资产状况良好的融资平台贷款调整为一般公司类贷款。平台分类每个季度进行一次调整。2010 年调出平台类公司数量为 122 家。因此即使不考虑这 122 家融资平台，审计署债务统计调查的融资平台公司数量也比原银监会名单少 1498 家。

尽管自 2010 年《国务院关于加强地方政府融资平台公司管理有关问题的通知》发布以来，债务管理部门和金融监管机构对地方政府融资平台的融资行为以及设立运营不断进行规范，但由于我国缺乏关于融资平台公司的系统性法律安排，地方政府设立融资平台具有极大的自由度和随意性。地方政府可以通过不断设立新的融资平台或通过国有企业类实体进行债务融资，规避各类融资限制。2018 年为及时获取隐性债务数据，全面摸排地方政府债务规模，财政部在全国范围开展地方政府隐性债务监测。笔者对一家商业银行 S 省分行进行了调研，统计了其城建类业务贷款规模，结果发现，2019 年底，该行城建类业务总金额达 2445 亿元，其中 1365 亿元为原银监会融资平台名单内客户举借，而 1080 亿元为非原银监会融资平台名单内客户举借（见表 7 - 8）。前者数量为 354 家，后者为 476 家。后者数量超过前者，户均融资余额比前者低，但总体融资余额仍旧非常高，达到前者总量的 80%。

表 7 - 8　　2019 年某商业银行 S 省分行地方政府融资平台融资情况

统计来源	数量（家）	融资余额（亿元）
银监会融资平台名单内客户	354	1365
非原银监会融资平台名单内客户	476	1080
合计	830	2445

（二）人口老龄化与养老金隐性债务

隐性债务是指在现收现付制下，政府对未来养老保险的支出。但由于我国实行社会统筹与个人账户相结合的部分积累制，我国养老金个人账户出现空账，隐性债务显性化。根据中国社会科学院《中国养老金发展报告2019》显示，2019 年底，城镇职工基本养老保险的个人账户累计记账额为4.1 万亿元，各省份累计做实金额为 5000 亿元，个人账户空账运行 3.6 万亿元。考虑到城镇职工基本养老保险基金累计结余额为 3.18 万亿元，即使所有基金余额全部用来做实个人账户，仍旧存在 1 万亿元左右的支出缺口。

从近几年情况来看，我国的养老金年收入与年支出大致相抵，总体上没有缺口，全国总账略有结余。但我国已经进入老龄化社会，未来养老金、医疗支出等负担将会越来越重。第七次全国人口普查数据显示，2020年我国 60 岁以上人口比重为 18.7%。国务院《国家人口与发展规划（2016～2030 年）》，预计 2030 年 60 岁以上人口为 25%。人口老龄化的快速发展必将对地方政府财政产生严重的冲击。一方面，人口老龄化将导致与养老相关的公共支出的增加，公共支出压力增大；另一方面，人口老龄化将引起经济增长放缓，使公共财政收入减少，加剧财政收支失衡（彭秀健，2006；付伯颖，2006）。

我国社会保障实行的是地方政府统筹，中央政府主要通过转移支付支持社会保障支出。近几年，中央政府逐步增加对地方社会保障事业的转移支付力度，在结构上也逐步从专项转移支付向一般性转移支付过渡。从 2019 年社会保障与就业支出来看，全国社会保障支出为 29379.08 亿元，中央本级社会保障支出为 1231.53 亿元，对地方政府转移支付为 10862.82 亿元，中央财政社会保障支出占全国总支出的比重为 41.17%。① 若以 50∶50 的比例测算 3.6 万亿元个人账户空账中央与地方的财政负担，那么地方政府将要负担 1.8 万亿元。因此，若将养老金个人账户空账考虑在内，地方政府的债务负担将进一步加剧。

第四节　地方政府债务引致风险分析

基于现实风险和潜在风险的分析表明，我国地方政府债务负担较高，地方政府的偿付能力和短期偿债能力必须引起警惕。但一个好的方面是，尽管地方政府债务负担较高，但我国政府债务主要为内债，主权债务风险发生的可能性极低。诚然，考虑到我国政府强大的经济把控能力，以及政府财政与国有金融的紧密关系，我国地方政府债务出现系统性违约风险的概率较低。然而，单看债务风险意义是不够的，我们还需要看到地方政府债务所带来的另一个层次的风险，即地方政府债务对宏观经济和政策带来的不利影响。越来越多的事实表明，地方政府债务是错综复杂的中国经济的一个缩影，甚至可以说，地方政府债务风险的严重性在于地方政府债务的复杂性。下面将从地方政府债务与金融风险、地方政府债务与经济结

---

① 见财政部 2019 年全国财政决算。

构、地方政府债务与宏观政策、地方债务与地方国有资产四个角度讨论地方政府债务的引致风险——地方政府债务对宏观经济和政策的影响。

一、地方政府债务衍生金融风险

地方政府债务一旦发生违约或偿付困难，首当其冲受到影响的是债权人的资产发生损失。历次金融危机的事实表明，债务危机与金融危机存在千丝万缕的关系，过度举债是金融稳定的隐患（杨旭，2010）。20世纪90年代，巴西和墨西哥的金融危机有很大因素是由地方政府债务引起的（张志华等，2009）。我国地方政府隐性债务主要集中在银行等金融机构，以土地出让收入作为还款来源，导致房地产市场、地方政府债务与金融系统三部门风险相互交织，债务风险极易演化为系统性金融风险。

（一）债务衍生的金融风险的基本特征

从我国地方政府债务的资金来源及债务资产质量来看，我国地方政府债务蕴藏了很大的金融风险，表现为金融风险集中度高和贷款资产质量不高。

首先，从2010年的数据来看，我国地方政府债务引致的金融风险主要集中在银行系统。当前我国金融市场以银行间接融资机构为主，直接融资的规模还较小，而且由于地方政府债务的主权背景（中央政府是地方政府的隐性担保人），银行等金融机构乐意向地方政府提供贷款。从2011年审计署公布的债务审计结果数据来看，在10.72万亿元的地方政府债务中79.01%来自银行贷款。根据中国人民银行发布的《2010年中国区域金融运行报告》显示，各地区政府融资平台贷款占当地人民币各项贷款余额的比例基本不超过30%。30%的数字足以说明地方政府债务在银行信贷资产中占据了非常大的比例。

其次，从融资平台贷款的担保方式来看，融资平台多以土地资产作为抵押取得借款。本书在调研的50家融资平台中，随机抽取1笔贷款组成50笔贷款样本，并对贷款的担保方式进行考察。结果发现，在50笔贷款中，包括信用借款1笔、保证借款21笔、土地使用权抵押24笔、土地房产抵押3笔、股权质押借款1笔。以上数据说明，融资平台自身没有太多经营性资产作为抵（质）押物，基本依靠政府注入的土地资产，或者凭借自身对政府具有的应收债权，通过银行为项目建设进行融资。在融资平台债务严重依赖土地出让收入的情况下，一旦土地价格发生较大波动，必然会导致银行资产质量的整体恶化。

（二）融资平台贷款清理与影子银行

2010 年 3 月，融资平台贷款问题引起政府的高度重视，发展和改革委员会、财政部、中国人民银行纷纷要求对地方融资平台风险加强监管。2010 年 6 月 10 日发布的《国务院关于加强地方政府融资平台公司管理有关问题的通知》，标志着地方融资平台的规范清理成为中国经济改革发展的重要议题。此后，原银监会相继发布一系列针对地方融资平台贷款风险管理的通知与意见，地方政府依靠银行进行融资不断受到控制，融资平台面临的银行信贷资金来源急剧收缩。在融资平台贷款不断受到清理和规范的形势下，融资平台转向其他融资渠道筹措资金，其他融资渠道包括发行公司债券、融资租赁、资产证券化、财产权信托、单一资金信托、委托贷款、私募基金、夹层投资等方式，地方政府债务由表内转移到表外的影子银行中。

从平台贷款的清理效果来看，作用较为明显。2011～2012 年，融资平台银行贷款规模得到有效控制，融资平台更多依赖其他渠道筹措资金。以城投债为例，根据 Wind 数据统计，城投债在 2010 年发行 2970 亿元。2011 年，由于城投信用风险事件影响（部分城投公司进行资产重组），城投债发行受到影响，但全年仍然达到 3644 亿元。2012 年城投债发行规模"井喷"，全年达到 8877 亿元，是 2011 年的两倍多。

总体来说，融资平台债务由银行表内转向表外的影子银行，给银行带来了一定的风险缓释与转移效应，但与此同时，地方政府债务风险向资本市场与整体金融系统扩散，而且由于部分融资工具资金成本非常高（如信托产品的资金成本率高达 10% 以上），地方政府的债务负担将进一步积聚。本书认为，与风险缓释与转移效应相比，风险扩散效应与增强效应更大。一个原因是银行贷款之外融资渠道的资金大部分来源于银行系统的理财资金和委托贷款，平台债务由表内移向表外只是为规避监管要求的一种金融创新，地方债务风险并没有实质性的转移（见下文案例分析）。另一个原因是影子银行的活动受到监管的约束程度较少，往往由于监管主体的不清晰和不到位产生监管空白，增大金融风险。

案例：城投公司借助信托绕道银行表外
进行债务融资的"金融创新"[①]

××市城投公司为该市最大一家地方政府融资平台，成立于 2001 年，

[①] 案例来源于笔者在某商业银行的调研。

注册资本 50 亿元，××市燃气公司为其子公司。××市港口公司同为该市融资平台。港口公司与信托公司签订 10 亿元《单一资金信托合同》，港口公司委托信托公司将资金用于城投公司的日常经营活动。信托公司在港口公司委托下与城投公司签订《信托贷款合同》，由城投公司的子公司燃气公司提供担保，贷款用途要求"合法合规，不得用于房地产、'铁公基'①、'两高一剩'② 行业和权益性投资"。

在信托贷款合同签订后，港口公司将委托债权转让给××商业银行（理财产品管理人），港口公司资金得以回笼，商业银行理财产品资金进入融资平台。商业银行和信托公司通过该项金融创新产品规避了监管部门对信托公司"融资类业务余额占银信理财合作业务余额的比例不得高于30%"的要求（该项业务借道委托人，不属于银信合作融资类业务）。根据该商业银行审计部对该笔业务的审计发现，该笔贷款的收益与风险完全转嫁给商业银行，而且贷款资金的用途用于城市基础设施投资建设。

融资平台贷款"银信合作"创新产品关系示意如图 7-8 所示。

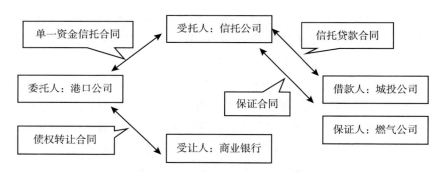

图 7-8　融资平台贷款"银信合作"创新产品关系示意

二、地方政府债务影响宏观经济运行

过高的政府债务会对宏观经济运行产生不利影响。一是地方政府债务过度积累的一个重要结果是通货膨胀，通货膨胀既是地方政府债务导致的后果，又是地方政府债务化解的通道。二是从地方政府债务形成与发展的历程来看，地方政府债务已成为影响我国宏观经济运行，阻碍我国经济结构调整的重要因素。

---

① 铁公基指铁路、公路、机场、水利等重大基础设施建设。
② 两高一剩指高污染、高耗能与产能过剩行业。

（一）引发通货膨胀

我国地方政府投资的大部分资金来自金融机构借款。2015 年，地方政府存量债务实行债券置换，债券购买者集中于银行间市场参与机构，仍旧以商业银行为主，因此，积极财政政策的推行必然伴随着扩张性货币政策的实施。2009 年和 2010 年我国货币供给 M2 同比增长 28.5% 和 19.7%（见图 7－9），连续两年高速增长。作为货币超额投放的必然结果，2010 年下半年到 2011 年上半年我国出现了较为严重的通货膨胀，大部分月份的通货膨胀率在 5% ~ 7% 。

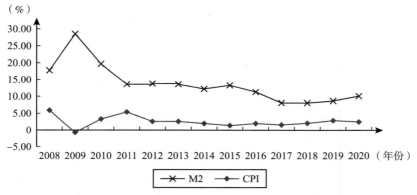

图 7－9　2008 ~ 2020 年货币供给增速和 CPI 增长率

资料来源：历年《中国统计年鉴》。

（二）挤出私人投资和居民消费

金融危机发生后，在私人投资与消费不足的情况下，国家通过 4 万亿元投资计划有力地支撑了国内需求，维持了经济稳定发展。但由于政府投资规模的失控，很快体现出地方政府债务对私人投资和消费的挤出效应。首先，通过挤占贷款额度挤出投资。2010 年下半年以后，为控制通货膨胀，中央银行严格控制信贷规模扩张，由于地方政府债务不能违约，只能通过展期或借新还旧滚动，在新增贷款规模增速降低的情况下，必然会挤出私人投资。2011 ~ 2012 年发生民间借贷危机，贷款紧缩时私人投资受到影响首当其冲，是借贷危机发生的重要因素。其次，推高名义利率。通货膨胀本身带来了名义利率的大幅度提高，在治理通货膨胀的过程中，紧缩性货币政策又引起了名义利率的大幅度提高，私人投资的借贷成本进一步加剧。最后，地方政府债务高企造成地方政府对土地出让收入的极度依赖，房地产价格不断上涨，居民消费空间受到压缩。

（三）阻碍产业结构升级

2009 年为应对金融危机，我国制定了十大产业振兴规划，以期在拉动经济增长的同时优化产业结构，改变经济发展方式。但在地方政府推出的投资计划中，大部分用于市政建设、交通运输等基础设施项目，而项目自身没有现金流来源，地方政府只有依靠土地出让收入来支持债务融资。由于过度扩张的财政与货币政策，我国积累了大量的过剩产能，房地产库存量也不断上升。2015 年开始，为化解过剩产能、优化产业结构，我国实行供给侧改革，房地产趁机去库存，带动房地产价格过快上涨，同时地方政府隐性负债也不断增加。这客观上决定了房地产行业去泡沫化将异常困难，未来房地产行业将依然会吸引我国社会的大量投资和居民储蓄，我国的产业结构升级异常困难。

三、地方政府债务掣肘国家宏观调控

地方政府不断积累的巨额债务，成为中央政府实施宏观政策不得不应对的重要变数，这点在货币政策和房地产调控政策上体现得较为明显。

（一）制约货币政策独立性

在地方政府存量债务置换前，地方政府债务大部分来自银行贷款，在期限分布上，以中短期为主（根据审计署债务审计报告，5 年之内还款比例为 70%），中央政府实施货币政策的空间受到不小的限制。由于 2009 年货币供给的大幅度增加，2010 年下半年以后，经济出现了较为严重的通货膨胀，通货膨胀率一度超过 5%。2011 年货币政策由稳健转向紧缩。为顾及地方政府的债务可持续和还本付息负担，中央政府实行紧缩性货币政策并未采取大幅度提高贷款基准利率的价格调整方式，而是主要依赖稳定货币供应数量和控制信贷供给的方式。2010 年 1 月～2011 年 6 月，中国人民银行连续 11 次提高存款准备金率，每次上调 0.5%，大约在同一时间段内，贷款基准利率只调整了 5 次，每次上调 0.25%。

2018 年地方政府债务完成置换后，虽然地方政府存量债务期限得以拉长，但债券购买者大部分来自银行，而且不断累积的隐性债务依然从银行体系获取大量融资，因此，地方政府债务对货币政策的独立性仍旧施加重大影响。

（二）掣肘房地产调控政策

在中央政府对房地产市场的调控上，中央政府和地方政府调控目标发生背离，中央政府的宏观调控政策得不到地方政府的有力配合（高波等，2012）。地方政府之所以不愿配合中央政府的调控政策，一个重要原因是土地出让收入是地方政府赖以发展，进行地方政府间竞争的重要经济资源。在中央与地方政府、地方政府与地方政府之间的博弈中，各个地方政府都不愿意率先配合中央的调控政策。从现实的因素看，地方政府金融机构借款大部分以土地使用权做抵押，以土地出让收入作为还款来源，土地出让价格的下降将严重削弱地方政府的偿债能力，地方政府债务使得房地产调控陷入两难境地。

四、地方政府国有资产：地方债务的还款保障？

在资产负债框架下以"政府资本净值"概念分析地方政府债务的可持续性，需要将政府的经营性资产包含在内。通常情况是把政府拥有的外汇储备作为政府资产的一部分，通过扣除外汇储备计算政府的净债务。然而，对我国这样一个以公有制经济为主体的国家，无论是中央政府还是地方政府都拥有庞大的国有资产。如果把这些国有企业的国有资产纳入政府的经营性资产，那么债务风险将大大降低。

我国 17 个省份 2010 年底地方政府债务余额与国有资产总额如表 7-9 所示。可以看出，我国地方政府拥有的国有资产规模相当高，17 个省份中有 11 个省份的国有资产规模与债务比率在 50% 以上，北京、浙江、山西与重庆的国有资产规模完全覆盖了地方政府债务。这些大量国有资产的存在，正是对债务风险持乐观态度的人们所强调的一个重要理由。

表 7-9　　17 个省份 2010 年底地方政府债务余额与国有资产总额

省份	债务余额（亿元）	国有资产总额（亿元）	净债务（亿元）	国有资产债务比（%）	分布区域
北京	3745.45	5072.80	-1327.35	135.44	东部
浙江	5877.78	6454.70	-576.92	109.82	东部
山东	5222.22	40830	1139.22	78.19	东部
广东	7502.96	7143.10	359.86	95.20	东部
海南	952.92	575.90	377.02	60.44	东部
山西	2452.37	2690.80	-238.43	109.72	中部
内蒙古	2841.70	1289.20	1552.50	45.37	中部
吉林	3033.00	609.40	2423.60	20.09	中部
河南	2915.74	2020.60	895.14	69.30	中部

省份	债务余额（亿元）	国有资产总额（亿元）	净债务（亿元）	国有资产债务比（%）	分布区域
安徽	3014.00	2914.70	99.30	96.71	中部
湖北	4520.18	1725.20	2794.98	38.17	中部
湖南	4286.78	1686.40	2600.38	39.34	中部
广西	2756.13	2273.90	482.23	82.50	中部
重庆	2159.00	5145.20	−2986.20	238.31	西部
甘肃	1414.90	1052.10	362.80	74.36	西部
宁夏	622.11	228.20	393.91	36.68	西部
新疆	1362.63	671.8	690.83	49.30	西部

资料来源：债务数据通过各省份2011年本级预算执行和其他财政收支的审计报告获取；资产存量来自2011年《中国财政统计年鉴》。

2017年开始推进的融资平台市场化转型加强了地方政府债务与国有资产的现实联系。2017年财政部等六部委印发的《关于进一步规范地方政府举债融资行为的通知》要求推动融资平台公司尽快转型为市场化运营的国有企业。2018年开始，多地省级政府出台政策文件推进融资平台市场化转型。转型的一个重要途径是划入公用事业、房地产、金融、贸易等经营性板块以降低融资平台公益性业务占比。由此，地方政府融资平台的大量无效资产也纳入国有资产规模统计，由公益性投资产生的地方政府债务和经营性资产在法律关系上纳入同一实体。

然而，国有企业的国有资产应该成为地方政府债务偿还的风险储备吗？地方国有企业的国有资产是全民所有的资产，也是企业作为独立法人主体所拥有的企业财产，其经营产生的利润应该回馈整个国民，当然也要保证企业正常生产活动的需要。如果出售国有企业资产，或者通过国有企业经营的利润为地方政府大量缺乏预算责任的投资行为产生的巨额债务提供偿债资金，则不符合公平原则，也是无效率的行为。退一步讲，如果债务风险真正发展到需要依赖国有资产来偿还，那么债务危机将不仅仅是债务的问题，而是破坏中国整体经济稳定运行的多米诺骨牌。

综上，基于现有、潜在及引致风险的分析表明，无论从偿债能力上看，还是从宏观经济的影响上来看，我国地方政府债务风险已经较为严重，化解地方政府债务风险十分紧迫。

第八章 地方政府融资平台的债务特点及其风险分析

第一节 引　　言

根据 2011 年审计署公布的《全国地方政府性债务审计结果》，2010 年底地方政府 10.72 万亿元债务余额中，融资平台公司举借 4.97 万亿元，占比 46.36%。原银监会公布的融资平台贷款余额显示，2011 年 11 月末全国地方融资平台贷款余额约 9.09 万亿元。在原银监会名单中，融资平台有 1 万多家。可见，地方政府融资平台作为地方政府负债的一个重要主体，对其债务特点与风险状况进行研究，是地方政府债务研究的一个重要切入点。通过融资平台债务特点及风险状况的研究，可以从微观层面展现地方政府投融资状况及债务风险呈现的特征与规律，为宏观层面的风险评估提供微观实证基础。

审计署的审计报告重点从规模与结构对地方政府债务的全貌进行了描绘，因其数据的保密性，地方政府债务各组成部分的来源与用途等更翔实数据未曾揭示，各种债务的形成机理与动态发展依然是模糊地带。敬志红和杨胜刚（2011）以湖南省为例，单克强（2011）以江西省为例，原中国银监会青海监管局课题组和高家宁（2011）以青海省为例，分析了地方政府性融资平台的融资状况、存在问题与蕴含风险，并提出相应防范风险的对策建议。这些学者的研究揭示了地方融资平台运作的基本特点，对了解融资平台运作具有重要的实践意义。但他们的研究对融资平台贷款特点的揭示不够具体充分，且存在一定地域性限制（多以中西部省份为例），对融资平台的风险状况及呈现规律定量分析也不足。

基于弥补有关地方债务研究不足及地方融资平台重要性的考虑，本书以东部某省①融资平台银行贷款为例，研究地方融资平台的债务特点与风险状况，以进一步明晰政府融资平台的投融资运作机理与规律。其中，融资平台的债务特点通过融资平台贷款的数量规模、投向（用途）、担保情况、还款来源及还款期限等属性特征来说明，风险状况通过融资平台风险评价指标的统计描述及风险综合评估进行研究与展示。

第二节　研究设计

一、样本说明

本书以东部 S 省 A、B、C、D 和 E 共 5 市、50 家融资平台为研究对象，通过对其 2012 年 6 月末银行贷款和 2011 年末财务指标的分析，揭示地方政府融资平台的债务特点与风险状况。样本调查时间为 2012 年下半年。为了进一步增强数据分析的时效性并更清晰地展示当下融资平台的债务风险，本书也对样本 2013～2019 年的债务演变情况进行了跟踪。

样本的来源地区、行政级次及主营业务类型是我们分析融资平台债务特点及风险状况的三个重要视角：其一，不同地区的经济发展情况不同，融资平台的数量及其承担的职能有所差异。经济发达的城市，融资平台数量较多，其承担的城市建设职能也较重。综合 GDP 总量、财政收入与人均 GDP 等因素考虑，A、B、C、D 和 E 这 5 市的经济发达程度依次递减。② 其二，对融资平台行政级次进行区分，是因为融资平台属于地方政府国有企业，其负责人具有一定的行政级别，企业自身也等同于一定级别的政府单位，这种政治因素和力量是银行在发放贷款时不得不考虑的因素。③ 其三，平台主营业务类型对平台的债务结构、盈利能力会有影响，例如纯公益的投资项目几乎没有经营收益，而收费的高速公路具有一定的投资回报。

按行政级次区分，平台可分为市一级平台、市二级平台、区（县）一级平台、区（县）二级平台、市土地储备中心、区（县）土地储备中心。

---

① 基于保密性及避免影响融资平台财务数据公开等原因，本书研究隐去相关地区的名称。

② 根据该省《2012 年统计年鉴》，A、B、C、D 和 E 这 5 市的 GDP 总量与财政收入依次递减，A 市 GDP 与财政收入总量几乎为 B 市的两倍；按人均 GDP 排序，A、B、D、C 和 E 这 5 市依次递减，但 C 市与 D 市差异不大。

③ 事实上，很多融资平台的负责人为政府官员兼任或经职务调整担任平台公司高管。

一级平台是指市国有资产监督管理委员会或区（县）国资部门直接出资设立的公司，二级平台是指一级平台的子公司，① 土地储备中心是政府国土部门的事业单位，承担辖区内的土地整理储备工作。按平台主营业务类型区分，平台可分为城市投资建设类（简称"城投类"）、交通运输类（简称"交通类"）、开发区和园区类（简称"开发区类"）、国有资产管理公司类（简称"国资管理类"）、土地储备中心（简称"土储类"）、其他类。按地区、行政级次与主营业务类型区分，样本分布数与占比情况如表8－1所示。

表8－1 样本分布情况

依据	样本分布					
按地区	地区	A	B	C	D	E	—
	数量（个）	20	9	10	8	3	—
	比例（%）	40.00	18.00	20.00	16.00	6.00	—
按行政级次	级次	市一级	市二级	区（县）一级	区（县）二级	市土储	区（县）土储
	数量（个）	9	5	25	5	2	4
	比例（%）	18.00	10.00	50.00	10.00	4.00	8.00
按主营业务	主营业务	城投类	交通类	开发区类	国资管理类	土储类	其他类*
	数量（个）	18	7	10	7	6	2
	比例（%）	36.00	14.00	20.00	14.00	12.00	4.00

注：＊为包括水利投资公司与旅游开发公司各1家。

二、研究路径

在研究地方政府融资平台债务特点时，本书首先对50家融资平台的银行贷款规模进行统计描述，然后对50家融资平台各自抽取一笔贷款，计50笔贷款组成样本，对50笔贷款的贷款用途、担保情况、还款来源、还款期限进行分析，展现地方政府融资平台贷款的基本特点。

在揭示地方政府融资平台的债务风险时，选择资产负债率、流动贷款比、资产收益率、贷款债务比、或有债务比五个指标作为融资平台贷款风险的评价指标，并通过标准化方法将评价指标原始值转化为风险评价值，

---

① 一般地方政府对成立三级公司有所限制，因此三级及以下平台极少，因此本书选择的样本中不含三级及以下平台。

然后采取层次分析法和熵值法确立风险评价指标的权重，最后加权求和得出各融资平台最终的风险评估综合得分，并对结果进行分析。

在对样本 2013～2019 年债务风险演变情况进行跟踪分析时，重点分析融资平台组织变迁和债务规模增长情况。组织变迁主要关注融资平台组织结构变动（合并、整合等情况）、注册资本变动和股东变更；债务规模增长主要关注其短期债务和长期债务规模增长情况和结构。

第三节　融资平台贷款的基本特点

本节将从贷款规模、投向、担保方式、还款来源、还款期限等方面对平台贷款呈现的基本特点与规律进行分析，从而对融资平台债务基本特征形成较为全面具体的认识。

一、平台贷款的规模

50 家融资平台的贷款总规模为 2322 亿元，最大为 210 亿元，最小为 2 亿元，平均规模 46 亿元。平台贷款数量少于 40 亿元的有 35 家，占比 70%，其中，市级平台 6 家，区（县）级平台 25 家，区（县）土地储备中心 4 家，分布于 A、B、C、D 和 E 这 5 市。居于 40 亿～100 亿元的有 8 家，占比 16%；大于 100 亿元的有 7 家，占比 14%，平台贷款数量大于 40 亿元的总计 15 家；其中，市级平台 7 家，区（县）级平台 6 家，市土地储备中心 2 家。15 家融资平台几乎都是一级平台（仅有 1 家是市二级平台，为铁路投资公司），主要来源于 A、B 和 C 这三个经济发达城市。

以上数据说明，融资平台的贷款规模受地区经济发展水平、平台级次、承担职能的影响。经济发达的城市，融资平台资本实力较强，负债规模往往也高；平台级次越高，承担的融资职能越重，负债规模也就越大；[①] 承担铁路、园区等大型项目建设的平台公司，以及市土地储备中心，由于投资大，具有较高资金需求，负债规模普遍较高。

二、平台贷款的投向

平台贷款的投向基本可分为七大类别，分别是交通基础设施、市政基

---

① 实际上，大部分市一级平台仅承担融资与投资职能，建设与经营职能通过其子公司实现，因此融资规模高。

础与公用设施、水利与环境设施、旧城改造及开发区建设（包括园区）、土地整理储备、保障性安居工程及经营性项目。交通基础设施包括各级公路、高速公路、铁路、机场、港口码头等；市政基础与公用设施包括城市道路、桥梁、地铁、水热电气设施等；水利与环境设施包括农田水利建设、废水废气治理设施等；旧城改造及开发区建设包括局部或整体上对老城区进行更新、对新区进行规划建设等；土地整理储备是指土地储备中心对土地的收回、收购、置换和征收等土地储备工作；保障性安居工程包括经济适用房、公租房、廉租房、棚户区改造；经营性项目是指非公益性的具有经营效益的商业项目。

在抽取的50笔贷款样本中，贷款在七大类别的投向分别为：交通基础设施6笔、市政基础与公用设施8笔、水利与环境设施2笔、旧城改造及开发区建设17笔、土地整理储备6笔、保障性安居工程0笔、经营性项目11笔。数据表明，融资平台的贷款用途绝大部分用于城市建设方面，包括交通基础设施、市政基础与公用设施、土地整理储备、水利与环境设施、旧城改造与开发区建设五个方面，样本中累计占比78%（见图8-1）。在抽取的样本中，无贷款用于保障性安居工程，说明保障性安居工程所获银行信贷支持不足或者安居工程建设开工量不足。同时，政府融资平台也在从事一部分经营性项目，表明融资平台在涉足一些与城市资源经营相关的产业，如地产业、商业、旅游业等。

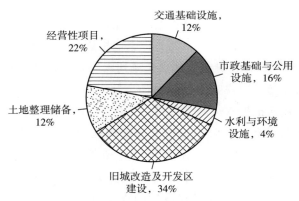

图8-1 平台贷款的投向

三、平台贷款的担保方式

平台贷款的担保情况可以分为信用、保证、抵押与质押四大类。在抽取的 50 笔贷款样本中，信用借款 1 笔、连带责任担保借款 21 笔、土地使用权抵押借款 24 笔、土地房产抵押借款 3 笔、股权质押借款 1 笔。可见地方融资平台多以土地使用权做抵押，或者由关联企业提供连带责任担保来获取银行贷款，两者比例合计 90% （见图 8-2）。融资平台自身没有太多经营性资产作为抵质押物，更多的是依靠政府注入的土地资产，或者凭借自身对政府具有的应收债权，通过银行为项目建设进行融资。体现在融资平台的财务报表中，资产项下的"其他应收款"和"无形资产"，权益项下的"资本公积"数额往往很大。

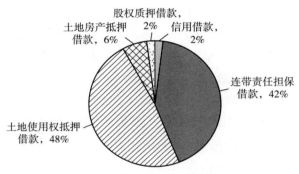

图 8-2　平台贷款的担保方式

四、平台贷款的还款来源

平台贷款的还款来源主要分为土地出让收入、自身经营性现金流、财政拨款与专项税收或费用返还三类。将土地出让收入列入主要还款来源的有 22 笔，占 44%；将自身经营性现金流列入主要还款来源的有 26 笔，占 52%；财政拨款与专项税收或费用返还 2 笔，占 4% （见图 8-3）。融资平台以土地使用权抵押取得的借款（24 笔）几乎全部依靠土地出让收入（22 笔）来进行偿还，通过追加他人连带责任担保或者依靠自身信用方式取得的 22 笔借款中，有 20 笔依靠自身经营性现金流偿还，2 笔将财政拨款与税收费用返还列入还款来源。通过保证方式和信用方式取得借款的融资平台，单纯依靠项目建设后的现金流偿还贷款，反映了融资平台在项目刚性目标任务的压力下，商业银行在缺乏土地等实物资产抵押情况下，对项目运营收益估计过于乐观，或是对政府财政兜底债务高度自信。

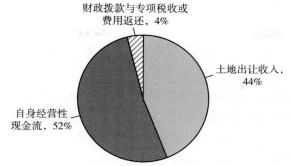

财政拨款与专项税收或
费用返还，4%

土地出让收入，
44%

自身经营性
现金流，52%

图 8 - 3　平台贷款的还款来源

五、平台贷款的还款期限

平台贷款的还款期限可以通过贷款偿还的时间分布进行展示。把平台贷款的还款时间按 2012～2015 年到期余额以及 2015 年以后到期余额进行划分，① 2012～2015 年的本金到期偿还比例分别为 11%、51.1%、28.7% 和 0，2015 年以后的本金到期偿还比例为 9.2%（见图 8 - 4）。审计署地方政府债务审计报告指出，2010 年底地方债务余额还款期集中于 2011 年和 2012 年，2013～2015 年依次递减。从样本数据中发现，融资平台在 2013 年和 2014 年面临偿债高峰。原因可能是 2010～2011 年，融资平台贷款受到全面清理，在"降旧控新"等严格监管下，融资平台信贷环境紧张，转向发债、资产证券化、信托等渠道筹集资金，银行短期借款得以偿还；同时，银行对存量贷款进行了重整和期限置换，还款期延长至 2013 年和 2014 年。此外，数据样本取自 2012 年 6 月末，也造成 2012 年到期余额比例低，但融资平台贷款在 2～3 年内面临偿债高峰的事实不受影响。

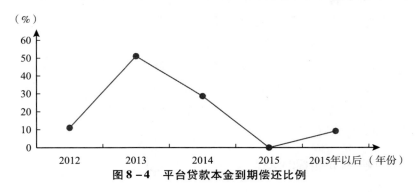

（%）

60
50
40
30
20
10
0

2012　　　2013　　　2014　　　2015　　2015年以后　（年份）

图 8 - 4　平台贷款本金到期偿还比例

① 这里分析的还款期限指融资平台整体债务的还款期限，而非单笔贷款的还款期限。具体计算方法是：把抽取的 50 笔贷款每年的还款额进行加总，然后计算每年的到期余额占总额的比例。

第四节 融资平台贷款风险评价指标的构建及描述

无论从债权人商业银行的角度，还是隐性担保人地方政府的角度，对融资平台贷款的风险状况进行度量与评估，对风险实施有效控制，都具有重要现实意义。债权人希望贷款能够按时还本付息，保证贷款为优良资产，债务人则避免出现违约情况，影响政府信誉及经济社会稳定。本节将尝试构建融资平台贷款的风险衡量指标，并对指标的统计特征进行描述。

一、风险评价指标构建的基本原则

（一）相关性

评价指标必须能够有效衡量融资平台贷款风险的大小，即评价指标对融资平台贷款风险变化敏感。财务分析中的偿债能力指标与盈利能力指标可以有效衡量企业的债务风险，其中偿债能力与贷款能否按时归还直接相关，盈利能力反映了企业的经营成果，是企业能否获得银行信贷的重要参考指标，因为长期处于亏损的企业，还款能力必然受到怀疑。

（二）可测性

评价指标能够被观测和测量是指标选择的重要标准。可测的指标可以用于客观的定量分析以及横截面和时间序列维度的比较。定性描述的数据由于精确性受到限制、易受主观因素影响等原因，因而不建议作为评价指标。

（三）充分性

指标的评价效果，除了有效以外，还应该全面、充分，即以尽可能少的指标包含更多方面的信息。这对指标的选择提出了很高的要求。指标太多，则数据繁杂，不易于分析和决策；指标过少，则会丢失重要的信息，影响决策的效果。在评估融资平台贷款风险时，除了考虑规模风险以外，结构风险也是一个重要的方面，选择合适的结构风险指标是全面揭示平台贷款风险的前提条件。

二、风险评价指标的选择

借鉴财务学对企业偿债能力分析的方法，以及财政风险矩阵对债务结构风险分析的方法（Polackova，1998），本书选取资产负债率、流动贷款比、资产收益率、贷款债务比、或有债务比作为融资平台贷款偿债风险的衡量指标（见表 8 - 2）。其中，资产负债率与流动贷款比分别体现了企业的长期偿债能力与短期偿债能力，资产收益率代表了企业的盈利能力，贷款债务比①和或有债务比衡量了融资平台债务的结构风险。

表 8 - 2 融资平台贷款风险评价指标体系

总目标	一级指标	二级指标	计算公式	性质
融资平台贷款风险评价指标体系	偿债能力	资产负债率	（总负债 ÷ 总资产）× 100%	+
		流动贷款比	（1 年内到期贷款 ÷ 贷款余额）× 100%	+
	盈利能力	资产收益率	（净利润 ÷ 总资产）× 100%	−
	结构风险	贷款债务比	（贷款余额 ÷ 总负债）× 100%	+
		或有债务比	（对外担保余额 ÷ 贷款余额）× 100%	+

注：" + "表示与风险同方向变化，" − "表示与风险反方向变化。

三、风险评价指标的统计描述

（一）资产负债率

在 50 家融资平台中，资产负债率最低为 16.67%，最高为 94.57%，平均值为 57.78%，总体负债水平较高，共有 28 家融资平台资产负债率分布在 50% ~ 70%。各级土地储备中心资产负债率较其他融资平台高，最低为 59.25%，最高为 94.57%，平均值为 75.76%。样本资产负债率频数分布如图 8 - 5 所示。

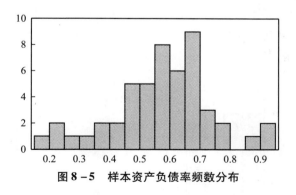

图 8 - 5 样本资产负债率频数分布

在不考虑土地储备中心的情况下，不同地区的资产负债率差异较大

---

① 贷款在债务中的比重越高，说明企业越依赖银行进行融资，从而其风险集中度较高。

（见表 8 - 3）。呈现的规律是，经济发展处于中游水平的城市 C 和 D 资产负债率较高；经济发达城市 A 和 B 资产负债率处于中间水平；欠发达城市 E 资产负债率最低。调研发现，经济发达城市融资平台资本金充足，资产负债率较低；经济欠发达城市融资能力差，负债水平也较低；反而，经济发展处于中游的城市由于城市建设项目较多，自有资本较少，资产负债率最高。虽然平台级次不同，资产负债率差异不大，但土地储备中心的资产负债率明显高于其他平台，大约高出 20 个百分点（见表 8 - 4）。

表 8 - 3　　　　　　　　　样本资产负债率地区比较　　　　　　　单位：%

城市	A	B	C	D	E
资产负债率	53.11	47.01	66.32	66.22	38.15

表 8 - 4　　　　　　　　　样本资产负债率级次比较　　　　　　　单位：%

平台级次	市一级	市二级	区（县）一级	区（县）二级	市土地储备中心	区（县）土地储备中心
资产负债率	58.41	53.88	54.96	53.11	78.30	74.50

（二）流动贷款比

在 50 家融资平台中，一年内贷款到期比例最小值为 0，最大值为 60.20%，平均值为 17.10%。共有 35 家，即 70% 的融资平台流动贷款比低于 20%，说明大部分融资平台一年内到期贷款比重较小，短期偿债压力不大。这与前文对平台贷款还款期限的分析一致，即 2012 年偿债压力被有效化解，偿债压力集中于 2013 年和 2014 年。样本流动贷款比频数分布如图 8 - 6 所示。

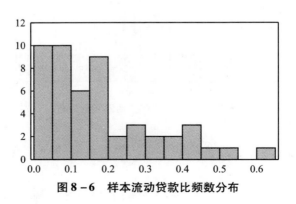

图 8 - 6　样本流动贷款比频数分布

（三） 资产收益率

在 50 家融资平台中资产收益率普遍较低，平均值为 0.47%，效益最好的融资平台资产收益率仅为 4.98%，并有 7 家融资平台出现亏损，亏损率最高为 0.06%。其中有 40 家，即 80% 的融资平台资产收益率低于 0.05%。由此可知，接近于 0 的资产负债率反映了融资平台承担公益性投资、缺乏经营性资产的事实，也进一步印证了 20 笔贷款依靠自身经营性现金流偿还存在重要疑问。样本资产收益率频数分布如图 8-7 所示。

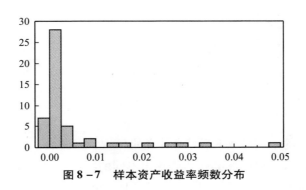

图 8-7　样本资产收益率频数分布

（四） 贷款债务比

50 家融资平台的贷款债务比在 0 ~ 100% 区间近似均匀分布，最小值为 13.09%，最大值为 99.81%，平均值为 52.91%。其中，6 家土地储备中心的贷款债务比相对其他类型融资平台较高，平均值为 58.30%。样本贷款债务比频数分布如图 8-8 所示。

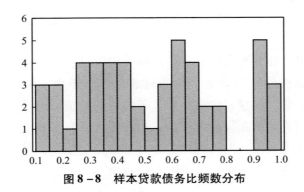

图 8-8　样本贷款债务比频数分布

（五） 或有债务比

在 50 家融资平台中有 1 家融资平台或有债务比为 4801.88%，或有负债相对自身贷款非常巨大。不考虑此极端值，剩余 49 家融资平台或有债务比最低为 0，平均值为 175.27%。或有债务比高于 100% 的融资平台有 24 家，约占 50%，说明融资平台对外担保较多，或有负债高。样本或有债务比频数分布如图 8-9 所示。

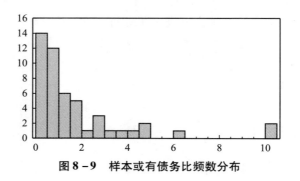

图 8-9　样本或有债务比频数分布

平台层级的不同导致或有债务比差距较大，区（县）级平台相对市级平台较高，且市级与区（县）级表现出不同的特点。市二级平台或有债务比较市一级平台低，而区（县）二级平台远远高于区（县）一级平台。土地储备中心对外担保较低，或有债务比率较小，其中市土地储备中心为 29.30%，区（县）土地储备中心为 39.75%（见表 8-5）。

表 8-5　　　　　　　　　样本或有债务比级次差异　　　　　　　单位：%

平台级次	市一级	市二级	区（县）一级	区（县）二级	市土地储备中心	区（县）土地储备中心
或有债务比	94.92	37.78	112.14	577.38	29.30	39.75

市一级平台通常为市国有资产监督管理委员会独资成立的承担城市建设投融资职能的大型企业，其通过成立二级平台子公司进行项目投资、建设与运营。在项目的运作中，子公司的融资行为需要母公司提供担保，子公司之间的互保现象较少。而在区（县）级平台，由于一级平台由于资本实力有限，对外担保的绝对数额受到限制，但区县的城市建设任务同样繁重；二级平台之间的互保现象非常多，因此区县二级平台对外担保较多。由于国家政策对政府单位对外担保的约束与限制，土地储备中心对外担保相对较少。

第五节　融资平台贷款的风险评估方法及实证结果

在信用风险管理中，通常用违约概率模型来度量该笔贷款发生违约的可能性。由于融资平台贷款形成不良或发生违约的概率非常小，因而传统的风险评价方法，如违约概率模型因历史数据的限制，很难应用。

本书采取系统评估方法对融资平台贷款的风险状况进行评价。首先将融资平台贷款的风险评价指标原始值转换为风险评价值，其次确定每个指标的权重，最后加权求和计算出每个平台的综合风险得分，得出分析结论。

一、指标原始值转化为风险评价值

将评价指标原始数值转换为易于两两比较的风险值具有重要意义。一方面，保证样本在同一指标内进行风险大小的比较；另一方面，使样本不同的评价指标进行横向比较。借鉴刘星和刘谊（2006）的研究方法，采用标准化的方法将风险指标进行转换，使之在（0.05，1）区间内分布。

为避免样本过大或过小等极端值对评价结果产生不利影响，在进行风险值转化时，须计算出各指标平均值和标准差，将低于指标平均值2个标准差的数值设为指标下限 a_j，高于指标平均值2个标准差的数值设为指标上限 b_j[①]。风险指标的上下限值如表 8-6 所示。对于与风险同方向变化的正向指标，指标下限及以下的样本风险评价值转化为 0.05，指标上限及以上的样本风险评价值定为 1，居于上下限之间的样本指标按照线性比例变换为 0.05~1。负向指标，采取同样但逆向的方式转化。具体转化公式如下：

$$r'_{ij} = \begin{cases} 0.05 & r_{ij} \leq a_j \\ \dfrac{r_{ij} - a_j}{b_j - a_j} \times 0.95 + 0.05 & a_j < r_{ij} \leq b_j \text{正向指标} \\ 1 & r_{ij} > b_j \end{cases} \qquad (8.1)$$

---

① 在应用时同时考虑指标的数据分布特征，如除资产收益率外，其他指标均无负值，因此，下限值最为0，同时除有债务比之外，其他指标上限不超过1。

$$r'_{ij} = \begin{cases} 1 & r_{ij} \leqslant a_j \\ 1 - \dfrac{r_{ij} - a_j}{b_j - a_j} \times 0.95 & a_j < r_{ij} \leqslant b_j \text{ 负向指标} \\ 0.05 & r_{ij} > b_j \end{cases} \qquad (8.2)$$

表 8 − 6　　　　　　　　　　　风险评价指标的上下限值

资产负债率		流动负债比		资产收益率		贷款债务比		或有债务比	
下限	上限	下限	上限	下限	上限	下限	上限	上限	下限
0.24318	0.91247	0.00000	0.47327	− 0.01580	0.02519	0.02051	1.00000	0.0000	6.27262

二、确立评价指标权重

在系统评估研究中，对评价指标赋权较常用的方法有层次分析法（AHP）和熵值法。本书综合两种赋权方法，按照层次分析法和熵值法分别求出评价指标的权重，然后取两个权重的算数平均作为评价指标的最终权重，使权重的确认既包括专家信息，又含有数据本身的固定信息。

（一）层次分析法

层次分析法是一种主观赋权方法，它将决策有关的指标分解成目标、准则、方案等层次，在此基础之上进行定性和定量分析，并做出决策。

1. 建立层次分析模型

本书应用层次分析法进行研究时，以衡量融资平台贷款风险状况为总目标。融资平台的偿债能力、盈利能力与债务结构是一级准则（指标）；资产负债率、流动贷款比、资产收益率、贷款债务比、或有债务比是二级准则（指标），各融资平台是方案层如图 8 − 10 所示。

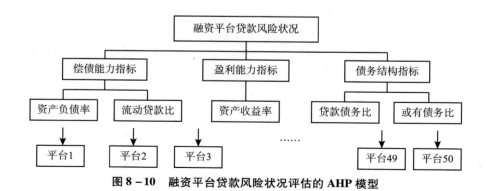

图 8 − 10　融资平台贷款风险状况评估的 AHP 模型

2. 构造成对比较矩阵

层次分析法过程需要构造比较判断矩阵，以确立各指标的相对重要程度。本书采用调查问卷的形式，并综合专家意见得出结论。具体操作过程是：对融资平台的高管、财务经理与投融资专业人员以及银行授信评审部经理发放调查问卷，要求他们按照成对比较矩阵比较尺度赋值方法对各指标进行两两比较，最终赋值取问卷的众数。当众数存在两个以上时，取最接近平均数的数值。成对比较矩阵比较尺度赋值方法如表 8 - 7 所示。

表 8 - 7 成对比较矩阵比较尺度赋值方法

尺度（c_{ij}）	含义
1	元素 i 与元素 j 对上一层次因素的重要性相同
3	元素 i 比元素 j 略重要
5	元素 i 比元素 j 重要
7	元素 i 比元素 j 重要得多
9	元素 i 比元素 j 极其重要

注：2、4、6、8 重要性介于上述相邻尺度之间。

3. 计算权向量并做一致性检验

对于每一个成对比较阵 C 计算最大特征根 λ_{max} 及对应归一化特征向量 $w = (w_1, w_2, \cdots, w_n)$，[①] 利用一致性指标（$CI$）、随机一致性指标（$RI$）和一致性比率（$CR$）做一致性检验。若检验通过，特征向量（归一化后）即为权向量；若不通过，需重新构造成对比较矩阵。随机一致性指标（RI）为随机构造成对比较矩阵所得出一致性指标的平均值，可以查表得出。一致性指标（CI）和不一致性比率（CR）的计算公式如下：

$$CI = \frac{\lambda_{max} - n}{n - 1} \tag{8.3}$$

$$CR = \frac{CI}{RI} \tag{8.4}$$

当 $CR < 0.1$ 时，成对比较矩阵的一致性可以接受，否则要重新构建成对比较矩阵，直到一致性检验通过。在实践中，可以采用"和法"或者"方根法"计算特征向量和特征值的近似值。

"和法"计算如下：

$$w_k = \frac{\sum_{j=1}^{n} c_{kj}}{\sum_{i=1}^{m} \sum_{j=1}^{n} c_{ij}}, \ w = (w_1, w_2, \cdots, w_n) \tag{8.5}$$

---

① 归一化向量指向量各分量大于 0，且和为 1。

$$\lambda_{\max} = \frac{1}{n} \sum_{i=1}^{n} \frac{\sum_{j=1}^{n} c_{ij} w_j}{w_i} \tag{8.6}$$

"方根法"计算如下:

$$w_k = \frac{\sqrt[n]{\prod_{j=1}^{n} c_{kj}}}{\sum_{i=1}^{m} \sqrt[n]{\prod_{j=1}^{n} c_{ij}}}, w = (w_1, w_2, \cdots, w_n) \tag{8.7}$$

$$\lambda_{max} = \frac{1}{n} \sum_{i=1}^{n} \frac{\sum_{j=1}^{n} c_{ij} w_j}{w_i} \tag{8.8}$$

(二) 熵值法

熵值法是一种客观赋权方法,它根据各指标的变异程度,先计算出信息熵,再求出信息效用值,然后经计算得出各指标的熵权,通过熵权对各指标重要性进行修正,得出较为客观的指标权重。

若系统可能处于不同的状态,每种状态出现的概率是 $p_i (i = 1, 2, \cdots, m)$,信息熵的计算公式是:

$$e = -k \sum_{i=1}^{m} p_i \times \ln p_i \tag{8.9}$$

其中,$k = 1/\ln m$。

运用熵值法确定指标权重的基本步骤是:

1. 原始数据的收集与整理。

设有 m 个样本,n 个指标组成的原始数据进行综合评价,形成以下原始数据矩阵 X:

$$X = \begin{bmatrix} x_{11} & \cdots & x_{1n} \\ \vdots & \ddots & \vdots \\ x_{m1} & \cdots & x_{mn} \end{bmatrix} \tag{8.10}$$

2. 数据的标准化处理。

为消除原始数据量纲、数量级对评价指标的影响,对原始数据进行标准化处理。标准化方法有"Min-max 标准化"与"Z-score 标准化"。

Min-max 标准化方法是对原始数据进行线性变换。新数据表达式为:

$$x'_{ij} = \frac{x_{ij} - x_{j\min}}{x_{j\max} - x_{j\min}} \tag{8.11}$$

其中,$x_{j\min}$ 和 $x_{j\max}$ 分别为第 j 项指标的最小值和最大值。

Z-score 标准化的方法是将原始数据减去样本数据的均值并除以标准

差，新数据表达式为：

$$x'_{ij} = \frac{x_{ij} - \mu}{\sigma} \tag{8.12}$$

其中，μ 和 σ 分别为第 j 项指标的均值与标准差。

3. 计算指标信息熵值和信息效用值。

计算第 i 个项目第 j 个指标的比重，形成数据比重矩阵 P，其中：

$$p_{ij} = \frac{x'_{ij}}{\sum\limits_{i=1}^{n} x'_{ij}} \tag{8.13}$$

然后，根据式（8.9）计算信息熵，即 $e_j = -k \sum\limits_{i=1}^{m} p_{ij} \times \ln p_{ij}$。

第 j 项指标的信息效用值是第 j 项指标的信息熵值与 1 之间的差值，信息效用值越大，该指标对评价的重要性就越大，权重也就越大。信息效用值计算公式为：

$$d_j = 1 - e_j \tag{8.14}$$

4. 计算评价指标的权重。

利用熵值法计算各指标的权重，实质是给信息效用值高的指标赋予较高的权重。第 j 项指标权重的计算公式是：

$$w_j = \frac{d_j}{\sum\limits_{j=1}^{n} d_j} \tag{8.15}$$

三、风险评估实证结果

在层次分析法分析过程中，经过专家打分取众数，构建成对比较矩阵 C：

$$C = \begin{bmatrix} 1 & 3 & 5 & 7 & 2 \\ \frac{1}{3} & 1 & 3 & 4 & \frac{1}{2} \\ \frac{1}{5} & \frac{1}{3} & 1 & 2 & \frac{1}{4} \\ \frac{1}{7} & \frac{1}{4} & \frac{1}{2} & 1 & \frac{1}{5} \\ \frac{1}{2} & 2 & 4 & 5 & 1 \end{bmatrix}$$

运用方根法，计算出权向量 w、最大特征值 $\lambda_{\max}$、一致性指标 CI、不一致性比率 CR：

$$w = (0.4340 \quad 0.1711, \ 0.0754, \ 0.0483, \ 0.2712)$$

$$\lambda_{max} = 5.0789, \ CI = 0.0197, \ CR = 0.0176 < 0.1$$

经检验，矩阵的一致性可以接受，资产负债率、或有债务比、流动贷款比、资产收益率、贷款债务比的权重依次递减。

在应用熵值法时可直接使用各指标的风险评价值作为标准化后的数据。这是因为前述将风险评价指标原始值转化为风险评价值的过程实质上用的是 Min-max 标准化方法，但是为了计算熵值的需要，将最小值定为 0.05，而非 0。计算得出的各指标的信息熵值、信息效用值及客观权重如表 8 - 8 所示。

表 8 - 8 　　　　　　　　　熵值法计算权重过程各变量值

熵值计算变量	资产负债率	流动负债比	资产收益率	贷款债务比	或有债务比
信息熵值	0.9728	0.9319	0.9804	0.9732	0.9121
信息效用值	0.0272	0.0681	0.0196	0.0268	0.0879
权重	0.1186	0.2965	0.0854	0.1167	0.3828

对层次分析法与熵值法求的权重取算数平均，得到各指标的最终权重为：

$$w = (0.2764, \ 0.2340, \ 0.0805, \ 0.0824, \ 0.3267)$$

最后用得出的最终权重与各样本的风险评价值（归一化结果）加权求和，得出 50 家融资平台风险评估综合得分（见表 8 - 9）。

表 8 - 9 　　　　　　　融资平台风险评估综合得分（降序排列）

平台	地区	级别	主营业务	得分	平台	地区	级别	主营业务	得分
1	A	区级 2	城投类	0.0436	9	A	县级 1	国资管理类	0.0256
2	B	区级 2	城投类	0.0364	10	D	区级 1	城投类	0.0236
3	B	区级 1	城投类	0.0334	11	A	区级 2	城投类	0.0236
4	A	区级 1	城投类	0.0318	12	D	区级 1	开发区类	0.0234
5	A	区级 2	开发区类	0.0311	13	A	区级 1	城投类	0.0233
6	C	区级 1	开发区类	0.0285	14	B	市级 1	国资管理类	0.0229
7	C	区级	土储类	0.0272	15	D	市级	土储类	0.0227
8	B	县级 1	开发区类	0.0257	16	C	市级 1	交通类	0.0224

平台	地区	级别	主营业务	得分	平台	地区	级别	主营业务	得分
17	B	区级1	开发区类	0.0216	34	C	市级2	城投类	0.0172
18	C	区级1	开发区类	0.0210	35	A	县级1	国资管理类	0.0167
19	C	区级1	交通类	0.0206	36	C	区级	土储类	0.0155
20	D	市级1	交通类	0.0202	37	D	县级2	其他类	0.0152
21	A	县级	土储类	0.0198	38	A	县级1	开发区类	0.0149
22	A	市级	土储类	0.0190	39	C	市级2	交通类	0.0148
23	D	市级1	城投类	0.0189	40	B	市级1	城投类	0.0146
24	A	县级1	城投类	0.0186	41	E	市级1	城投类	0.0143
25	D	区级1	交通类	0.0186	42	A	县级1	国资管理类	0.0136
26	A	县级	土储类	0.0184	43	E	区级1	开发区类	0.0134
27	B	市级1	城投类	0.0182	44	E	市级2	其他类	0.0134
28	B	区级1	城投类	0.0181	45	A	区级1	城投类	0.0128
29	C	市级1	交通类	0.0180	46	A	区级1	城投类	0.0127
30	A	县级1	国资管理类	0.0179	47	A	县级1	城投类	0.0119
31	A	县级1	国资管理类	0.0177	48	B	区级1	城投类	0.0118
32	D	市级2	交通类	0.0176	49	A	区级1	国资管理类	0.0107
33	C	区级1	开发区类	0.0176	50	A	市级2	开发区类	0.0095

注：表内"市级1"代表市一级平台；"市级2"代表市二级平台；"区级1"代表区一级平台；"区级2"代表区二级平台；"县级1"代表县一级平台；"县级2"代表县二级平台。

四、实证结果分析

在得出各融资平台的风险评估综合得分后，按平台所在地区、所属级次、所从事主营业务类型对其贷款风险分布差异进行分析，为融资平台贷款风险管理提供实践参考。在差异分析过程中，使用风险评估综合得分的均值作为比较指标。

（一）融资平台贷款风险的地区分布差异

根据评估结果，将各城市融资平台的贷款风险按从大到小进行排序，依次是B、C、A、D、E（见表8-10）。这说明在应用财务指标及债务结构指标对融资平台贷款风险进行评价时，各地区融资平台的风险得分基本与地区经济发达程度成正比。经济发达的城市建设投资较多，而商业银行把平台贷款视为政府兜底债务，从而乐意为经济发达城市的融资平台提供贷款。

表 8 –10　　　　　　融资平台贷款风险地区分布差异（降序排列）

平台地区	风险评价值（归一化）均值					综合得分	排序
	资产负债率	流动负债比	资产收益率	贷款债务比	或有债务比		
B	0.014563	0.024774	0.016416	0.021326	0.029441	0.022519	1
C	0.024496	0.027427	0.016315	0.023009	0.011067	0.020015	2
A	0.017473	0.011818	0.021076	0.019299	0.027192	0.019765	3
D	0.024445	0.021851	0.023106	0.011725	0.015162	0.019649	4
E	0.009921	0.017821	0.020514	0.013550	0.012283	0.013693	5

注：因土地储备中心的特殊性及样本中地区分布不均，地区分布差异分析未将土地储备中心包含在内。

从各指标风险评价值数据来看，经济发达城市流动负债比、贷款债务比、或有债务比都较高，但 A 市的情况稍有例外，虽然经济最为发达，但其融资平台贷款风险控制较好。A 市政府将较多土地、房产注入融资平台，降低了融资平台的资产负债率，同时在贷款期限安排上，一年内到期的比例较低，因此风险评估综合得分不高。

（二）融资平台贷款风险的级次分布差异

从平台所属行政级次来看，区（县）二级平台、市土地储备中心、区（县）土地储备中心、区（县）一级平台、市一级平台、市二级平台风险综合得分依次递减（见表 8 –11）。

表 8 –11　　　　　　融资平台贷款风险级次分布差异（降序排列）

平台级次	风险评价值（归一化）均值					综合得分	排序
	资产负债率	流动贷款比	资产收益率	贷款债务比	或有债务比		
区（县）二级	0.018213	0.028718	0.022627	0.020877	0.044897	0.029963	1
市土地储备中心	0.030047	0.024627	0.023362	0.034993	0.006184	0.020853	2
区（县）土地储备中心	0.028737	0.025257	0.023362	0.025798	0.007221	0.020219	3
区（县）一级	0.018453	0.017553	0.017510	0.017601	0.023394	0.019710	4
市一级	0.020239	0.021338	0.021302	0.019239	0.012697	0.018036	5
市二级	0.018087	0.015053	0.023447	0.021853	0.007026	0.014506	6

区（县）融资平台作为最基层的平台单位，其承担的职能涉及城乡建设的各个方面，区（县）政府为了投融资的需要，成立的平台数量较多，相互之间的担保现象普遍存在，或有债务比高，导致风险综合得分高；土地储备中心作为政府事业单位，对外担保受到限制，或有负债比重低，但其在政府信用影响下比较容易从银行取得借款，资产负债率较高，从而提升了风险得分，市与区（县）土地储备中心风险程度差异不大；在市级平台中，二级平台作为子公司取得银行贷款时，往往由母公司一级平台提供担保，二级平台之间的互保金额相对较低，同时二级平台借款对应具体的项目，中长期贷款比重大，因此风险评估得分最低。

（三）融资平台贷款风险的业务分布差异

平台的主营业务类型不同，其资本结构、偿债能力、盈利能力、对外担保程度会有所差异，因而导致风险大小不同。城投类、开发区类、土储类、交通类、国资管理类、其他类平台风险评估综合得分依次递减（见表8-12）。

表8-12　　　　　融资平台贷款风险业务分布差异（降序排列）

平台主营业务	风险评价值（归一化）均值					综合得分	排序
	资产负债率	流动贷款比	资产收益率	贷款债务比	或有债务比		
城投类	0.018482	0.018873	0.021279	0.021674	0.025578	0.021380	1
开发区类	0.016739	0.021766	0.016384	0.017904	0.024949	0.020665	2
土储类	0.029173	0.025047	0.023362	0.028863	0.006875	0.020431	3
交通类	0.022987	0.026723	0.020286	0.019755	0.009256	0.018892	4
国资管理类	0.018760	0.009898	0.017700	0.013044	0.024107	0.017876	5
其他类	0.016329	0.017996	0.023533	0.014026	0.007651	0.014274	6

城投类平台虽然资产负债率与流动贷款比风险评价值不高，但资产收益率、贷款债务比及或有债务比风险得分高，风险综合得分居首；开发区类平台或有债务比与流动贷款比风险得分高，其他各项指标风险控制较好，风险综合得分仅次于城投类平台；交通类平台部分资产可以收费，具有一定的经济效益，其资产收益率较高，风险得分低，同时交通类平台或有债务比率低，说明其整体对外担保水平不高，这可能与其业务投资获取政府财政支持力度大有关，但其资产负债率与流动贷款比风险得分高，反映出交通类平台贷款规模高，短期用款需求量大的特点；国资管理公司通

过股权投资成立子公司承担城市建设职能，因此其对外担保水平较高外，其他风险指标控制较好，风险综合得分较低；其他类平台除资产收益率风险得分高之外，其他指标风险得分较低，风险综合得分最低。数据分析结果符合我们的经验直觉：城投类平台与开发区类平台承担了城市建设的大部分任务与职能，其蕴含的债务风险也普遍较高。

第六节　纳入政府隐性担保后的平台贷款风险评估

在上面的分析中得到一个有违经验直觉的结论：融资平台债务风险的高低与其所在地区的经济发达程度正相关。我们给出的解释是：商业银行视融资平台债务为政府兜底债务，愿意为经济发达地区的融资平台提供更多的债务，从而提高了经济发达地区融资平台的风险状况。这个解释的潜台词是：分析融资平台债务风险，应该把地方政府的担保能力考虑在内，否则是不全面的。为尽可能地消除争议，也为了完善研究，本书将进一步对纳入政府隐性担保后的平台贷款风险评估方法进行讨论。

在信用风险管理中，债权人对债务人的偿债风险进行评估时，除了要评估债务人自身财务状况以外，还要对债务人的担保人及债务人的被担保人的财务状况进行评估。担保人和被担保人的财务状况良好，会降低债务人的违约风险，否则，则会提高债务人的信用风险。在前面建立的融资平台风险评估指标体系中，包含了融资平台的对外担保情况（或有债务比），但没有考虑为自身债务提供担保的担保人。

二级融资平台进行债务融资时，一般由其母公司提供连带责任担保，从法律关系上来看，需要将融资平台的母公司纳入其子公司风险评估体系中。退一步讲，即使融资平台母公司没有为其子公司提供担保，在基于自身信誉及政府压力下，在子公司偿债能力出现困难时，母公司也会尽其最大努力为子公司偿还债务。在本书调研的 50 家融资平台中，贷款债务比平均值为 52.91%，并不算太高。一部分原因是融资平台通过发行债券、资产证券化等渠道融资；另一部分原因是很多二级平台的债务来源是母公司借款。在 2010 年开始的融资平台清理规范中，很多二级融资平台的融资能力受到限制，不能借新还旧，只有依赖母公司借款偿还银行债务。

对一级融资平台而言，在债务风险评估时运用的是其合并财务报表，包含了其子公司的债务状况，还需要进一步关注的便是地方政府的隐性担保。随着对地方政府担保行为的严格管理和规范，地方政府直接为融资平台提供担保或还款承诺的行为已经减少。但由于融资平台的国有性质和政府进行城市投融资的载体本质，无论是债权人还是社会公众，都视融资平台为政府的一个公共部门，而非普通的市场实体。一级融资平台在股权上直接由政府国有资产管理部门出资，在管理上则基本隶属于不同的部门，如城投类平台建设任务多由建设部门下达，交通类平台建设任务则由交通部门管理。鉴于融资平台的国有性质和政府投资载体本质，债权人在对融资平台提供融资支持时，需要考虑的重要因素是地方政府的财政实力和信誉。

根据以上分析，本书建立包含母公司和地方政府隐性担保的平台贷款风险评估模型（见图8－11）。新的评估模型在评价地方政府融资平台债务风险时，须同时考虑母公司的债务风险状况（如果有母公司的话）与地方政府的债务风险状况。运用此模型对融资平台债务风险状况进行评价，将有助于改善融资平台风险评估结果的有效性。具体评估方法可以选择本书所采用的层次分析法，在此不再赘述。

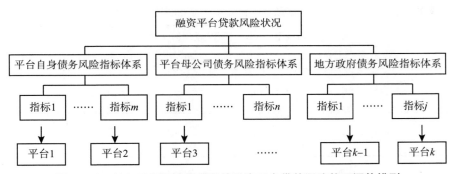

图8－11　纳入政府隐性担保后的融资平台贷款风险状况评估模型

第七节　融资平台的债务风险演变：2013～2019年

融资平台作为地方政府负债的主要载体，规范其举债行为成为地方政府债务风险控制的重要内容。2014年国务院发布的《关于加强地方政府性债务管理的意见》明确要求剥离融资平台政府融资职能，融资平台不得新增政府债务。但由于地方政府公共投资需求的连贯性和刚性要求，该要求并没有得以贯彻。相反的事实是，2015～2018年债务置换后，融资平台存量债务得以剥离，融资平台经过资本充实、整合重组，融资实力进一步增强，融资平台积累了越来越多的隐性债务。基于融资平台负债不断增加的事实，从 2017 年开始，中央和地方政府对融资平台市场化转型出台大量政策文件，尤其是 2017 年财政部等六部委《关于进一步规范地方政府举债融资行为的通知》对融资平台市场化转型提出明确要求。但由于缺乏系统性的融资平台法律安排，全国并没有形成统一的融资平台转型方式和路径。在以上背景下，本书考察了样本融资平台 2013～2019 年的组织变迁和债务演化情况，为全面认识融资平台债务风险提供新的数据支撑。

一、组织变迁

（一）组织结构

在 50 家融资平台中共有 16 家融资平台组织结构发生变动，其中 8 家融资平台名称发生变动一次，其他 8 家融资平台名称变动两次以上（见表 8－13）。8 家融资平台在公司名称上转变为集团公司。组织结构变化的公司来自 A、B、C、D、E 各个地区。

表 8－13 50 家融资平台公司名称变动情况

地区	名称变动个数（个）	名称变动比例（%）	变为集团公司个数（个）
A	8	40	4
B	3	33	2
C	1	10	1
D	2	25	0
E	2	67	1

（二）注册资本变更和股东变更

在 50 家融资平台中共有 17 家融资平台注册资本发生变动，其中 11 家融资平台注册资本变动一次，其他 6 家融资平台注册资本变动两次以上。融资平台注册资本变动发生时间自 2014 年开始，2014～2019 年发生次数分别为 8、4、2、10、3、7 次。从资本增加规模来看，大部分融资平台注册资本变动幅度在 30% 以上，其中 8 家融资平台注册资本规模增加 50% 以上，5 家融资平台注册资本变动在 100% 以上。随着融资平台组织结构以及注册资本变更，融资平台的股东也不断发生变动，50 家融资平台股东发生变动的有 19 家。

结果发现，融资平台注册资本变更主要发生在 2014 年和 2017 年，体现了深刻的政策烙印，即针对上述 2014 年和 2017 年关于融资平台的规范政策文件的出台，地方政府采取了相应的对策和行动进行整合重组，充实了融资平台的资本实力，以满足中央对地方政府融资平台转型的要求。

二、债务演变

本书利用全国企业信用查询系统跟踪了 50 家融资平台 2013 年、2015 年、2017 年和 2019 年四年的财务状况，共获取 29 家具有完整债务数据的融资平台样本，数量占比 58%。该 29 家融资平台 2012 年总贷款金额为 1794 亿元，占原样本 50 家融资平台贷款总金额的 77%。从贷款比重来看，该 29 家融资平台负债规模约占 4/5，因此，对该 29 家融资平台的债务演变情况进行分析，基本能够代表平台债务变动整体情况。

在讨论融资平台债务时主要从金融机构融资角度出发，短期债务取短期借款、应付票据、一年内到期非流动负债，长期债务取长期借款、应付债券。29 家融资平台各债务科目 2013 年、2015 年、2017 年、2019 年规模变化情况如图 8-12 所示。从贷款规模来看，不考虑一年内到期非流动负债里的长期借款部分，2013 年短期借款和长期借款总金额为 2720 亿元，2019 年为 3907 亿元，分别比 2012 年增长 50.5% 和 117.8%。另一个事实是融资平台债券发行量增长迅猛，应付债券自 2013 年的 444 亿元增长至 2019 年的 2024 亿元，增长近 4 倍。29 家融资平台 2019 年末总债务规模高达 7797 亿元，平均负债规模达 269 亿元。因此，总体来看，近十年来融资平台债务规模不断累加，平台承担的政府融资职能不但无法实现剥离，而且越来越集聚更高的债务风险。

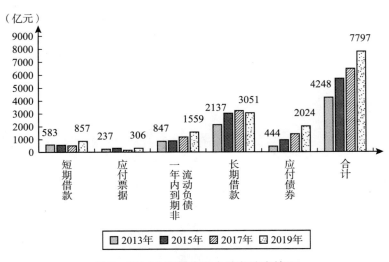

图 8-12 29 家融资平台债务演变情况

综上，通过对冗杂数据的抽丝剥茧，重要的是看到融资平台负债的正反两个方面。地方政府融资平台承担了大部分公益性项目的投资，如市政基础设施与城区改造，对推动城市发展与提高人民生活水平发挥了重要作用。但在助力城市发展与改善民生的同时，融资平台也积累了大量的债务，且其债务主要依靠土地出让金进行偿还，这必然对国家调控房地产市场形成重大掣肘。越是基层的政府，其债务风险程度越高，上级政府隐性担保预期导致的债务压力向上层层传导与当前地方政府债务管理体制的不完善使债务风险疏于防范，难以严格监管。

　　因此，建立统一的债务统计制度与管理制度十分迫切，这是完善地方财政体制，防范地方债务风险，维持金融系统稳定的重要前提。在准确债务统计与严格管理的基础上，建立一套科学系统完备的债务风险监测体系与化解机制，是应对当前地方政府债务风险的有效途径。制度治本，行动治标，继续完善对融资平台的清理规范，严格限制新增平台设立，依然十分重要。

第九章 关注基层债务：基层融资平台债务风险及市场化转型

第一节 引　　言

在理论研究层面，已有大量学者关注融资平台市场化转型研究，并产生了多类视角、内容丰富的成果，既有包括问题、风险与转型建议的规范性分析（徐鹏程，2017；毛振华等，2018；贾康和陈通，2019），也有包括不同区域和行政层级融资平台的实证研究（范硕，2014；梅建明和刘秦舟，2014；赵琦，2016）。徐鹏程（2017）的研究颇具代表性，其对融资平台转型发展存在的问题和风险进行了系统阐述，包括目标定位、内部管理、投融资行为管控、财务风险、财政与金融风险等。梅建明和刘秦舟（2014）专门对落后地区的融资平台转型发展进行了讨论，范硕（2014）和赵琦（2016）分别就县级融资平台和地市级融资平台转型问题进行了分析。

在实践层面，尽管国家出台了诸多规范地方政府举债及融资平台管理的政策文件，但融资平台的地方债务控制与市场化转型一直未取得成功经验。一方面，融资平台债务扩张未能有效控制。融资平台的整顿规范以债务存量甄别和新增债务规模控制为主要内容。债务融资平台存量债务置换后，地方政府融资平台的新增债务主要被认定为地方政府隐性债务（包括纳入财政部债务统计平台的隐性债务以及未纳入债务）。债务管理部门多次强调，《预算法》（2014 年修正）实施以后，地方融资平台公司举借的债务依法不属于政府债务，地方政府不承担偿还责任。但基于融资平台政府性信用实体性质以及政府不救济不可信承诺的预期，融资平台债务与地方政府债务法律关系上的切割并未能有效控制地方政府融资平台负债融资的冲动。地方政府融资平台仍旧以银行贷款、城投债、各类基金或资管产品大量举借债务（刘红忠和许友传，2017）。学者估计 2017 年我国融资平台隐性债务规模高达 30 万亿～50 万亿元（郑祖昀和黄瑞玲，2019）。另一方面，融资平台市场化转型仍未形成可借鉴、可复制的经验，更遑论系统完整的制度框架。融资平台市场化转型的初衷和动力来自控制地方政府债务隐性风险。融资平台债务规模控制不力，融资平台市场化转型便成为空中楼阁，无本之木。

本章在上述背景下深入调研了区级融资平台的债务风险状况及转型发展问题。一方面，是在既有成果基础上对融资平台转型的问题和障碍进行持续分析，以发现新情况和新证据；另一方面，选择市辖区层级的融资平台作为研究对象，可以丰富融资平台研究成果。由于市辖区具有"半级财政"的特点，区级融资平台作为区政府主导下的融资平台，在债务风险与转型发展方面是否具有不同于县级融资平台的地方，是一个有趣的问题。此外，由于事权划分，市级融资平台与区级融资平台的关系和联系也是本书研究关注的地方。

本书选择东部某沿海城市 W 市 H 区的融资平台为研究对象，对其债务风险及市场化转型问题进行研究分析，调研数据来自 2019 年 9 月末。本书的研究对象具有典型代表性。H 区在 2016～2019 年城市建设高速推进，融资平台负债融资规模十分巨大。2019 年 H 区所在省、市政府提出"深化国资国有企业改革，推进地方政府融资平台实体化、市场化转型"的决策部署，H 区融资平台的转型发展成为现实而又紧迫的课题。本章将以 H 区融资平台为例，具体分析基层融资平台的债务风险、市场化转型制约因素和转型目标方向，并延伸讨论融资平台隐性债务有效治理的基本制度框架。

第二节　研究设计

一、样本选择

本书选取的研究对象涵盖东部沿海城市 W 市 H 区的所有融资平台公司。H 区共设有七大融资平台集团。七大融资平台集团母公司均为 H 区国有资产管理部门 100% 持股。七大融资平台集团母公司注册资本基本都在 2 亿元以上（仅有一集团公司注册资本 1.88 亿元），注册资本实力较强，合计 34 亿元。七大融资平台集团主要在区政府的领导下，承担区政府的投融资窗口职责，以及建成项目或园区的物业管理与资产租赁等业务。七大融资平台的主营业务如表9-1所示。

表9-1   H区七大融资平台集团公司主营业务

公司	当前开展主要业务
a	新农村建设；少量资产租赁、停车场收费
b	小微企业园标准厂房建设管理服务
c	工程代建、保安服务、物业管理、劳务派遣、园林绿化工程、停车场、加油站
d	物业管理、租赁；停车场经营服务；新农村建设项目及政府建设项目的投资及管理，农村住房改造项目管理
e	农村住房改造项目管理；政府建设项目的投资及建设；物业管理业务；棚改项目
f	安置房项目建设
g	旅游项目投资、开发与经营管理；旅游基础设施建设

二、H区经济发展背景介绍

H区为东部沿海城市W市的中心城区，2019年实现地区生产总值661亿元，三次产业结构为1∶42∶57，财政总收入为72亿元（包括一般预算收入和上划中央四税收入），其中一般公共预算收入42亿元，一般公共预算收入中税收收入35亿元，土地出让收入124亿元。从税收贡献度来看，全区较为重要的行业是房地产业、纺织服装服饰业、商务服务业、皮革毛皮羽毛及其制品和制鞋业。2019年，其税收贡献度分别为30.27%、17.98%、6.85%、6.82%。

H区所在城市W市，2019年实现地区生产总值超过6000亿元，三次产业结构为2∶43∶55，市场主体以民营经济为主。W市2019年实现财政总收入937亿元，其中一般公共预算收入为579亿元，一般公共预算收入中税收收入为475亿元，土地出让收入986亿元。从市级政府（含区）层面来看，2019年市级财政总收入为426亿元，一般公共预算收入为258亿元，一般公共预算收入中税收收入为213亿元，土地出让收入为574亿元（见表9-2）。

表9-2   W市不同层级政府财税收入比较   单位：亿元

口径	全市	市级	H区
财政总收入	937	426	72
一般公共预算收入	579	258	42

口径	全市	市级	H 区
一般预算中税收收入	475	213	35
土地出让收入	986	574	124

资料来源：根据地方政府统计网站、土地出让信息获取和计算得出。

三、研究路径

（一）思路与方法

本书遵循"现状—问题—对策"的研究范式，对 H 区融资平台的发展现状、市场化转型困境、转型目标与路径进行分析。首先，通过访谈、调查问卷、数据收集与分析等方法获取 H 区融资平台的发展状况，包括组织构架、公司治理、人力资源、投融资情况以及经营收益；其次，对融资平台债务风险、市场化转型面临的制约因素进行评价分析；最后，根据融资平台的功能属性对其转型目标与方向进行讨论。同时，为拓展本章研究理论与应用价值，将采取由个体到一般的归纳逻辑，来尝试构建实现融资平台债务风险有效控制与市场化成功转型的基本制度框架和长短期路径，主要从融资平台系统性法律安排和平台债务当下化解策略两方面进行讨论。

（二）关注重点

融资平台作为地方政府隐性债务最重要的负债主体，债务风险是学者们的主要分析落脚点。在对融资平台转型问题研究时，融资平台的目标定位、内部管理、投融资行为已被大量讨论，但是对区级融资平台的债务管理体系、融资成本与结构、债务风险对地方金融的潜在冲击较少进行实证研究。如前言所述，本书在调查研究过程中，重点关注当前区级融资平台的市区两级管理体系状况、市区两级融资平台业务关系及整合可能性、区级融资平台债务规模与成本情况、基层政府债务风险与地方金融稳定关联性。

第三节　事实与发现

一、融资平台基本状况

（一）组织结构

区级融资平台主要承担区政府的投融资窗口职责，以及建成项目或园区的物业管理与资产租赁等业务，几乎没有市场化经营业务，其赖以生存的资源具有强烈的行政安排性。H 区政府为了融资的需要，以 7 家融资平台集团母公司为主体，设立了 48 家二级子公司、6 家三级公司、1 家四级公司，融资平台层级较为复杂。

（二）公司治理

融资平台普遍未建立现代企业法人治理结构，经营层人员不到位、投融资决策依赖政府指令、政府公务人员兼任融资平台高管情况普遍。大量的二级子公司在资本关系上隶属融资平台集团母公司，但实际上其业务经营和投融资决策由镇、街道政府安排。区政府国有资产管理部门并未对平台公司经营层建立薪酬体系及考核办法，融资平台内部规章制度也不完善，工作流程规范缺失，甚至物品采购等日常运转事宜都要请示政府主管部门。

（三）人力资源

融资平台员工身份复杂，知识技能和素质不匹配平台发展需求。由于融资平台工作稳定轻松，薪酬较高，存在"关系户""因人设岗"等问题。令人吃惊的发现是，一家融资平台总员工共 35 人，本科以上学历仅有 3 人。一个有趣现象是，H 区政府将所聘用的政府雇员（不占用行政编制，不具有行政职务的政府工作人员）统一交由融资平台公司管理，这些政府雇员薪酬由融资平台代为发放，后续再由融资平台与政府结算。

（四）投融资情况

H 区融资平台公司主要在区政府及主管部门的领导下，将资金投向安置房建设、城中村改造、基础设施建设以及产业园区建设。经统计，各融资平台公司总计对外负债约 200 亿元，其中发债 20 亿元，其他基本为商业银行借款。融资平台公司（集团并表口径）中最高负债金额为 71 亿元，最低为 2.5 亿元。

（五）经营资产及收益

H 区融资平台公司的经营性资产主要包括项目建设形成的商业办公楼、工业地块，保障房建设中剩余的未分配房屋，城市建设配套的停车场、加油站用地等物业资源。融资平台公司主要以资产出租获取收益，且经营性资产出租收入构成了融资平台最主要的收入来源。根据调研数据，净有息负债总计 200 亿元的 7 家融资平台集团每年房地产出租毛收入约 6000 万元。经营性资产出租收益不能维持融资平台人员工资开支，更遑论偿付债务。

二、融资平台债务风险评价

H区融资平台公司总计对外负债约200亿元，资金投向主要是政府指定投资项目，绝大部分为公益性项目，在性质上属于政府隐性债务。由于区级平台资本实力和信用有限，在融资过程中需要区政府部门通过一系列文件、合同安排进行支持，政企关系难以厘清，平台债务风险易转嫁为地方财政风险，平台具有强烈的"第二财政"功能属性。对其债务风险可以从债务规模、债务结构、债务成本三方面进行评价。

（一）债务规模

2019年H区一般公共预算收入为42亿元，土地出让收入为124亿元。若以隐性债务/一般公共预算收入计算债务率，则隐性债务率高达476%。若扩大政府财政收入口径，将土地出让收入包含在内，计算隐性债务/（一般公共预算收入＋土地出让收入），其隐性债务比率为120%。但实际上地方政府一般公共预算收入不足以支持一般公共预算支出，尚需要上级政府的转移支付，尤其是区级政府财政自给率较低，因此，一般公共预算收入从现实偿债能力而言不可能用于偿还隐性债务。融资平台隐性债务主要用于资本性项目支出，其成本包括土地拆迁、整理储备等费用，资本性项目的公共产品属性会带动区域房地产价值提升，因此，从融资平台隐性债务的投向和受益对象来看，以"建设财政"土地出让收入进行偿还更符合逻辑和法理。计算隐性债务/土地出让收入，其隐性债务率为161%。若以100%为债务警戒线，H区隐性债务风险已经大大超过预警线。

（二）债务结构

H区融资平台的债务主要来源于银行贷款，占比约90%，债券筹资等资本市场融资手段利用不足；贷款主要为项目贷款，期限结构以中期贷款为主；债权银行以股份制银行（占比27.44%）、中小银行与地方法人银行（占比37.12%）为主，少部分为国有银行与政策性银行（占比16.62%）。此外，融资平台还从金融租赁公司和委托贷款等影子银行体系融资（合计占比8.04%），以及自财务公司获取资本金贷款。不仅如此，来自当地农村商业银行的融资金额为27亿元，占比为13%；H区农村商业银行贷款规模约为270亿元，融资平台贷款占其贷款规模的10%，本土地方法人银行为区融资平台贷款提供了重要支持。融资平台融资利率因债权银行不同而存在较大差异，利率自4%~8%不等，担保方式主要为抵押及关联企业担保。H区融资平台公司负债规模与结构及债权人结构分析见

表 9 - 3 和表 9 - 4。

表 9 - 3　　　　　　　　　H 区融资平台公司负债规模与结构

公司	融资主体	融资金额（亿元）	期限	融资利率	担保方式	债权银行/机构
a	全部为子公司	42.9	基本为 3 ~ 5 年中期贷款	利率自 4% ~ 8% 不等	抵押、质押、母公司担保等	股份制银行、中小银行与地方法人银行为主
b	30 亿元为集团母公司贷款	31.4	主要为 3 ~ 5 年中期贷款	利率自 5% ~ 8% 不等	抵押、质押、保证等	股份制银行、中小银行与地方法人银行为主，少部分国有银行与政策性银行
c	13 亿元为集团母公司贷款	14.3	短中期贷款，1 ~ 3 年不等	利率自 4% ~ 8.5% 不等	抵押、保证	股份制银行、中小银行与地方法人银行
d	全部为子公司	29.1	中长期贷款为主	利率自 5% ~ 7% 不等	抵押、保证	国有银行与政策性银行、地方法人银行为主，少部分股份制银行
e	35 亿元为集团母公司举借，其中 20 亿元为发债	70.9	中长期贷款为主	利率自 4% ~ 8% 不等	保证、应收账款质押	20 亿发债、股份制银行、中小银行与地方法人银行为主
f	14 亿元为集团母公司贷款	17.7	中长期贷款为主	利率自 5% ~ 8% 不等	保证	股份制银行、中小银行与地方法人银行为主
g	全部为集团母公司贷款	2.5	短中期贷款，1 ~ 3 年不等	利率自 5% ~ 8% 不等	保证	股份制银行与地方法人银行

表 9 - 4　　　　　　　　　H 区融资平台债权人结构分析

来源	融资金额（亿元）	结构占比（%）	年利息（万元）	加权成本（%）
国有银行与政策性银行	34.7	16.62	18290	5.27
全国性股份制银行	57.3	27.44	36595	6.39
中小银行与地方法人银行	77.5	37.12	46454	5.99
融资租赁	14.5	6.94	11116	7.67

来源	融资金额 （亿元）	结构占比 （%）	年利息 （万元）	加权成本 （%）
财务公司	2.5	1.20	318	1.27
委托贷款	2.3	1.10	915	3.98
发债	20	9.58	7960	3.98
合计	208.8	100.00	121648	5.77

（三）债务成本

区级融资平台的负债融资大多为股份制银行、中小银行（其他地区城市商业银行）和地方法人银行（主要为本市农村商业银行），尤其是中小银行、本地农村商业银行以及融资租赁公司资金成本过高，基本超过6%，部分甚至超过8%，大约高于市级平台200个基点（2%）。不考虑债务期限结构及融资时点，加权计算 H 区融资平台债务融资成本为5.77%。进一步按照国有银行与政策性银行、全国性股份制银行、中小银行与地方法人银行、融资租赁公司进行计算，加权融资成本分别为5.27%、6.39%、5.99%、7.67%，而资本市场发债融资成本为3.98%。H 区融资平台每年偿还负债利息约为12亿元，对应其一般公共预算收入42亿元，隐性债务偿付利息约为一般公共预算收入的28.5%。融资成本较低的国有大型商业银行贷款占比仅有16.6%，H 区融资平台债务资金来源存在进一步优化的空间。

综上所述，从区级融资平台债务规模、结构及成本来看，融资平台隐性债务蕴藏了很大的金融风险。区级融资平台因为融资资质所限，其合作金融机构多为地方中小金融机构，而地方金融机构资本实力有限，一旦出现债务违约，地方金融体系将受到巨大冲击。H 区金融机构总贷款规模为750亿元，融资平台贷款占金融机构信贷资源的四分之一，这对于民营经济较为发达的 W 市而言，地方债务对民营经济信贷资源的挤占已经非常显著。

此外，在债务投向方面，从本书调研情况来看，尽管融资平台投向大多为城市公益性项目或基础类项目，但部分投资仍具有地方行政色彩，比如大量重复的园区建设，甚至旅游类高风险项目投资，融资平台项目投资风险较高，债务资金利用效率低下。

三、融资平台转型面临困境

（一）融资平台设立及定位存在先天不足

融资平台设立的初衷是为地方政府项目建设筹措资金，并不是打造以利润最大化为目标的市场主体。所以融资平台不同于现代企业，跟传统的国有企业也存在较大区别，部分融资平台存在的目的甚至仅是为了融资的需要。本书调研的 H 区政府设立了七家融资平台集团，主要目的就是利用多家融资平台进行融资。地方政府通过设置数量众多的融资平台，利用信息不对称的优势，可以从金融机构获取总额更多的信贷支持，多家融资平台之间还可以进行交叉担保、资金周转腾挪。融资平台实质上成为地方政府的"第二财政"，履行了债务资金的收支与使用功能。

此外，地方政府很少基于市场经营的理念对融资平台的长远发展进行科学谋划。大部分融资平台设立后，项目建设主要采取招投标的方式选择社会单位实施，融资平台本身并不需要任何特定资质，仅仅作为一个投资主体对项目进行管理。融资平台所积累的项目经验也仅仅局限于投融资建设环节流程的学习。因此，自设立到运营，融资平台非市场经营主体的特征决定了融资平台市场化转型缺乏基本的企业经营理念和经营能力作为支撑。

（二）债务负担掣肘转型发展

债务问题是融资平台市场化转型的主要障碍。如前所述，地方政府融资平台积累了大量的债务，这些债务从本质上讲属于地方政府隐性债务，需要地方政府纳入各类预算，依靠预算收入进行偿还。但由于地方政府负债规模高，债务管理政策和体系不完善，未建立周密的偿债计划，因此债务化解主要基于土地出让情况和后续项目建设数量而定。融资平台债务还本付息主要通过借新还旧来解决。债务的续作是项目建成后融资平台的主要工作内容，融资平台很难有空间去考虑市场化转型和实体化运作的发展问题。

（三）政企边界难以厘清

融资平台未建立现代企业法人治理结构、投融资决策依赖政府指令、政府公务人员兼任融资平台高管的现象实质反映了融资平台政企边界不清的问题。根据《中华人民共和国公司法》《中华人民共和国企业国有资产法》等法律，国家出资企业应该依法建立和完善法人治理结构，建立健全内部监督管理和风险控制制度。然而，融资平台尽管以有限责任公司等现代公司的形式存在，但实际上融资平台和传统的国有企业存在重大差别。

传统的国有企业经过长期的改革，基本已建立现代企业制度，作为市场经营实体，有其主营业务，自负盈亏。但融资平台没有实质性资产和市场经营能力，脱离了政府的信用背书和资产注入便很难生存。从金融机构债权人的立场来看，融资平台是地方政府政策性金融体系的一部分，只不过不是资金供给方，而是资金需求方（温来成和苏超，2013）。正是在这种制度环境下，金融机构乐于向融资平台提供资金支持，政企边界不清反而成了地方政府和金融机构乐于维持的现状。

（四）缺乏人力资本支持

一方面，地方政府融资平台作为地方国有企业，其薪酬待遇高，工作压力小。尤其在区级等基层融资平台，真正的公开市场招聘录用人员比例不高。另一方面，由于融资平台职能主要是政府项目的投融资管理，业务性质与其他市场主体存在较大差异，融资平台很难培养市场性竞争人才，融资平台公司的人力资源状况，距离支持融资平台市场化实体化运作的要求还存在较大差距。

（五）基层平台获得上级政府支持力度不足

尽管自中央到省市政府对融资平台债务风险都保持审慎的态度，并着手推动融资平台市场化实体化改革转型，但由于融资平台的分级管理机制，不同层级政府主要关注的则是本层级融资平台的债务风险及市场化改革。在市级层面，债务管理部门及国有资产管理部门主要关注市级融资平台，对区级融资平台的债务风险及市场化转型问题还是将责任大部分归于区级政府，并未在企业治理、风险控制、改革路径等方面给区级政府提供建议和帮助。出于对风险和责任隔离的考虑，市级融资平台也很少与区级融资平台存在股权合作或业务合作行为。

四、融资平台市场化转型目标与方向

（一）融资平台发展定位和目标

融资平台市场化转型的诉求来自融资平台承担了地方政府债务融资职能，债务管理部门希望通过市场化转型来剥离融资平台的政府融资职能，解决地方政府负债不公开、不透明及过度负债的问题，从而控制地方政府隐性债务风险。但一个重要问题是，剥离融资平台融资职能后，融资平台存在和发展的形式和逻辑是什么，以及如何构建融资平台与地方政府之间的法律关系？这个问题是融资平台的发展定位和目标问题，必须首先回答。

从融资平台的发展情况来看（无论是既有学者的研究，还是本书的调研结果），融资平台承担政府融资职能的角色在未来很长的时间内难以改变。一是2014年前积累的政府存量债务甄别和置换后，地方政府又通过融资平台累积了大量的隐性债务，再进行一轮债务置换无论从地方政府道德风险管理，还是从维护中央权威方面来讲，都不具有现实操作性和可能性。地方政府融资平台必须承担这些累积债务的滚动续作。二是法律层面的地方政府债务融资方式单一且有限额要求，单靠地方政府债券还不足以支持地方政府事权支出的需要，融资平台贷款、城投债等隐性债务融资方式还有很大的现实需求。

因此，在融资平台市场化转型背景下，应保留部分融资平台继续履行政府融资职能，但须健全其债务统计与管理体系，具有现实转型基础、可以实现经营性项目封闭运作的融资平台，可以剥离其政府债务融资职能，划定政企边界。保留政府融资职能的融资平台，其定位是地方政府政策金融体系的一部分，经营目标是代地方政府履行公益性项目的投资建设；剥离政府债务融资职能的融资平台，其定位是地方国有企业实体，目标是转化为具有现代企业治理结构和市场竞争能力、自负盈亏的市场运行主体。

（二）融资平台市场化转型方向

根据2015年《中共中央 国务院关于深化国有企业改革的指导意见》，国有企业可以分为公益类和商业类。从地方政府融资平台的投融资运作业务来看，融资平台主要是承担政府主导的城市建设职责，包括基础设施、旧城改造、环境整治、园区开发、保障房建设等。当前，地方政府各个层级都设立了数量众多的融资平台，其从事的业务具有很大的相似性，不同融资平台从事的业务范围更多是以地域或项目进行划分，而非以业务类型进行区分。从融资平台市场化转型及管理的需要来看，重点是确立融资平台的发展定位，在数量上可以对融资平台进行合并重组。例如，从区级政府现实的融资需求来看，可以做大做强两至三家资本实力雄厚、基础资产充盈的区级国有融资平台，以充分利用资本市场融资，降低银行信贷融资成本。根据融资平台从事项目的具体性质及其发展定位，融资平台可以转型为公益类国有企业、准经营类国有企业以及商业类国有企业。

1. 公益类国有企业。

公益类国有企业主要履行政府公益性项目建设职能，设立时政府可以通过注入资本金、土地房产等形式充实其资本实力。以项目代建方式实现政企分开、市场化融资，构建平台债务与地方财政的首道"防火墙"。目标是打造专业能力突出、融资能力优秀的城市建设集团。基层融资平台应该争取条件吸纳市级国资注入（比如股权30%），提升集团的信用等级和资本实力，从而提升其融资能力。

2. 准经营类国有企业。

准经营类国有企业主要负责准经营性项目的建设管理，如地方政府各类产业园区的建设和管理。产业园区建设具有自身独特性质，对地区经济与社会发展具有强烈的外部性效应。除了实收资本方面，在建设环节，政府要在土地配套资源方面给予明确支持。在建设环节可以与公益类国有企业密切合作，但准经营类国有企业与公益类国有企业的区别主要在于建成资产后的后续运营具有现金流。

3. 商业类国有企业。

商业类国有企业是以市场化的方式参与纯市场竞争性业务。准经营类国有企业形成的资产可以特许经营、委托经营、服务外包等方式授予商业类国有企业，如停车场统一运营、城市广告资源统一运营、物业管理等。同时商业类国有企业要积极参与市场竞争，包括区域外市场的公开竞争。

第四节　扩 展 讨 论

上文以 H 区融资平台为例讨论了融资平台发展的基本现状、债务风险及市场化转型制约因素，并对融资平台市场化转型的目标及方向做了阐述。但知易行难，融资平台的债务风险控制及市场化转型问题长期以来一直被债务管理部门重申，学术界也大量讨论，但至今仍未有成功明晰的解决方案。究其原因，是在于并未构建融资平台转型发展的制度保障和长短期路径。既有政策法规在约束地方政府利用融资平台进行债务融资方面的收效甚微，剥离融资平台政府融资职能、融资平台新增债务依法不属于政府债务等文件和政策要求并未解决融资平台的发展定位、厘清地方政府与融资平台政企关系，也未明确融资平台的破产机制。

本部分将讨论两个方面的内容，包括融资平台系统性法律安排与现实债务化解策略。融资平台系统性法律安排，包括融资平台设立程序、发展定位、经营管理和破产机制等，是实现融资平台市场化转型的法治基础，也是实现地方政府债务融资有效市场约束的基本前提。系统性法律安排是长期内解决融资平台隐性负债风险的根本办法，短期内还需要对融资平台现实债务进行化解，防止融资平台债务风险引致地方政府财政危机，并引发系统性区域性金融风险。

一、融资平台系统性法律安排

国有企业管理依据的基本法律主要有《公司法》和《企业国有资产法》。2008 年出台的《企业国有资产法》对企业国有资产的监督管理机制做了明确规定，尤其是政企分开、社会公共管理职能与企业国有资产出资人职能分开、不干预企业自主经营的三大原则，是指导完善国有企业深化改革的基本原则。2015 年出台的《中共中央　国务院关于深化国有企业改革的指导意见》是近些年指导深化国有企业改革的重要文件，确立了商业类国有企业和公益类国有企业分类推进改革、完善国有企业现代企业制度、以管资本为主推进国有资产监管机构职能转变等国有企业改革的基本思路和内容。这些法律和文件构建了国有企业经营管理和监督管理的基本框架。在具体推进过程中，中央、省、市对国有企业也建立起了较为完备的分级管理构架。但本书认为需要对融资平台制定专门的法律或者制度安排，对融资平台的发展定位、监督管理、债务统计、破产重整进行详细的规定。

首先，融资平台与传统经营性国有企业以及水电公交等半公益性国有企业不同，融资平台账面的国有资产实际都无法产生现金流，从会计科目来看，属于融资平台对地方政府的应收账款，融资平台实际履行的是政府政策性融资窗口职能。当前，各级政府都将地方政府融资平台的会计报表统一合并至国有资产数据统计中，账面上产生了庞大的国有资产，但实际上地方政府融资平台的国有资产大部分属于政府债务的往来资金。

其次，由于融资平台特定的功能角色，离开地方政府的信用背书和还款保障后，融资平台实际不具备现代企业独立核算、自负盈亏的市场经营能力。一旦融资平台资金链断裂，出现债务违约，若按《中华人民共和国破产法》处置，无论从程序上还是法理上都难以厘清债权债务关系，融资平台融资建设形成的基础设施、产业园区无法变现；若债权人行使代位求偿权，则又面临隐性债务显性化、违反《预算法》以及债务管理政策等问题。

最后，从本书调研情况来看，地方各级政府对融资平台实行分级管理，各个层级政府基于建设融资需要能够设立任意数量的融资平台，而且由于"县财省管"的财政体系，市级政府对县层级政府债务问题了解和关注甚少。市本级债务管理部门对区级融资平台也未形成统一的管理监控机制。因此，从有效控制隐性债务的角度来讲，地方政府应自省级层面，对融资平台制定一套完善的管理体系，需涵盖融资平台的设立、日常管理、激励考核、投资项目及融资规模统计、审计监督等流程。

二、现实债务化解策略

当前，控制地方政府风险，尤其是基层政府债务风险的主要任务是化解存量和控制增量，尤其是重大疫情以及不安定外围环境影响下，地方政府财政收入下滑，需要重点防范和化解高负债率政府的债务风险和财政危机。长远的制度建设需要和当下的化解策略同步实施。就融资平台隐性债务风险控制而言，建议做好以下两个方面的工作。

（一）建立化债计划，有效降低融资成本

有效控制债务规模与成本，与融资平台实现市场化、实体化转型唇齿相依。从现实来看，在短期内，融资平台所实现的经营收益仅限于盘活资产存量以及维系企业正常运营成本，不可能通过市场化和实体化运作化解政府隐性债务。地方政府还需要通过平台重组、充实资本、建立化债计划等手段，有效降低各融资平台的债务负担。一是各级政府要加强债务化解工作。债务管理部门要制定有序偿债计划，并建立偿债基金，稳步推进化债工作；地方政府及相关部门要坚决避免无效投资和非公益性项目投资，避免融资平台债务膨胀；政府债务管理部门、国有资产管理部门要加强对本级及以下层级融资平台融资成本的控制力度。二是通过平台重组、充实资本等手段，在本级政府层面构建资本实力强大、融资能力优秀的大集团，加强与政策性银行、四大国有商业银行以及全国性股份制商业银行的信贷合作，提升融资平台的融资议价能力，有效降低债务融资成本。

（二）明确项目运作模式，规避经营和投资风险

融资平台可以转型为纯公益类企业、准经营类企业和纯经营类企业，是因为项目可以分为公益性项目、准经营性项目和纯经营性项目。融资平台的发展定位与其项目运作模式存在密切关联，政府应当将有限的资金与资源用于公益性项目，经营性项目可以通过民间资本独资或者政府参股等方式进行运作。当前，融资平台进行市场化和实体化转型，应该紧紧发挥平台的政府资源优势，规避技术、管理与人力资源的劣势，明确项目运作模式并严格执行。对公益性项目而言，政府为投资主体，项目运营重点是控制成本与保证服务水平，项目资金主要依赖于财政资金支持，须重视防范隐性债务风险。对经营性与准经营性项目来说，尽可能引入社会资本合作，市场化合作经营或者实现经营权转让，拓宽融资渠道，充分发掘城市经营性资源收益，在规避市场经营风险的同时，实现良好经济效益。

第十章　地方政府债务风险治理的
双重约束机制研究

第一节　引　　言

为有效控制地方政府债务融资，不同国家根据自身经济、社会与政治环境确立了不同的债务管理模式。从世界范围来看，地方政府债务管理模式分为四种类型：市场约束型、合作协调型、规则基准型和直接管控型（Ter - Minassian & Craig，1997）。市场约束型是指资本市场会对地方政府借贷能力做出反应，地方政府若要取得借款并维持较低的借款利率，必须向债权人展示良好的财政状况与信誉。资本市场自动约束地方政府借贷行为的情况发生于资本市场较为发达的国家。合作协调型是指在每个财政年度地方政府与中央政府就地方政府债务融资进行协商讨论，此种模式能够将地方政府的经济发展纳入国家整体经济发展计划中，避免地方政府经济政策与中央政府产生不一致。规则基准型是指通过法律制定财政规则来对地方政府债务融资实施控制。这些规则可能包括平衡预算要求、赤字与债务上限及黄金规则等。直接管控型是指由中央政府直接对地方政府债务实施行政控制，地方政府借款与中央政府借款一同视为主权行为。

实践证明，没有任何一种地方政府借款管理模式在任何情况下都优于其他模式（Plekhanov & Singh，2006）；最优政府债务管理模式的选择依赖于其他体制变量，如纵向财政失衡、财政援助先例的存在及财政报告的质量。在现实讨论中，制定债务融资规则基准或者中央政府与地方政府实施债务规模控制普遍强调的都是预算责任与财政纪律。预算责任更强调主观的债务融资态度，而财政纪律则是客观的规则制约。预算责任与财政纪律是一个硬币的两个方面。另一个层面的讨论则是市场约束机制，着重强调债权债务关系的市场交易本质，市场约束机制主张运用市场的力量对地方政府债务融资实施有力约束。完善的市场约束机制可以有效防范金融机构等债权人的机会主义，防止其与地方政府合谋，过度支持地方政府隐性负债融资。

就目前我国的地方政府债务管理体制而言，自 2014 年开始中央政府便不断完善地方政府债务融资的法律约束，如修订《预算法》以及出台《政府投资条例》，中央政府对地方政府债务融资实施规模限制，对地方政府担保行为和隐性融资行为进行严格管理。在地方政府债务融资有关法律与行政措施的实施过程中，一方面，中央政府越发强调地方政府对财政纪律的遵循；另一方面，中央政府债务管理部门也在通过明确划分地方政府债务范围、公开承诺不救助责任、明确地方政府债务风险的属地管理责任等一系列措施来强化地方政府债务的市场约束机制，打破地方政府隐性债务的刚性兑付责任和金融机构一贯持有的中央政府救助信念。在有效的市场约束机制环境下，金融机构需承担地方政府违规担保与隐性负债的法律与市场责任。

但从地方政府隐性债务的持续扩张和局部地区政府债务出现风险状况来看，[1] 现阶段我国地方政府债务融资的财政纪律和市场约束机制还未能发挥有效作用，地方政府债务风险成为影响我国经济发展和金融稳定的"灰犀牛"，地方政府债务风险治理的事前控制和监测预警还未能形成良好的体制机制。本章将着手探讨构建有效控制我国地方政府债务融资的"财政纪律与市场约束"的双重约束机制。"财政纪律与市场约束"双重约束机制既包括对地方政府债务人的纪律要求，也包括对金融机构等债权人的制度规定，并将地方政府债务风险控制的政府管理责任延伸到社会治理范畴。市场约束的建立既是财政纪律的结果，最终也构成了债务管理体系的组成部分，因为市场约束检验和反映了债务管理体系的运行质量和效果。因此，本章内容与前文第四章讨论的地方政府债务形成机理构成了"因与果""问题与对策"的联系。

本章内容安排如下，首先，对我国地方政府债务融资的法律法规与行政约束政策等财政纪律进行总结；其次，分析我国地方政府债务融资的市场约束机制发展状况；最后，探讨构建"财政纪律与市场约束"双机制债务风险治理体系，以有效防范和化解我国地方政府债务风险。

---

[1] 2019 年，国家开发银行开始参与化解地方政府债务风险，涉及江苏省镇江市、湖南省湘潭市、贵州省遵义市、青海省、山西省等地，既包括中西部经济不发达地区，也包括江苏等发达省份。

第二节　地方政府债务融资的财政纪律：现状及评价

一、相关的法律法规与政策概览

虽然我国地方政府债务管理制度在不断地丰富和完善，但目前尚未建立一个系统清晰的法律体系，对地方政府债务融资的管理要求见于一些法律法规以及部门规章制度。本书梳理了自 1994 年《预算法》颁布以来的法律法规与重要的部门政策文件，汇总如表 10 – 1 所示。

表 10 – 1　　　　1994～2020 年我国地方政府债务制度文件汇总

时间	政策发布主体或重要会议	法律法规、政策文件或会议要求
1994	全国人民代表大会常务委员会	《中华人民共和国预算法》
1995	全国人民代表大会常务委员会	《中华人民共和国担保法》
2009	财政部	《2009 年地方政府债券预算管理办法》
2010	国务院	《国务院关于加强地方政府融资平台公司管理有关问题的通知》
2011	财政部	《2011 年地方政府自行发债试点办法》
2011	审计署	《全国地方性政府债务审计结果》
2012	全国金融工作会议	明确提出防范化解地方政府性债务风险
2013	原银监会	《中国银监会关于加强 2013 年地方政府融资贷款风险监管的指导意见》
2013	审计署	《全国政府性债务审计结果》
2014	财政部	《2014 年地方政府债券自发自还试点办法》
2014	全国人民代表大会常务委员会	《中华人民共和国预算法》（2014 年修订）
2014	国务院	《国务院关于加强地方政府性债务管理的意见》
2014	财政部	《地方政府存量债务纳入预算管理清理甄别办法》
2015	财政部	《地方政府一般债券发行管理暂行办法》
2015	财政部	《地方政府专项债券发行管理暂行办法》
2015	财政部	《财政部关于对地方政府债务实行限额管理的实施意见》
2016	国务院	《地方政府性债务风险应急处置预案》

时间	政策发布主体或重要会议	法律法规、政策文件或会议要求
2016	财政部	《地方政府性债务风险分类处置指南》
2016	财政部	《地方政府一般债务预算管理办法》
2016	财政部	《地方政府专项债务预算管理办法》
2017	全国金融工作会议	严控地方政府债务增量，终身问责，倒查责任
2017	财政部	《关于进一步规范地方政府举债融资行为的通知》
2018	国务院	《关于防范和化解地方政府隐性债务风险的意见》
2018	国务院	《地方政府隐性债务问责办法》
2018	银保监会	《中国银保监会办公厅关于进一步做好信贷工作　提升服务实体经济质效的通知》
2018	国务院	《关于保持基础设施领域补短板力度的指导意见》
2018	国务院	《政府投资条例》
2018	财政部	《地方政府隐性债务统计监测工作指引》
2019	财政部	《财政部关于做好地方政府债券发行工作的意见》
2020	财政部	《财政部关于进一步做好地方政府债券发行工作的意见》
2020	中央经济工作会议	抓实化解地方政府隐性债务风险工作

以上法律法规和政策文件的发布实施，大致构成了我国地方政府债务管理体系的发展脉络。纵览以上法律法规和政策文件，《预算法》《政府投资条例》和国务院 2014 年发布的《国务院关于加强地方政府性债务管理的意见》的内容基本可以勾画出我国地方政府债务管理的基本框架。下面将对这三个文件中的地方政府债务管理规定进行阐述。

（一）《预算法》

《预算法》关于地方政府债务的规定主要在第三十五条。具体条文如下：

第三十五条　地方各级预算按照量入为出、收支平衡的原则编制，除本法另有规定外，不列赤字。

经国务院批准的省、自治区、直辖市的预算中必需的建设投资的部分资金，可以在国务院确定的限额内，通过发行地方政府债券举借债务的方式筹措。举借债务的规模，由国务院报全国人民代表大会或者全国人民代表大会常务委员会批准。省、自治区、直辖市依照国务院下达的限额举借的债务，列入本级预算调整方案，报本级人民代表大会常务委员会批准。

举借的债务应当有偿还计划和稳定的偿还资金来源，只能用于公益性资本支出，不得用于经常性支出。

除前款规定外，地方政府及其所属部门不得以任何方式举借债务。

除法律另有规定外，地方政府及其所属部门不得为任何单位和个人的债务以任何方式提供担保。

国务院建立地方政府债务风险评估和预警机制、应急处置机制以及责任追究制度。国务院财政部门对地方政府债务实施监督。

（二）《政府投资条例》

自 2001 年开始起草的《政府投资条例》于 2019 年 5 月正式出台。虽然《政府投资条例》讨论了近 20 年，但从出台的内容来看，《政府投资条例》并未有地方政府债务的直接内容，但在政府投资的预算管理方面有相关表述。相关条文如下：

第三条　政府投资资金应当投向市场不能有效配置资源的社会公益服务、公共基础设施、农业农村、生态环境保护、重大科技进步、社会管理、国家安全等公共领域的项目，以非经营性项目为主。

第五条　政府投资应当与经济社会发展水平和财政收支状况相适应。

国家加强对政府投资资金的预算约束。政府及其有关部门不得违法违规举借债务筹措政府投资资金。

第十八条　政府投资年度计划应当和本级预算相衔接。

第十九条　财政部门应当根据经批准的预算，按照法律、行政法规和国库管理的有关规定，及时、足额办理政府投资资金拨付。

（三）《国务院关于加强地方政府性债务管理的意见》

2014 年 10 月，国务院发布《国务院关于加强地方政府性债务管理的意见》，指导意见从顶层设计的高度，对地方政府性债务管理机制做了系统性要求。重点涉及地方政府的规范融资机制，包括地方债券、社会资本合作以及或有债务问题；债务规模限制与预算管理，包括规模控制、举债程序、资金用途以及预算管理；防控地方政府债务性风险，包括风险预警机制、风险应急机制以及严肃财经纪律；完善配套体系，包括债务公开和报告制度、考核问责机制以及债权人约束。具体内容如下：

1. 加快建立规范的地方政府举债融资机制。一是明确了地方政府合法的融资机制，地方政府可以通过发行一般债券和专项债券的方式进行融资。二是推广使用政府与社会资本合作模式，鼓励社会资本通过特许经营等方式，参与城市基础设施等有一定收益的公益性事业投资和运营。三是剥离融资平台公司政府融资职能，融资平台公司不得新增政府债务。

2. 对地方政府债务实行规模控制和预算管理。一是对地方政府债务实行规模控制，对地方政府债务规模实行限额管理。二是地方政府在国务院批准的分地区限额内举借债务，必须报本级人大或其常委会批准。三是把地方政府债务分门别类纳入全口径预算管理。地方政府要将一般债务收支纳入一般公共预算管理，将专项债务收支纳入政府性基金预算管理。

3. 控制和化解地方政府性债务风险。一是建立地方政府性债务风险预警机制。财政部根据各地区一般债务、专项债务、或有债务等情况，测算债务率、新增债务率、偿债率、逾期债务率等指标，评估各地区债务的风险状况，对债务高风险地区进行风险预警。二是建立债务风险应急处置机制。要硬化预算约束，防范道德风险，地方政府对其举借的债务负有偿还责任，中央政府实行不救助原则。三是严肃财经纪律。建立对违法违规融资和违规使用政府性债务资金的惩罚机制，加大对地方政府性债务管理的监督检查力度。

4. 完善配套制度。一是完善债务报告和公开制度。建立地方政府性债务公开制度，加强政府信用体系建设。各地区要定期向社会公开政府性债务及其项目建设情况，自觉接受社会监督。二是建立考核问责机制。把政府性债务作为一个硬指标纳入政绩考核。三是强化债权人约束。金融机构等不得违法违规向地方政府提供融资，不得要求地方政府违法违规提供担保。金融机构等若违法违规提供政府性融资，应自行承担相应损失，并按照商业银行法、银行业监督管理法等法律法规追究相关机构和人员的责任。

二、当前我国地方政府债务融资的财政纪律

地方政府债务管理的财政纪律包括规则与惩罚两个方面。就规则而言，从国际经验来看，大部分发达国家都对地方政府债务规模实施上限控制，并实施平衡预算的黄金法则，控制一定的赤字率。这些控制大多是以法律甚至宪法的形式存在。平衡预算的黄金法则和债务规模限制是公平与效率原则的双重体现。一方面，基于公平的考虑，地方政府应为资本项目进行债务融资，以将成本在不同代人之间进行分摊，但是经常项目应该保持平衡；另一方面，在债务规模限制的约束下，地方政府会进行成本收益权衡，将资金投到最需要的地方。就惩罚而言，对规则的违背，中央政府可以采取法律或者经济惩罚措施，比如降低债务规模上限与政府间转移支付。从我国目前的法律法规与政策文件来看，中央政府及其债务管理部门正在逐步建立严明的财政纪律。我国当前地方政府债务融资的财政纪律主

要包括债务规模限额、债务融资与担保行为约束和资金用途限制。

（一）债务规模限额

《预算法》（2014年修正）明确规定，地方政府举借债务的规模，由国务院报全国人民代表大会或者全国人民代表大会常务委员会批准，地方政府依照国务院下达的限额举借债务。2015~2020年全国人民代表大会批准的债务限额分别为16.00万亿元、17.19万亿元、18.82万亿元、21.00万亿元、24.08万亿元、28.81万亿元。

（二）债务融资与担保行为约束

《预算法》（2014年修正）规定，地方政府可以通过发行地方政府债券举借债务的方式筹措。除此之外，地方政府及其所属部门不得以任何方式举借债务。除法律另有规定外，地方政府及其所属部门不得为任何单位和个人的债务以任何方式提供担保。

（三）资金用途限制

《预算法》（2014年修正）规定，地方政府举借的债务应当有偿还计划和稳定的偿还资金来源，只能用于公益性资本支出，不得用于经常性支出。2019年出台的《政府投资条例》要求政府投资资金应当投向市场不能有效配置资源的公共领域项目，以非经营性项目为主。

三、财政纪律的不足与待改进地方

自2010年以来，为规范地方政府融资行为、防范和化解地方政府债务风险，中央政府及其债务管理部门、金融监管机构共同努力，针对地方政府债务融资存在的问题，出台或修订完善了大量的法律法规与政策文件，为系统性构建我国地方政府债务融资的管理体系做了卓有成效的工作。但我国地方政府债务形成机制比较复杂，地方政府债务融资方式具有很大的隐蔽性，再加上长期以来债务统计与管理制度的缺失，我国地方政府债务融资的管理体系还有许多需要改进的地方。就当前我国债务管理的财政纪律而言，还存在以下三个方面的问题，包括政策一致性和协调性不足、缺乏明确有效的激励与惩罚机制、隐性负债统计与管理制度尚待完善。

（一）政策一致性和协调性不足

2013年全国政府性债务审计公布后，中央政府及其债务管理部门、金融监管部门对地方政府债务的规模风险高度重视，通过修订《预算法》的方式对地方政府举债加强法律约束。2014年国务院发布的《国务院关于加强地方政府性债务管理的意见》从整体框架上描述了我国的地方政府债务管理体系。但该意见中推广使用社会资本参与地方基础设施建设的内容实际缺乏深入周全考虑，鼓励社会资本参与公益性或准公益性项目投资并不会减少地方政府债务，因为公益性或准公益行性项目自偿性还款来源不足，最终仍会以地方政府担保债务或者隐性负债的形式出现。实际情况是，2015 年全国各地开始大力推行 PPP 项目，地方政府隐性负债规模急剧膨胀，大部分的 PPP 项目没有纳入地方政府的预算管理。2018 年开始，我国又开始全面清理规范 PPP 项目。

从政策一致性的角度来看，实施 PPP 项目实际上是在地方政府债券融资之外，认可了地方政府的其他举债方式。而且实施 PPP 项目实际上会与融资平台不得新增地方债务的规定相矛盾。从市场经济的运行机制来看，PPP 项目更适合于自偿性的经营性项目，比如公路收费权或者污水与垃圾处理等收益性环保项目。这些经营性项目在地方政府不担保、不回购的情况下，社会资本仍有积极性参与。而对于公益性项目，社会资本方或者金融机构必然要求地方政府或者其代理人融资平台提供担保或回购安排。

（二） 缺乏明确有效的激励与惩罚机制

对规则的破坏必须有同等程度的惩罚机制，这样才能保证规则的被遵循和实施效果。当前，对违反债务融资财政纪律的惩罚机制还主要体现在对地方行政首脑的问责机制方面，尚未建立一套设计有力、执行有效的综合惩罚机制。2014 年发布的《国务院关于加强地方政府性债务管理的意见》要求建立考核问责机制，把政府性债务作为一个硬指标纳入政绩考核。2017 年全国金融工作会议要求严控债务增量，实施终身问责。这些惩罚机制仅仅从属于行政追责范畴，还未将地方政府视为一个经济理性人，并针对地方政府这个行为主体设计有效的惩罚机制。

中央政府可以从政府间转移支付、债务限额增量、重大投资项目审批等方面探索建立违反债务融资财政纪律的惩罚机制。例如，如果地方政府突破债务限额或者通过隐性负债的方式造成违规举债，中央政府可以决定减少中央财政转移支付与税收返还、核减公务员工资福利支出、核减未来债务限额以及一定时期内不审批重大投资项目，促使地方政府认真权衡过度负债与违规举债的成本收益，从而有效控制地方政府融资冲动。

（三） 隐性负债统计与管理制度尚待完善

当前地方政府债务最大的风险在于隐性债务风险。隐性债务不透明、负债方式多种多样，并缺乏统一的统计口径，导致中央政府很难对地方政府债务融资实施有效控制，尤其是很难把握债务规模的实时变动程度，从而对地方政府债务风险无法实施及时评估。这从政策力度的松紧变化趋势可以看出，在发现债务规模失去控制时，会加强政策力度，导致政策实施没有一贯的频度、力度和效果。

地方政府隐性负债的主要形式是政府违规担保或者通过融资平台负债融资。因此，控制地方政府隐性负债的关键在于消灭地方政府违规担保以及规范融资平台行为。地方政府违规担保在法律与行政约束框架内会逐渐减少，但地方政府融资平台的举债行为仍旧没有很好的解决办法。从预算管理来看，地方政府融资平台负债经营实际上是未将地方政府投资纳入预算管理。当前不排除部分投资项目被纳入地方政府专项债务预算，但大部分的融资平台的投融资行为还游离在预算体系外。

由于债务可以"借新还旧"，没有确定性资金还款来源的地方政府融资平台债务滚动周期往往能够维持五年以上，这也是地方政府官员放任债务融资的一个原因。尽管 2018 年开始，财政部门试图对融资平台负债进行全口径统计监测，但对于地方政府通过融资平台的隐性负债行为仍旧缺乏一个周密的解决方案，导致对地方政府隐性负债的财政纪律无从谈起。

第三节　地方政府债务融资的市场约束机制：现状及评价

一、市场约束机制的内涵与实施条件

（一）市场约束机制的内涵

地方政府债务融资的市场约束机制是指通过金融市场的风险发现和资源配置功能来实现地方政府债务融资的最优配置。在市场约束机制下，中央政府可以不对地方政府债务规定限额（但有时地方政府会自行制定规模计划），地方政府和债权人可完全根据市场原则进行自由交易，债权人将地方政府视为有风险的债务人，根据风险与收益匹配原则做出借贷决策，债权人承担因地方政府财力不足而导致的债务违约风险。对地方政府债务融资实施市场约束型的国家有美国、加拿大及新西兰等。

（二）市场约束机制的实施条件

实施市场约束型的国家一般要求具有发达的金融市场，尤其是资本市场。地方政府主要通过发行债券进行直接融资。相对于间接融资，直接融资对债权人更具有市场约束力，债权人将对不同的债务融资工具进行选

择，以做出决策是否向地方政府发放资金。发达的金融市场意味着具有更加完善的资产定价机制、更完善的信息报告制度以及市场法治环境。实施市场约束型的国家建立了地方政府破产制度，允许地方政府通过破产重整解决债务困局。地方政府破产制度是对债权人最大的市场约束。允许地方政府破产，避免了地方政府债务风险向中央政府进行传导，极大程度上限制了金融机构与地方政府的投机主义，限制了债权人的非理性决策以及地方政府的道德风险。

美国是世界上地方政府债券市场最为发达的国家。在美国，州与地方政府基本上均通过发行债券进行融资，极少直接向银行申请贷款。从美国地方政府债券运行的环境来看，参与地方政府债券的市场主体包括发行者、中介机构、投资者以及监管机构。不同的参与主体都需要严格按照市场法律制度以及监管规定履行各自的职责。重要的制度安排有信息报告制度、信用评级制度、中介顾问管理制度以及地方政府破产制度。地方政府作为发行人必须对所公开的地方财务信息负责，保证信息披露的完整性、真实性和及时性，从而有利于债权人做出投资决策。评级机构会根据地方政府的财务信息通过尽职调查做出信用评级，供债权人决策使用。在监管方面，监管机构对发行人与中介服务机构（包括评级机构、承销商等）进行严格监管。美国的破产法允许地方政府在面临财务困境时申请债务重整，以保证地方政府的公共管理职能与地方财政可持续。破产法的这一规定是市场约束机制建立的基石，债权人在地方政府债券申购和交易上面临类似私人债券同样的决策过程，债权人必须要对自己的投资决策负责。

二、当前我国地方政府债务融资的市场约束机制

（一）相关政策规定

1. 对发行人的要求。2014 年开始，债务管理部门开始强化市场约束机制，防范和化解地方债务风险。《预算法》修订后，地方政府发行债券成为唯一合法的融资渠道。在这一思路指引下，我国地方政府开始大量发行地方政府债券置换银行贷款等间接融资。

2014 年发布的《国务院关于加强地方政府性债务管理的意见》要求建立地方政府性债务公开制度，加强政府信用体系建设。各地区要定期向社会公开政府性债务及其项目建设情况，自觉接受社会监督。

2. 对债权人的要求。2014 年《国务院关于加强地方政府性债务管理的意见》规定，金融机构等不得违法违规向地方政府提供融资，不得要求地方政府违法违规提供担保。金融机构等违法违规提供政府性融资的，应

自行承担相应损失，并按照商业银行法、银行业监督管理法等法律法规追究相关机构和人员的责任。

3. 对市场中介机构的要求。2018 年发布的《国家发展改革委　财政部关于完善市场约束机制　严格防范外债风险和地方债务风险的通知》要求对中介机构建立健全责任主体信用记录，对涉及地方政府违法违规融资和担保的企业、承销机构、会计师事务所、律师事务所等主体及其主要负责人，加大惩处问责力度，纳入相关领域黑名单和全国信用信息共享平台归集共享，实施跨部门联合惩戒，及时公开通报，并限制相关责任主体新申请或参与外债备案登记工作。

（二）发展现实

尽管我国正在逐步构建地方政府债务融资市场约束机制的制度环境，但地方政府依旧通过地方融资平台进行大量融资，金融机构在平台贷款受限的情况下，主动创新、帮助地方政府通过影子银行举借债务。我国地方政府债务融资的市场约束机制效力甚微。比如大量的地方政府产业基金、资管计划、信托贷款、非正规的融资租赁成为地方政府隐性债务融资的工具，甚至为了规避监管审查，金融产品设计时多重嵌套，造成金融资源无效流转并增加地方政府融资成本。金融市场不但没有有效落实市场约束的作用，反而导致金融产品链条拉长，涉及多方行为主体，加剧了市场风险，并容易导致操作风险和道德风险。

地方政府债务融资过度扩张导致的非常严重的一个后果是我国金融资源的信贷配给问题越来越严重。大量的信贷资源投向了地方政府债务以及房地产市场，实体经济尤其是民营经济的信贷资源受到挤压，进一步加剧了我国民营经济的融资难、融资贵问题。

三、市场约束机制的不足与待改进之处

当前，我国地方政府债务融资市场约束机制作用发挥不佳的主要原因是没有建立起有效的债务市场法治环境，主要包括债务信息披露制度、中介管理制度以及地方政府债务重整制度。

（一）债务信息披露制度

当前，我国地方政府基本能够在政府工作报告或预算执行情况报告中披露地方政府显性债务规模，包括一般债务与专项债务。地方政府披露的债务规模均纳入公共预算或者政府性基金预算管理，但是游离在预算管理之外的隐性债务与或有债务还未建立有效的统计口径与公开的信息披露制度，尤其是地方政府成立的融资平台，通过银行贷款、企业债以及其他影

子银行产品举借的债务尚无规范性的统计体系与报告体系。尽管财政部自2018年开始对地方政府融资平台建立了债务统计监测平台，但债务数据主要依靠地方政府根据自身认定结果进行上报，融资平台新设、重组频繁，债务统计数据质量仍待提升，而且地方政府隐性债务数据对外保密，这对金融机构等债权人全面掌握地方政府债务情况并以此做出借贷决策非常不利。由于存在严重的信息不对称，金融机构更多基于融资平台背后的政府信用做出借贷决策，造成金融机构对地方政府融资平台过度授信，使地方政府融资挤出私人部门融资，因而我国的信贷配给越来越倾向于国有部门。

（二）中介管理制度

在地方债务融资过程中，尤其是通过资本市场进行债券融资时，中介机构承担着非常重要的职责。重要的中介机构包括评级机构、律师事务所、会计师事务所及承销商。中介机构是沟通债权人与债务人信息交流的桥梁，并对债务人信息做出公开公正的披露。我国法律法规对地方政府融资有确定性限制，如禁止地方政府部门违规借贷和提供担保。但在实践中，地方政府融资平台在发行公司债时，律师事务所等中介机构往往并不对此进行穿透式审查，中介机构的独立性与公正性面临较大限制。在监管细则上，尚无具体规定如何对中介机构的失职行为进行明确的经济处罚与行政处罚，现有的监管规定更多是从政策导向上进行声明。

（三）地方政府债务重整制度

从国际经验来看，地方政府财务困境的破产重整制度是地方政府债务融资市场约束机制的最重要部分。地方政府破产制度，或者说地方政府债务重整制度的存在，避免了金融机构的投机主义，切断了地方财政风险向中央财政风险转移的传导路径。金融机构在决定是否向地方政府融资时，面临跟私人部门一样的违约可能性与处置原则，这样会加强金融机构的风险管理压力，促进其提升对地方政府债务风险的识别和评估能力。

我国当前尚未建立地方财政困境的债务重整制度。我国不同区域的地方政府经济发展水平与财政实力差距很大，在风险分布上，部分地区的地方政府债务规模已经超出其财政可持续发展的水平。但由于当前尚无地方政府债务破产重整制度，这些地方政府债务偿还最终必然需要上级政府的财政支持。近两年，国家开发银行在中央政府同意下参与局部地区的债务风险化解便是典型例子。地方政府融资平台多是以有限责任公司制的形式存在，从法律关系来讲，融资平台可以破产清算，但由于融资平台债务多以地方政府提供担保或者土地出让作为还款来源，资金大多投向公益性项目，因此有必要就地方政府融资平台的破产重整办法进行研究，做出新的法律规定。

第四节　我国地方政府债务融资的双重约束机制构建

一、财政纪律与市场约束机制的联系与协同

财政纪律一般以法律法规或者部门规章的形式存在，在法律层面，财政纪律界定了地方政府债务融资应遵循的基本法律框架，因此也构成了市场约束机制运行的法律环境。可以说，财政纪律是市场约束机制发挥作用的重要依据和条件。正是有了一系列的财政纪律，参与地方政府债务融资的市场主体才有了行动的准则。因此，一致的、完备的财政纪律至关重要。中央政府债务管理部门必须致力于建立健全地方政府债务融资的财政纪律，在法律框架内严格遵循既定的债务控制计划，对地方政府债务融资的政策创新保持谨慎，防范财政纪律的作用被削弱或忽视。在一致的、完备的财政纪律约束下，金融机构等债权人会重视地方政府债务的信用风险，放弃对中央财政的隐性担保预期或者地方政府对融资平台的担保预期。

另一层面，市场约束机制是财政纪律有效执行的保证。在完善的市场约束机制下，地方政府突破财政纪律的空间会非常有限。金融机构等债权人严格遵循法律法规与市场规则来识别和评估地方政府债务风险，会极大程度限制地方政府的违规举债与担保行为，尤其是限制地方政府隐性债务融资行为。在市场约束机制运行有效的国家，中央政府甚至不必对地方政府做出债务规模限制，或者实行一系列的行政监管，地方政府会在市场法治原则内，严格按照举债的法律程序进行规范融资。

财政纪律与市场约束机制二者形成密切联系、共同发挥作用的统一体，共同管理好地方政府债务融资行为，实质就是发挥好财政与金融协同作用，共同治理地方政府债务风险。2018年上半年财政部与央行在地方政府债务管控上的争论，根本原因就是未找到切实可行的、能够有效发挥债务管理部门和金融管理部门双方共同职责的地方政府债务管控模式。本书认为构建"财政纪律与市场约束"的双重约束机制，能够有效落实双方职责，是实现地方政府债务风险有效治理的根本途径。

二、我国地方政府债务融资双重约束机制的构建路径

构建我国地方政府债务融资的"财政纪律与市场约束"双重约束机制，需包括三个方面的内容：一是构建可持续的地方政府债务融资模式，包括改变土地出让收入依赖和软预算约束的投资行为、探索建设地方财源税种体系、"税收增额融资"新融资模式和发行市政债券新融资工具。通过税收增额融资来解决地方政府投资面临的资金平衡问题，解决由于城市开发建设带来的财产增值的价值公平分配问题；通过发行市政债券置换融资平台贷款、城投债与影子银行融资，进一步明确政府债券是政府唯一合法融资方式，增强债务透明度，并降低融资成本。二是实施严格的地方政府债务融资财政纪律，包括激励和惩罚两个层次。对有效落实地方政府债务限额管理、债务使用效率较高的地区在转移支付、债务限额调整等方面给予支持；将隐性债务纳入政府债务限额管理，并建立地方政府违规融资、超限额融资的财政惩罚机制；进一步清理规范地方政府融资平台，严格限制融资平台在银行贷款、公司债券之外进行非标准债务融资。三是健全市场约束机制的法律基础，建立地方政府债务（包括融资平台）重整制度、地方债务（包括隐性债务）统计与公开制度、金融机构等债权人违规发放贷款的责任追究制度等。

（一）构建可持续的地方政府债务融资模式

1. 建立地方财源税种体系。自党的十八大以来，优化中央与地方事权分配安排，构建地方税体系，成为我国财政体制改革的重要内容。"营改增"以后，地方主体税种存在缺失，中央通过调整增值税分配比例和消费税改革来弥补营业税取消后地方税收收入的减少，并提出探索房地产税改革立法。长期来看，调整增值税等税种分配比例仍旧是税制改革的过渡性安排，优化构建完善的地方财源税种体系是破解对土地出让收入过度依赖和地方政府债务困局的长效之策。从方向上来看，地方财源税种体系应包括房地产税、资源税、消费税及环境保护税等税源和税基不易在地区间变动的税种。通过构建地方税源税种体系，减少对土地出让收入的依赖和纳入土地出让收入的政府性基金预算规模，做大做实公共财政预算体系，尽可能地将游离在政府公共预算体系之外的收支活动纳入预算管理，减少地方政府的专项债务和隐性债务规模。从控制地方政府债务融资行为角度来看，构建地方财源税种体系要和政府投资改革以及预算体系改革相联系，防止出现地方政府税收和债务双增长的尴尬局面。

2. 探索城市建设自偿性融资制度。当前，地方政府进行城市基础设

施建设、旧城改造、环境整治等项目建设主要是通过地方政府融资平台进行融资和建设，债务的偿还主要依靠土地出让收入，从资金平衡和公平的角度来看，都存在争议。一是地方政府倾向于做高土地出让价格，背离中央政府倡导"房住不炒"的房地产发展定位；二是项目建设会改善区域经济发展环境，带来物业升值和商业繁荣，但受益群体并未对此进行付费，而是由政府公共财政负担或者新建商品房购买者承担项目开发成本，背离公平原则。因此，有必要参照国际上"税收增额融资"制度设计项目建设或区域开发的自偿性融资制度。"税收增额融资"在美国已有成熟应用，它是通过划定特定受益区域，将由项目开发带来的财产价值增值导致的税收增长作为特定还款来源、建立偿债基金，而形成"融资—建设—偿债"的闭环项目运作模式（朱福兴，2009；张民等，2019）。"税收增额融资"制度的重要基础是地方政府设立了房地产税这一重要财产税种。从效率和公平角度来讲，"税收增额融资"是我国地方政府未来开展项目建设可以借鉴采取的重要自偿性融资制度。

3. 探索建立市政债券融资方式。《预算法》明确省一级地方政府可以通过发行债券进行融资，但对一般市级政府自行发债仍未放开权限。从债务举借比例来看，市一级政府融资需求最为旺盛，地方政府债券融资远不能满足市级政府的资金需求。当前，市级政府主要通过设立融资平台进行融资。融资平台发行的企业或公司债券称为城投债，又被称为"准市政债券"，除城投债以外，融资平台还通过银行贷款、产业基金、PPP与政府购买服务举借了大量债务。要赋予市一级政府发行市政债券的权利，同时要明确禁止融资平台新增债务，并确立市政债券置换银行信贷与影子银行等融资方式，必要时也要对城投债进行置换。在法律地位上，确立地方政府债券（包括市政债券）为唯一合法合规地方政府债务举借模式，为建立地方政府债务公开制度提供基础条件。

（二）实施严格的地方政府债务融资财政纪律

1. 建立"激励与惩罚"双向财政纪律。当前，我国对违规举债或者债务规模管控不力的地方政府，主要采取约谈官员、降低官员待遇、对官员进行问责等行政方式进行惩罚，而未建立清晰明确的经济（财政）惩罚措施，使得地方政府官员仍旧存在投机心理和机会主义，行政惩罚并没有对地方政府过度负债形成良好的警示作用。建议实施财政激励与惩罚措施，使得地方政府过度负债融资与地方政府可支配财力直接"挂钩"，让地方政府在债务融资的政治经济收益和政治经济成本之间进行自我考量平衡。具体手段包括对有效落实地方政府债务限额管理、债务融资成本低、债务使用效率高、房价控制有力的地区在上级政府转移支付、地方债务限额调增等方面制定实施明确的支持政策；而对突破债务限额融资、违规融资或违规提供担保、积累严重隐性债务风险的地方政府实施严厉的财政惩罚机制，降低转移支付规模，压缩相应年限债务融资限额。

2. 规范并清理地方政府融资平台。规范与清理地方政府融资平台是地方政府融资双约束机制制度安排的重要配套措施。当前，地方政府融资平台数量达数万家，不仅存在隐性负债的问题，也存在投资效率低、管理水平差、人员冗杂等问题。中央政府债务管理部门已经明确要求逐步剥离地方政府融资职能，因此对地方政府融资平台的职责定位需要进行认真考量。

在组织形式上，地方政府融资平台可以通过兼并等手段转型为单一的建设管理平台，尤其是县一级地方政府融资平台，完全需要清退或者并入市一级平台。每个市一级政府可以保留数家大型的城市建设集团公司。要严格控制子公司的数量，组建的特殊目的公司在项目建设完毕后要依法进行解散。在人员管理上，要政企分开，建立现代企业制度。当前，大量的地方政府融资平台管理者是从政府行政人员中指派，并非从市场中进行招录，因而地方政府融资平台的管理文化与管理手段带有很深的官僚烙印。同时，由于大量的项目公司项目建设完成后，公司人员无法得到清理安排，其发放的工资纳入地方政府债务，最终形成大量的财政负担。在融资方式上，基于控制金融风险以及债务规模和成本的考虑，需要尽快明确融资平台不得以贷款和公司债券之外的融资工具举借债务。银行贷款和公司债券之外的融资方式较为隐蔽，涉及金融链条长、资金成本高，既不利于监管，也不利于提升地方政府偿债能力。

（三）健全地方政府债务融资的法律基础

我国当前需要进一步健全市场约束机制的法律环境，主要包括建立地方政府债务重整制度、完善地方政府债务公开制度、明确中介机构责任追究程序、强化金融监管机构监管职责。

1. 建立地方政府债务重整制度。地方政府破产制度，或者说地方政府债务重整制度是构建市场约束机制最重要的法律基石。目前，我国尚无地方政府债务重整制度，因此该项制度的建立是一个从无到有的过程，需要对现有有关地方政府债务融资的法律法规进行系统整理，制定地方政府机构破产法或者债务重整办法。在现有阶段，地方政府融资平台是地方政府债务融资的主要负债主体，需要在《企业破产法》框架下，做出适用性解释和针对性安排。

2. 完善地方政府债务公开制度。地方政府债务公开制度，即债务信息披露制度，主要是指要全面统计现有隐性债务并公开其债务规模。既有的债务公开数据仅包括显性债务，无法给参与地方政府债务融资的市场主体提供完备的信息，而不完备的债务公开数据，是建立有效的财政纪律和市场约束机制的重大障碍。既不利于债务管理部门控制债务规模，也不利于金融机构等债权人做出借贷决策。

3. 明确中介机构的责任追究程序。具体责任追究制度需要在地方政府债务融资过程中，针对中介机构职责发挥出台具体的规定和要求，比如中介机构的债务评级要求、法律意见范围以及债务人信息披露，都要详细具体，以便从融资流程上约束地方政府债务融资行为。对中介机构的失职行为与重大失误，需建立严格的责任追究制度，赔偿债权人因中介机构职责履行不当造成的损失。

4. 强化金融监管机构监管职责。监管机构的监管责任需要进一步强化，中国证券监督管理委员会要对地方政府债券融资的资本市场进行强化监管，从债务人、中介机构到投资者都要强化监管，尤其是债务人与中介机构的信息披露制度以及投资者资金来源的合规性。中国银行保险监督管理委员会要对银行、保险公司等金融机构参与地方政府融资的合规性严格监管，对违规投融资行为做出行政与经济处罚。金融机构监管者，并不能将地方政府违规借贷或担保行为的责任完全或者大部分归结为地方政府或者中央政府债务管理部门，金融机构必须对违规提供资金的行为承担责任。

综上所述，构建可持续的地方政府债务融资模式，建立严明的财政纪律以及完善市场约束机制法律环境是一项密切关联的系统工程，必须做好顶层设计，且明确行动的路线与时间，这是当前建立健全我国地方政府债务风险治理体系，提升地方政府债务治理能力的必然选择。需要强调的是，知易行难，以上对地方政府债务风险控制的双重约束机制构建做了理论性分析，后续可以通过引入动态随机一般均衡模型，更深入地对财政纪律与市场约束机制进行考察，并加入赤字货币化的讨论，从而对地方债务风险治理提出更具建设性、完备性的对策。

参 考 文 献

［1］财政部预算司考察团：《美国、加拿大州（省）、地方政府债务
情况考察报告》，载于《财政研究》2010 年第 2 期。

［2］财政部预算司课题组、张志华、周娅、尹李峰、丁宏宇、闫峰、
李铭章、范甲兵、郭俊清、李振群、陈晨、冯海虹、梁晨瑶：
《中低收入国家的地方政府债务监管框架》，载于《经济研究参
考》2009 年第 43 期。

［3］蔡真：《我国系统性金融风险与房地产市场的关联、传染途径及
对策》，载于《中国社会科学院研究生院学报》2018 年第 5 期。

［4］陈菁、李建发：《财政分权、晋升激励与地方政府债务融资行
为——基于城投债视角的省级面板经验证据》，载于《会计研
究》2015 年第 1 期。

［5］范硕：《县级政府融资平台债务隐患的案例分析》，载于《地方
财政研究》2014 年第 2 期。

［6］范子英：《中国的财政转移支付制度：目标、效果及遗留问题》，
载于《南方经济》2011 年第 6 期。

［7］冯进路、刘勇：《当前及"十二五"时期我国地方政府债务风险
问题分析》，载于《金融理论与实践》2012 年第 2 期。

［8］冯静：《地方政府债务控制：经验借鉴与模式选择》，载于《财
贸经济》2008 年第 2 期。

［9］伏润民、缪小林、高跃光：《地方政府债务风险对金融系统的空
间外溢效应》，载于《财贸经济》2017 年第 9 期。

［10］伏润民、王卫昆、缪小林：《我国地方政府债务风险与可持续
性规模探讨》，载于《财贸经济》2008 年第 10 期。

［11］付伯颖：《人口老龄化背景下公共财政政策的选择》，载于《地
方财政研究》2008 年第 10 期。

［12］高波，等：《中国房地产：周期波动与宏观调控》，商务印书馆

2012 年版。

[13] 高培勇：《中国财税体制改革 30 年研究：奔向公共化的中国财税改革》，中国社会科学出版社 2008 年版。

[14] 龚强、王俊、贾珅：《财政分权视角下的地方政府债务研究：一个综述》，载于《经济研究》2011 年第 7 期。

[15] 郭琳、陈春光：《论我国地方政府债务风险的四大成因》，载于《山东大学学报（哲学社会科学版）》2002 年第 1 期。

[16] 郭琳、樊丽明：《地方政府债务风险分析》，载于《财政研究》2001 年第 5 期。

[17] 郭琳：《地方财政债务风险的根源》，载于《财会研究》2001 年第 5 期。

[18] 郭琳：《地方政府债务融资管理的现状、问题与对策》，载于《中央财经大学学报》2001 年第 8 期。

[19] 郭玉清、何杨、李龙：《救助预期、公共池激励与地方政府举债融资的大国治理》，载于《经济研究》2016 年第 3 期。

[20] 郭玉清、毛捷：《新中国 70 年地方政府债务治理：回顾与展望》，载于《财贸经济》2019 年第 9 期。

[21] 郭玉清：《逾期债务、风险状况与中国财政安全——兼论中国财政风险预警与控制理论框架的构建》，载于《经济研究》2011 年第 8 期。

[22] 何杨、满燕云：《地方政府债务融资的风险控制——基于土地财政视角的分析》，载于《财贸经济》2012 年第 5 期。

[23] 贺雪峰、王习明：《村级债务的成因与危害——湖北 J 市调查》，载于《管理世界》2002 年第 3 期。

[24] 洪源、李礼：《我国地方政府债务可持续性的一个综合分析框架》，载于《财经科学》2006 年第 4 期。

[25] 洪源、王群群、苏知立：《地方政府债务风险非线性先导预警系统的构建与应用研究》，载于《数量经济技术经济研究》2018 年第 6 期。

[26] 呼显岗：《地方政府债务风险的特点、成因和对策》，载于《财政研究》2004 年第 8 期。

[27] 胡学好：《加强外国政府贷款管理的思考与建议》，载于《中国财政》1999 年第 4 期。

[28] 湖北财政与发展研究中心：《2009 中国地方财政发展研究报告：

湖北省县乡政府债务问题研究》，经济科学出版社 2009 年版。

[29] 黄春元、毛捷：《财政状况与地方债务规模——基于转移支付视角的新发现》，载于《财贸经济》2015 年第 6 期。

[30] 黄国桥、徐永胜：《地方政府性债务风险的传导机制与生成机理分析》，载于《财政研究》2011 年第 9 期。

[31] 贾康、陈通：《财政信用、政策性金融与地方融资平台转型——聚焦融资平台"去财政信用化"》，载于《地方财政研究》2019 年第 4 期。

[32] 贾康、刘微、张立承，等：《我国地方政府债务风险和对策》，载于《经济研究参考》2010 年第 14 期。

[33] 贾康：《1998 年以来：从积极的财政政策到稳健的财政政策及公共财政制度建设》，载于《铜陵学院学报》2008 年第 1 期。

[34] 姜超、朱征星、杜佳：《地方政府隐性债务规模有多大?》，海通证券研究所，2018 年。

[35] 蒋时节、刘贵文、李世蓉：《基础设施投资与城市化之间的相关性分析》，载于《城市发展研究》2005 年第 2 期。

[36] 敬志红、杨胜刚：《我国地方政府性融资平台风险及应对策略研究——以湖南省为例》，载于《求索》2011 年第 5 期。

[37] 孔善广：《分税制后地方政府财事权非对称性及约束激励机制变化研究》，载于《经济社会体制比较》2007 年第 1 期。

[38] 类承曜：《代理成本、外部性与我国地方政府投融资平台过度举债》，载于《宏观经济研究》2011 年第 10 期。

[39] 李冠青：《地方政府债务风险及安全融资规模评估研究——基于山东省及其 17 市的实证研究》，载于《山东社会科学》2018 年第 10 期。

[40] 李萍：《地方政府债务管理：国际比较与借鉴》，中国财政经济出版社 2009 年版。

[41] 李尚红：《关于地方政府债务问题的探讨》，载于《经济问题探索》2000 年第 7 期。

[42] 李扬、张晓晶、常欣，等：《中国主权资产负债表及其风险评估（下）》，载于《经济研究》2012 年第 7 期。

[43] 李永友、马孝红：《地方政府举债行为特征甄别——基于偿债能力的研究》，载于《财政研究》2018 年第 1 期。

[44] 梁朋、张冉燃：《地方债务危局》，载于《瞭望》2004 年第

38 期。

［45］刘红忠、许友传：《地方政府融资平台债务重构及其风险缓释》，载于《复旦学报（社会科学版）》2017 年第 6 期。

［46］刘骅、方桦：《1978 年以来我国地方政府债务政策演化》，载于《地方财政研究》2019 年第 5 期。

［47］刘珊珊：《地方政府债务融资及其风险管理》，载于《经济研究参考》2010 年第 46 期。

［48］刘蓉、黄洪：《我国地方政府债务风险的度量，评估与释放》，载于《经济理论与经济管理》2012 年第 1 期。

［49］刘尚希、赵全厚、孟艳，等：《"十二五"时期我国地方政府性债务压力测试研究》，载于《经济研究参考》2012 年第 8 期。

［50］刘尚希，赵全厚：《政府债务：风险状况的初步分析》，载于《管理世界》2002 年第 5 期。

［51］刘尚希：《财政风险矩阵：一个研究框架》，载于《经济研究》2003 年第 5 期。

［52］刘尚希：《地方政府性债务的法治之举》，载于《中国财政》2015 年第 1 期。

［53］刘星、刘谊：《中国地方财政风险及其控制与防范》，中国财政经济出版社 2006 年版。

［54］刘迎秋：《论中国现阶段的赤字率和债务率及其警戒线》，载于《经济研究》2001 年第 5 期。

［55］吕政、黄速建：《中国国有企业改革 30 年研究》，经济管理出版社 2008 年版。

［56］马海涛、吕强：《我国地方政府债务风险研究》，载于《财贸经济》2004 年第 2 期。

［57］马洪范：《地方政府债务管理：欧盟成员国的经验与启示》，载于《中国财政》2010 年第 17 期。

［58］马骏、刘亚平：《中国地方政府财政风险研究："逆向软预算约束"理论的视角》，载于《学术研究》2005 年第 11 期。

［59］马拴友：《中国公共部门债务和赤字的可持续性分析——兼评积极财政政策的不可持续性及其冲击》，载于《经济研究》2001 年第 8 期。

［60］毛锐、刘楠楠、刘蓉：《地方政府债务扩张与系统性金融风险的触发机制》，载于《中国工业经济》2018 年第 4 期。

［61］毛振华、袁海霞、刘心荷、王秋凤、汪苑晖：《当前我国地方政府债务风险与融资平台转型分析》，载于《财政科学》2018年第 5 期。

［62］梅冬州、崔小勇、吴娱：《房价变动、土地财政与中国经济波动》，载于《经济研究》2018 年第 1 期。

［63］梅建明、刘秦舟：《欠发达地区政府融资平台转型发展的若干建议》，载于《财政研究》2014 年第 8 期。

［64］缪小林、程李娜：《PPP 防范我国地方政府债务风险的逻辑与思考——从"行为牺牲效率"到"机制找回效率"》，载于《财政研究》2015 年第 8 期。

［65］缪小林、伏润民：《地方政府债务风险的内涵与生成：一个文献综述及权责时空分离下的思考》，载于《经济学家》2013 年第 8 期。

［66］缪小林、史情茹：《经济竞争下的地方财政风险：透过债务规模看财政效率》，载于《财政研究》2016 年第 10 期。

［67］莫兰琼、陶凌云：《我国地方政府债务分析》，载于《上海经济研究》2012 年第 8 期。

［68］穆怀中：《老年社会保障负担系数研究》，载于《人口研究》2001 年第 4 期。

［69］裴育、欧阳华生：《我国地方政府债务风险预警理论分析》，载于《中国软科学》2007 年第 3 期。

［70］彭秀健：《中国人口老龄化的宏观经济后果》，载于《人口研究》2006 年第 4 期。

［71］彭志远：《现阶段我国政府警戒线的反思及债务风险的防范》，载于《管理世界》2002 年第 11 期。

［72］单克强：《我国地方政府融资平台贷款及风险控制》，载于《青海金融》2011 年第 3 期。

［73］上海财经大学公共政策研究中心：《中国财政透明度报告》，上海财经大学出版社 2009 年版。

［74］上海财经大学公共政策研究中心：《中国财政透明度报告》，上海财经大学出版社 2010 年版。

［75］上海财经大学公共政策研究中心：《中国财政透明度报告》，上海财经大学出版社 2011 年版。

［76］时红秀：《财政分析、政府竞争与中国地方政府的债务》，中国

财政经济出版社 2007 年版。

[77] 时红秀：《地方债的风险有多大》，载于《中国经济时报》2010 年 7 月 6 日。

[78] 谭政勋、王聪：《中国信贷扩张、房价波动的金融稳定效应研究——动态随机一般均衡模型视角》，载于《金融研究》2011 年第 8 期。

[79] 唐云锋、刘清杰：《地方政府债务诱发金融风险的逻辑与路径》，载于《社会科学战线》2018 年第 3 期。

[80] 陶雄华：《试析中国地方政府债务的债券化》，载于《财贸经济》2002 年第 12 期。

[81] 汪同三：《中国投资体制改革 30 年研究》，经济管理出版社 2008 年版。

[82] 王晓光：《地方政府债务的风险评价与控制》，载于《统计与决策》2005 年第 18 期。

[83] 韦森：《哈耶克式自发制度生成论的博弈论诠释——评肖特的〈社会制度的经济理论〉》，载于《中国社会科学》2003 年第 6 期。

[84] 魏加宁、唐滔：《国外地方政府债务融资制度综述》，载于《国家行政学院学报》2010 年第 6 期。

[85] 魏杰、汪浩：《当前中国经济的金融风险及其防范》，载于《学术月刊》2018 年第 11 期。

[86] 温来成、苏超：《地方政府投融资平台整合前景及对策研究》，载于《财贸经济》2013 年第 5 期。

[87] 温铁军：《农村合作基金会的兴衰：1984－1999：载于温铁军，三农问题与世纪反思》，三联书店 2005 年版。

[88] 吴盼文、曹协和、肖毅、李兴发、鄢斗、卢孔标、郭凯、丁攀、徐璐、王守贞：《我国政府性债务扩张对金融稳定的影响——基于隐性债务视角》，载于《金融研究》2013 年第 12 期。

[89] 吴小强、韩立彬：《中国地方政府债务竞争：基于省级空间面板数据的实证研究》，载于《财贸经济》2017 年第 9 期。

[90] 熊琛、金昊：《地方政府债务风险与金融部门风险的"双螺旋"结构——基于非线性 DSGE 模型的分析》，载于《中国工业经济》2018 年第 12 期。

[91] 徐鹏程：《新常态下地方投融资平台转型发展及对策建议》，载

于《管理世界》2017 年第 8 期。

[92] 徐忠：《新时代背景下中国金融体系与国家治理体系现代化》，载于《经济研究》2018 年第 7 期。

[93] 薛钢：《地方政府债务诱发财政外部性问题的研究》，载于《财政研究》2010 年第 5 期。

[94] 杨灿明、鲁元平：《地方政府债务风险的现状、成因与防范对策研究》，载于《财政研究》2013 年第 11 期。

[95] 杨华：《县乡财政：困境与出路》，载于《中央财经大学学报》2006 年第 1 期。

[96] 杨旭：《过度举债是金融稳定的隐患——30 年来世界主要金融危机反思》，载于《西南金融》2010 年第 9 期。

[97] 姚绍学、黄朝文：《加强地方财政债务管理 重构政府信用》，载于《财政研究》2002 年第 7 期。

[98] 于长革：《财政分权、政府间竞争与经济社会发展失衡》，载于《地方财政研究》2010 年第 8 期。

[99] 于海峰、崔迪：《防范与化解地方政府债务风险问题研究》，载于《财政研究》2010 年第 6 期。

[100] 于宁：《央行再贷款偿还情况调查》，载于《财经》2003 年第 15 期。

[101] 余顺生：《期货市场与棉花流通体制改革》，载于《古今农业》2006 年第 3 期。

[102] 余永定：《财政稳定问题研究的一个理论框架》，载于《世界经济》2000 年第 6 期。

[103] 俞乔、乔志东、吴文婷，等：《中国市级政府财政透明度研究报告》，清华大学公共管理学院，2012 年。

[104] 曾忠生：《论地方政府的债务风险》，载于《财政研究》2001 年第 6 期。

[105] 占霞、汤钟尧：《我国地方政府债务的可持续风险分析及评估》，载于《上海金融》2018 年第 8 期。

[106] 张春霖：《如何评估我国政府债务的可持续性?》，载于《经济研究》2000 年第 2 期。

[107] 张德勇：《中国县乡债务：问题与对策》，载于《财贸研究》2006 年第 7 期。

[108] 张宏安：《新中国地方政府债务史考》，载于《财政研究》2011

年第 10 期。

[109] 张民、余益伟、彭翔：《PPP 项目的税收增额融资工具：美国的案例与启示》，载于《税务研究》2019 年第 2 期。

[110] 张平：《我国影子银行风险助推了地方政府债务风险吗？——风险的传导机制及溢出效应》，载于《中央财经大学学报》2017 年第 4 期。

[111] 张晓山、李周：《中国农村改革 30 年研究》，北京：经济管理出版社 2008 年版。

[112] 章志平：《中国地方政府债务风险灰色评估和预警》，载于《统计与决策》2011 年第 15 期。

[113] 赵琦：《地市级投融资平台公司剥离政府融资职能后转型路径探索》，载于《地方财政研究》2016 年第 6 期。

[114] 赵全厚：《健全地方政府债务风险的识别和预警机制》，载于《改革》2017 年第 12 期。

[115] 赵云旗：《地方国债投资项目管理中的问题与对策》，载于《财政研究》2005 年第 4 期。

[116] 赵云旗：《地方政府债务研究》，载于《经济研究参考》2011 年第 38 期。

[117] 郑祖昀、黄瑞玲：《地方政府隐性债务问题研究：一个文献综述》，载于《地方财政研究》2019 年第 5 期。

[118] 中国银监会青海监管局课题组、高家宁：《政府融资平台贷款风险防控研究——基于青海省视角》，载于《青海金融》2012 年第 1 期。

[119] 周飞舟：《分税制十年：制度及其影响》，载于《中国社会科学》2006 年第 6 期。

[120] 周黎安：《晋升博弈中政府官员的激励与合作——兼论我国地方保护主义和重复建设问题长期存在的原因》，载于《经济研究》2004 年第 6 期。

[121] 周雪光：《"逆向软预算约束"：一个政府行为的组织分析》，载于《中国社会科学》2005 年第 2 期。

[122] 朱大兴、郭志强：《关于建立地方政府债务预算的构想》，载于《财政研究》2001 年第 12 期。

[123] 朱福兴：《税收增额融资研究评述》，载于《经济学动态》2009 年第 12 期。

［124］宗良、周治富：《我国地方政府债券发展的路径与前景》，载于《银行家》2012 年第 2 期。

［125］Akai, N. , 1994："Ricardian Equivalence for Local Government Bonds：Budget Constraint Approach", *Economics Letters*, Jan.

［126］Alesina, A. , Drazen, A. , 1991："Why are Stabilizations Delayed?", *American Economic Review*, May.

［127］Alesina, A. , Tabellini, G. , 1990："A Positive Theory of Fiscal Deficits and Government Debt", *The Review of Economic Studies*, Jul.

［128］Allen, M. , Rosenberg, C. B. , Keller, C. et al, 2002："A Balance Sheet Approach to Financial Crisis", *Social Science Electronic Publishing*, Feb.

［129］Alt, J. E. , Lassen, D. D. , Skilling, D. , 2003："*Fiscal Transparency and Fiscal Policy Outcomes in OECD Countries*", Economic Policy Research Unit, Department of Economics, University of Copenhagen, Feb.

［130］Alt, J. E. , Lowry, R. C. , 1994："Divided Government, Fiscal Institutions, and Budget Deficits：Evidence from the States", *American Political Science Review*, Sep.

［131］Ambrose, B. W. , Deng, Y. , Wu, J. , 2016："Understanding the Risk of China's Local Government Debts and Its Linkage with Property Markets", *SSRN Electronic Journal*, Jun.

［132］André, C. , García, C. , 2014："*Local Public Finances and Municipal Reform in Finland* ", OECD Economics Department Working Papers, Jun.

［133］Ang, A. , Bai, J. , Zhou, H. , 2015："The Great Wall of Debt：the Cross Section of Chinese Local Government Credit Spreads", *SSRN Electronic Journal*, May.

［134］Armstrong – Taylor, P. , 2016："Local Government Debt", In *Debt and Distortion：Risks and Reforms in the Chinese Financial System*, London, Palgrave Macmillan.

［135］Ashworth, J. , Geys, B. , Heyndels, B. , 2005："Government Weakness and Local Public Debt Development in Flemish Municipalities", *International Tax and Public Finance*, Aug.

[136] Baber, W. R. , Sen, P. K. , 1986: "The Political Process and the Use of Debt Financing by State Governments", *Public Choice*, Jan.

[137] Bahl, R. , Duncombe, W. , 1993: "State and Local Debt Burdens in the 1980s: A Study in Contrast", *Public Administration Review*, Jan.

[138] Barro, R. J. , 1979: "On the Determination of the Public Debt", *The Journal of Political Economy*, Oct.

[139] Berry, F. S. , Berry, W. D. , 1992: "Tax Innovation in the States: Capitalizing on Political Opportunity", *American Journal of Political Science*, Aug.

[140] Blanchard, O. , Chouraqui, J. C. , Hagemann, R. , Sartor, N. , 1991: "The Sustainability of Fiscal Policy: New Answers to an Old Question", *NBER Working Paper*, Apr.

[141] Bonis, R. D. , Stacchini, M. , 2013: "Does Government Debt Affect Bank Credit?", *International Finance*, Dec.

[142] Bruce, N. , 1995: "A Fiscal Federalism Analysis of Debt Policies by Sovereign Regional Governments", *Canadian Journal of Economics*, Nov.

[143] Bröthaler, J. , Getzner, M. , Haber, G. , 2014: "Sustainability of Local Government Debt: A Case Study of Austrian Municipalities", *Empirica*, May.

[144] Buchanan, J. M. , Buchanan, J. M. , 1958: *Public Principles of Public Debt: A Defense and Restatement*, RD Irwin.

[145] Clingermayer, J. C. , 1991: "An Intergenerational Transfer Model of State Debt Financing", *Public Choice*, Oct.

[146] Clingermayer, J. C. , Wood, B. D. , 1995: "Disentangling patterns of State Debt Financing", *American Political Science Review*, Mar.

[147] Council of Europe, 1985: "*European Charter of Local Self – Government*", Council of Europe, Strasbourg.

[148] Council of Europe, 2009: "The Council of Europe Handbook on Local Finance", In "*Benchmarking Local Finances*", Toolkit Benchmarking for Public Ethics and Local Finance, Centre of Ex-

pertise for Local Government Reform, Council of Europe, Strasbourg.

[149] Cox, J. , Lowery, D. , 1990: "The Impact of the Tax Revolt Era State Fiscal Caps", *Social Science Quarterly*, Sep.

[150] Dafflon, B. , 1994: *"The Requirement of Local Balanced Budget: Theory and Evidence from the Swiss Experience"*, Institute for Economic and Social Sciences University of Fribourg.

[151] Dafflon, B. , 2010: "Local Debt: from Budget Responsibility to Fiscal Discipline", Faculty of Economics and Social Sciences, University of Freiburg.

[152] Dafflon, B. , 2002: *Local Public Finance in Europe: Balancing the Budget and Controlling Debt*, Edward Elgar Publishing.

[153] Dafflon, B. , Beer – Tóth, K. , 2009: "Managing Local Public Debt in Transition Countries: An Issue of Self – Control", *Financial Accountability and Management*, Jul.

[154] Daly, G. G. , 1969: "The Burden of the Debt and Future Generations in Local Finance", *Southern Economic Journal*, Jul.

[155] Das, U. , Papaioannou, M. G. , Pedras, G. B. V. et al, 2011: "Managing Public Debt and Its Financial Stability Implications", *IMF Working Papers*, Dec.

[156] Demirci, I. , Huang, J. , Sialm, C. , 2017: "Government debt and Corporate Leverage: International Evidence", *NBER Working Papers*, Apr.

[157] Dietsch, M. , Garnier, O. , 1989: "La contrainte budgétaire intertemporelle des administrations publiques: conséquences pour l'évaluation des déficits publics", *économie and prévision*, Apr.

[158] Dillinger, W. , 1998: "Brazil's state debt crisis: lessons learned", iii seminario internacional de federalismo fiscal y finanzas federales.

[159] Domar, E. D. , 1944: "The ' Burden of the Debt' and the National Income", *American Economic Review*, Dec.

[160] D' Erasmo, P. , Mendoza, E. , Zhang, J. , 2015: "What is a Sustainable Public Debt?", NBER Working Paper, Sep.

[161] Eichengreen, B. , Panizza, U. , Ilzetzki, E. , 2016: "A Sur-

plus of Ambition: Can Europe Rely on Large Primary Surpluses to Solve Its Debt Problem?", *Economic Policy*, Jan.

[162] Ellis, M. A., Schansberg, D. E., 1999: "The Determinants of State Government Debt Financing", *Public Finance Review*, Nov.

[163] Eslava, M., 2011: "The Political Economy of Fiscal Deficits: A Survey", *Journal of Economic Surveys*, Sep.

[164] Fiorina, M., 2002: *Divided Government*, Longman Publishing Group.

[165] Fisher, R. C., Wassmer, R. W., 2014: "The Issuance of State and Local Debt During the United States Great Recession", *National Tax Journal*, Mar.

[166] Gersbach, H., 2014: "Government Debt – Threshold Contracts", *Economic Inquiry*, Jan.

[167] Goldstein, M., 2003: "Debt Sustainability, Brazil, and the IMF", Institute for International, *Economics Working Paper*, May.

[168] Gregori, W. D., 2014: "Fiscal Rules and Public Spending: Evidence from Italian Municipalities", *SSRN Electronic Journal*, Feb.

[169] Greiner, A., 1996: *Fiscal Policy and Economic Growth*, Aldershot, UK, Avebury.

[170] Guo, G., 2009: "China's Local Political Budget Cycles", *American Journal of Political Science*, Jul.

[171] Hallerberg, M., Strauch, R., Von Hagen, J., 2007: "The design of Fiscal Rules and Forms of Governance in European Union Countries", *European Journal of Political Economy*, Jun.

[172] Hand, J. H., Mitchell, W. E., 1971: "Optimality in Local Debt Limitation: Comment", *National Tax Journal*, Mar.

[173] Heins, A. J., 1963: *Constitutional Restrictions Against State Debt*, University of Wisconsin Press.

[174] Heylen, F., Hoebeeck, A., Buyse, T., 2013: "Government Efficiency, Institutions, and the Effects of Fiscal Consolidation on Public Debt", *European Journal of Political Economy*, Sep.

[175] Hildreth, W. B., Miller, G. J., 2002: "Debt and the Local Economy: Problems in Benchmarking Local Government Debt Af-

fordability", *Public Budgeting & Finance*, Jan.

[176] Kiewiet, D. R. , Szakaty, K. , 1996: "Constitutional limitations on Borrowing: An Analysis of State Bonded Indebtedness", *Journal of Law, Economics, and Organization*, Apr.

[177] Kincaid, J. , Lieske, J. , 1991: *"Political Subcultures of the American States: State-of-the-art and Agenda for Research"*, In annual meeting of the American Political Science Association, Washington, DC.

[178] King – Meadows, T. , Lowery, D. , 1996: "The Impact of the Tax Revolt Era State Fiscal Caps: a Research Update", *Public Budgeting and Finance*, Mar.

[179] Kumar, M. S. , Guidotti, P. E. , 1991: *Domestic public debt of externally indebted countries (Vol: 80)*, International Monetary Fund.

[180] Lewis, D. , 1969: *Convention: A philosophical Study*, Cambridge, MA, Harvard University Press.

[181] Lowery, D. , 1985: "The Keynesian and Political Determinants of Unbalanced Budgets: US Fiscal Policy from Eisenhower to Reagan", *American Journal of Political Science*, Aug.

[182] Luby, M. J. , Moldogaziev, T. , 2014: "Tax Increment Debt Finance and the Great Recession", *National Tax Journal*, Sep.

[183] Martin, T. , Fossen, F. M. , Freier, R. , 2014: *"Race to the Debt Trap? Spatial Econometric Evidence on Debt in German Municipalities"*, Annual Conference 2014 (Hamburg): Evidence-based Economic Policy: Verein für Socialpolitik / German Economic Association.

[184] Mitchell, W. E. , 1967: *"The Effectiveness of Debt Limits on State and Local Government Borrowing (No: 45)"*, New York University, Institute of Finance.

[185] Mitze, T. , Matz, F. , 2015: "Public Debt and Growth in German Federal States: What Can Europe Learn?", *Journal of Policy Modeling*, Mar.

[186] Montes, G. C. , Bastos, J. C. A. , de Oliveira, A. J. , 2019: "Fiscal Transparency, Government Effectiveness and Government

Spending Efficiency: Some International Evidence Based on Panel Data Approach", *Economic Modelling*, Jun.

[187] Mouritzen, P. E. , 1989: "The Local Political Business Cycle", *Scandinavian Political Studies*, Jan.

[188] Musgrave, R. A. , 1959: *The Theory of Public Finance: A Study in Public Economy*, New York, McGraw – Hill.

[189] Nice, D. C. , 1991: "The Impact of State Policies to Limit Debt Financing", *Publius: The Journal of Federalism*, Jan.

[190] Nordhaus, W. D. , 1975: "The Political Business Cycle", *The Review of Economic Studies*, Apr.

[191] Oates, W. E. , 1972: *Fiscal Federalism*, New York, Harcourt Brace Jovanovich.

[192] Ogawa, H. , Yano, M. , 2007: "Local Public Debt with Overlapping Generations [J]: *Economics of Governance*, Jan.

[193] Park, J. H. , 2013: "Local Government Reform: Is It Effective on Debt Burdens?", *Public Finance & Management*, Jul.

[194] Plekhanov, A. , Singh, R. J. , 2006: "How Should Subnational Government Borrowing be Regulated? Some Cross – Country Empirical Evidence" *IMF Staff Papers*, May.

[195] Polackova, H. , 1998: "Contingent Government Liabilities: a Hidden Risk for Fiscal Stability (No: 1989)", World Bank Publications, Feb.

[196] Poterba, J. M. , 1994: "State Responses to Fiscal Crises: The Effects of Budgetary Institutions and Politics", *Journal of Political Economy*, Aug.

[197] Rattsφ, J. , 2002: "Fiscal Controls in Europe: A Summary", In: Dafflon (ed:), *Local Public Finance in Europe: Balancing the Budget and Controlling Debt*.

[198] Reinhart, C. , Rogoff, K. , 2015: "Financial and Sovereign Debt Crises: Some Lessons Learned and Those Forgotten", *Journal of Banking and Financial Economics*, Sep.

[199] Rosen, H. S. , 1992: *Public Finance*, Homewood, IL, Richard Irwin.

[200] Rosenberg, C. , Halikias, I. , House, B. et al, 2005: "Debt-

related Vulnerabilities and Financial Crises: An Application of the Balance Sheet Approach to Emerging Market Countries", *IMF Occasional Papers*, Jan.

[201] Rossi, S. , Dafflon, B. , 2002: "The Theory of Subnational Balanced Budget and Debt Control", In: Dafflon (ed:), *Local Public Finance in Europe: Balancing the Budget and Controlling Debt.*

[202] Roubini, N. , Sachs, J. D. , 1989: "Political and Economic Determinants of Budget Deficits in the Industrial Democracies", *European Economic Review*, May.

[203] Sáez, L. , 2015: "The Political Budget Cycle and Subnational Debt Expenditures in Federations: Panel Data Evidence from India", *Governance*, Jan.

[204] Schotter, A. , 1981: *The Economic Theory of Social Institutions*, Cambridge, Cambridge University Press.

[205] Schultz, C. , Sjöström, T. , 2001: "Local Public Goods, Debt and Migration", *Journal of Public Economics*, Feb.

[206] Shih, V. , Zhang, Q. , 2007: "Who Receives Subsidies? A Look at the County Level in Two Time Periods", In: Shue, V. , Wong. C (ed:), *Paying for Progress in China*, London, Routledge.

[207] Swianiewicz, P. , 2004: *Local Government Borrowing: Risks and Rewards: A Report on Central and Eastern Europe*, Central European University Press.

[208] Teles, V. K. , Mussolini, C. C. , 2014: "Public Debt and the Limits of Fiscal Policy to Increase Economic Growth", *European Economic Review*, Feb.

[209] Ter – Minassian, T. , 2007: "Fiscal Rules for Subnational Governments: Can They Promote Fiscal Discipline?", *OECD Journal on Budgeting*, Feb.

[210] Ter – Minassian, T. , Craig, J. , 1997: "Control of Subnational Government Borrowing", *Fiscal Federalism in Theory and Practice*, Sep.

[211] Tiebout, C. M. , 1956: "A Pure Theory of Local Expenditures", *The Journal of Political Economy*, Oct.

[212] Trautman, R. R. , 1995: "The Impact of State Debt Management on Debt Activity", *Public Budgeting and Finance*, Jun.

[213] Tsui, K. Y. , 2005: " Local Tax System, Intergovernmental Transfers and China's Local Fiscal Disparities", *Journal of Comparative Economics*, Mar.

[214] Turner, L. A. , 2018: "Between Debt and the Devil: Beyond the Normalization Delusion", *Business Economics*, Jan.

[215] Velasco, A. , 2000: "Debts and Deficits with Fragmented Fiscal Policymaking", *Journal of Public Economics*, Apr.

[216] Wagner, R. , 1970: "Optimality in Local Debt Limitation", *National Tax Journal*, Sep.

[217] Wagner, R. , 1971: "Optimality in Local Debt Limitation: Reply", *National Tax Journal*, Mar.

[218] Walsh, C. , Petchey, J. , 1992: "*Fiscal Federalism: an Overview of Issues and a Discussion of Their Relevance to the European Community* (No: 12)", Federalism Research Centre, Australian National University.

[219] Wassmer, R. W. , Fisher, R. C. , 2011: *Determinants of State – Local Government Debt in the United States*, Ann Arbor Michigan.

[220] Wellisch, D. , Richter, W. F. , 1995: "Internalizing Intergenerational Externalities by Regionalization", *Regional Science and Urban Economics*, Dec.

[221] World Bank, 2004: "*Should Borrowing by the Public Sector be Decentralized?*", Decentralization Thematic Team Report.

[222] Wright, G. C. , Erikson, R. S. , McIver, J. P. , 1985: "Measuring State Partisanship and Ideology with Survey Data", *Journal of Politics*, Jun.

后　　记

2022 年，新型冠状病毒肺炎疫情仍旧肆虐全球。在高效有力的防疫政策下，中国经济保持稳定运行，人们的生活工作波澜不惊。我的第一本学术专著《我国地方政府债务问题研究：发展逻辑及风险分析》在国家社会科学基金支持下即将出版。此时此刻，回忆过往，思绪缕缕。

2009 年 7 月，我从北京大学硕士毕业后，来到南京市城市建设投资控股集团工作，切身经历了地方政府投融资规模的膨胀式发展过程。次年我到南京大学求学，攻读博士学位，师从敬爱的刘志彪教授。2010 年地方政府债务议题成为社会热点，国家对地方政府债务融资的严格管控也是自那时开始。基于先前的工作阅历和对学术研究热点的把握，我开始关注地方政府债务问题，并在导师的悉心指导下，将博士论文题目定为《地方政府债务形成、发展及风险的经济学分析》。

2010 年之前的地方政府债务，学者们研究著述颇丰。对于 2010 年后不断积累的地方政府债务，社会层面（包括政府、公众和金融监管机构）的关注领先于学术方面的研究，主要原因是地方政府负债融资形式多样，且多以隐性负债形式存在，债务规模难以厘清，学术研究犹如盲人摸象、雾里看花。2011 年国家审计署公布地方政府债务审计结果后，地方政府负债的规模、结构、用途等全貌呈现于世人，地方政府债务学术研究也自此开始顺利展开。

为了高质量完成博士论文，借助丰富的史料和大量文献，我对改革开放后地方政府债务来龙去脉进行了全面梳理，对国内外地方政府债务研究理论进行了系统总结述评；并通过对融资平台的大量实地调研考察，获取了众多一手宝贵资料，为分析评估地方政府债务风险积累了重要的微观数据支持。这个过程中，要特别感谢《财经研究》当时的编辑王西民女士，在她的严格把关和指导帮助下，我发表了第一篇地方政府债务研究论文："地方政府融资平台的债务特点及其风险分析——以东部 S 省为例"。该论文已成为研究地方政府融资平台的代表性作品和高频引用论文。

2013 年博士毕业后，我去了商业银行从事审计工作。期间，涉及并参与了多次全行融资平台贷款及表外业务审计，对地方政府债务融资的运作机理及风险承担情况有了更深的认知和切身体会。时光易逝，在金融机构一晃就是 5 年。因缘际会，在同门师兄弟（岁长但入师门迟于我）杨平宇教授的大力引荐下，2018 年 8 月，我来到温州商学院国家金融与发展实验室温州研究基地工作。在此，有幸结识陈工教授，他向我提供了巨大的帮助和精神支持；在其关心和指导下，我顺利地延续了关于地方政府债务的学术研究，实现了职业生涯的成功转型。期间，与国家金融与发展实验室理事长李扬教授有过数次记忆深刻的思想碰撞，让我深受启发，坚定了我对财政金融管理研究领域的选择，以及历史和逻辑一致性研究方法的遵循。

依托博士论文主要内容和观点在《财政研究》《财经研究》《经济理论与经济管理》等核心刊物发表，以及被《新华文摘》《中国社会科学文摘》全文转载的良好基础，2019 年本专著获得国家社科基金后期资助项目立项。项目立项后，我根据评审专家意见进一步深化了地方政府融资平台和地方政府债务风险治理体系研究，使得本专著更加饱满地呈现给学界同仁。本书得以顺利成稿，在此对国家社科基金和五位项目评审专家表示衷心感谢。本书付梓出版之际，最后章节主题"构建地方政府债务风险的双重约束机制"之深化研究再获国家社科基金项目立项，幸也、惠也！

在此，还要感谢工作生活中给予我特别关怀的赖小琼教授，她的教诲让我如沐春风、长放眼量；感谢提供良好工作条件的温州商学院及学校领导，让我能够潜心治学、守正出奇；感谢大力支持本书出版的经济科学出版社及各位编辑老师，感谢你们的辛苦工作。

感谢包容我、支持我，一路陪伴我的家人、亲人和朋友！

刘　昊
2022 年 9 月